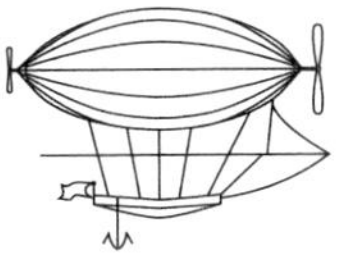

Unerhört
Die ersten Politikerinnen
im Bundeshaus

Fabienne Amlinger

HIER UND JETZT

Meinen Eltern – Mum & Pa

Vorwort

Es ist November 1971. Ein kalter Morgen. Elf Frauen in dunklen, eleganten Kleidern durchschreiten die Gassen von Bern. Ihr Ziel: das Bundeshaus. Sie passieren die Eingangspforte des altehrwürdigen Gebäudes, steigen die stattliche Treppe zu den Ratssälen hinauf und nehmen in den Sitzreihen des Parlaments Platz. Blumen schmücken ihre Pulte, die Ratskollegen grüssen freundlich, die Fernsehkameras stehen bereit. Wenige Minuten später werden die Frauen als erste Parlamentarierinnen in der Geschichte der Schweiz vereidigt.

Was so mühelos klingt, war es mitnichten. Damit diese Frauen als Politikerinnen die Schwelle des Bundeshauses überschreiten konnten, hatten andere vor ihnen einen beschwerlichen Weg zu gehen. Viel war nötig, bis man Schweizer Frauen endlich politische Rechte und damit Zutritt zum politischen Wahrzeichen der Nation gewährte: ein mehr als hundert Jahre währender Kampf um demokratische Teilhabe, zwei Frauenbewegungen, zwei eidgenössische und über neunzig kantonale und lokale Abstimmungen zum Frauenstimmrecht sowie die Überwindung hartnäckiger gesellschaftlicher Widerstände. Jahrzehntelang mussten Stimmrechtsaktivistinnen immer wiederkehrende Enttäuschungen wegstecken, Spott und Demütigung ertragen. Dennoch verloren sie ihr Ziel nie aus den Augen. Der Einsatz Tausender von Frauen und gleichgesinnter Unterstützer führte schliesslich zum Erfolg: Am 7. Februar 1971 legte die Mehrheit der Stimmbürger ein Ja zum Frauenstimmrecht in die Urne. So wichtig diese Errungenschaft auch war: Sie stellte nur einen Etappensieg dar. Denn der nächste Kraftakt, das nächste zähe Ringen stand sogleich bevor. Nun galt es, das politische Feld zu betreten, in Gremien gewählt zu werden und die begehrten Sitze unter der Bundeshauskuppel zu gewinnen. Doch dort waren alle Plätze schon besetzt.

Bei den ersten Wahlen nach der Einführung des Frauenstimmrechts schaffte eine Kandidatin den Sprung in den Ständerat. Zehn Frauen errangen einen Sitz im Nationalrat, und eine weitere, die für einen in den Ständerat gewählten Parteikollegen nachrückte, stiess wenige Tage später dazu. Mit ihrem Amtsantritt läuteten diese Pionierinnen ein neues Zeitalter im Bundeshaus ein – das Ende der reinen Männerdemokratie. Vorbei waren die Zeiten, in denen Frauen im Palais fédéral, im Zentrum der Bundespolitik, nichts zu sagen hatten. Darüber, welche Wege die Schweiz einschlagen, welche Form die Gesellschaft annehmen und was für wen wie gelten sollte, entschieden nicht mehr länger Männer unter sich und über die Köpfe von Frauen hinweg. Doch was trafen die Parlamentarierinnen in diesem bis anhin ausschliesslich von Männern besetzten Gebäude an? Liessen die Kollegen sie bereitwillig an die Schalthebel der Macht? Wehte den ersten Politikerinnen an jenem Morgen der frostige Wind einzig auf dem Weg zu ihrer künftigen Wirkungsstätte entgegen, oder blies er auch später im Innern der einstigen Männerdomäne? Wie brachten sie sich ins politische Geschehen ein, und wer waren diese Frauen überhaupt?

Elisabeth Blunschy-Steiner, Tilo Frey, Lise Girardin, Hedi Lang, Josi Meier, Gabrielle Nanchen, Martha Ribi-Raschle, Hanna Sahlfeld-Singer, Liselotte Spreng, Hanny Thalmann, Lilian Uchtenhagen, Nelly Wicky: Mit diesem Buch rücke ich die ersten sowie die ihnen folgenden Bundespolitikerinnen und ihre Erfahrungen im politischen Machtzentrum der Schweiz in den Mittelpunkt. Ihre Geschichte ist grösstenteils unbekannt, ihre politische und historische Bedeutung weitgehend in Vergessenheit geraten oder gar nie ins kollektive Gedächtnis gelangt.

Es sind ungehörte und zuweilen unerhörte Geschichten, die hier zwischen den Buchdeckeln versammelt sind. «Unerhört» – der vieldeutige Titel des Buches ist Programm: Politikerinnen gehörten als Frauen einer Gesellschaftsgruppe an, welcher der Zutritt ins Bundeshaus lange verweigert wurde. Als an diesem Ort nicht Vorgesehene symbolisierten sie Unerhörtes. Immer mal wieder bekamen Politikerinnen das auf empörende Art und Weise zu spüren. Unangebrachte Sprüche, Verhinderungsmanöver oder männliche Machenschaften – den frisch gewählten Volksvertreterinnen widerfuhr zuweilen Unerhörtes. Die Wahl ins Bundeshaus bot jedoch auch viele Chancen. Politikerinnen nutzten diese, etwa indem sie Anliegen auf die politische Agenda setzten, die in den Ratssälen zuvor überhört worden oder noch nie aufgetaucht waren, die als unerhört galten und entsprechende Reaktionen auslösten. Trotz unterschiedlichen politischen Standpunkten schlossen sich die Pionierinnen gelegentlich zu überparteilichen Allianzen zusammen, um sich gemeinsam für eine Sache, allem voran die Besserstellung von Frauen, einzusetzen. Mitunter feierten sie Erfolge und bewirkten Ausserordentliches. Ihr unermüdlicher Einsatz stiess breite gesellschaftliche Veränderungen an und ebnete den Weg hin zu mehr sozialer Gerechtigkeit. Vieles haben sie erreicht, manches nicht für immer. Nachfolger:innen, die auf ihren Schultern stehen, müssen bis heute daran weiterarbeiten.

Fünf Essays beleuchten verschiedene Aspekte rund um den Eintritt der ersten und der in den Folgejahren dazugestossenen Politikerinnen ins Bundeshaus. Im Fokus des einleitenden Essays steht der Augenblick, in dem erstmals Frauen im Parlament Platz nahmen. Gerade mal achtzig Sekunden widmete die prominenteste Nachrichtensendung der Schweiz diesem historisch und demokratisch so wichtigen Ereignis. Den damaligen Protagonistinnen gibt das Buch an dieser Stelle mehr Raum, verleiht ihnen eine eigene Stimme und zeigt sie in ihrer Unterschiedlichkeit. Der zweite Essay thematisiert die «Grosse Heiterkeit» im Parlament. Erklang in den Ratskammern Gelächter, wurde dies in den

Sitzungsprotokollen mit «Heiterkeit» oder, bei starker Belustigung, mit «Grosse Heiterkeit» vermerkt. Als die ersten Politikerinnen ans Redepult traten, amüsierte das etliche der Ratsherren. Doch was verbarg sich hinter diesen offenbar lustigen Momenten? Im Mittelpunkt des dritten Essays steht das von Männern für Männer erbaute Bundeshaus. Frauen stellte der Ort vor räumliche Herausforderungen, schliesslich war ihre Präsenz darin nicht eingeplant worden. Was trafen sie unter der Bundeshauskuppel an, wie beeinflusste das ihren politischen Alltag, und wie eigneten sie sich diesen Raum an? Unter dem Titel «Drama» geht der vierte Essay besonders bewegten Episoden im Bundeshaus nach. Solche stellten sich vornehmlich dann ein, wenn Politikerinnen die machtvollste Position anstrebten: einen Sitz in der Landesregierung. Die Geschichte der aufsehenerregenden, manchmal von Intrigen und Skandalen geprägten Bundesrätinnenwahlen liest sich selbst wie ein Drama. Thema des letzten Essays ist das facettenreiche Unerhörte, das titelgebend für das Buch steht. Dieser Text veranschaulicht, in welch unterschiedlichem Gewand Unerhörtes im Zusammenhang mit Politikerinnen ins Bundeshaus einzog.

Indem das Buch der medialen Berichterstattung zu den Politpionierinnen, dem Gelächter in Ratssitzungen, der Architektur des Bundeshauses und den zahlreichen Dramen rund um die Wahl von Bundesrätinnen nachgeht, eröffnet es neue Perspektiven auf die Konventionen, Strukturen und Ereignisse der Bundespolitik. Mit Fokus auf die weiblichen Akteurinnen, die – wenn überhaupt – in der Geschichtsschreibung nur als Randfiguren in Erscheinung traten, wendet es sich einer von der Historiografie bis heute stark vernachlässigten und versäumten Geschichte zu. Mit dem Buch schreibe ich gegen das kaum Erforschte sowie gegen die unerzählte(n) Geschichte(n) an und verfolge das Ziel, den ersten und frühen Politikerinnen sowie ihren Erinnerungen an die Zeit in Bundesbern Gehör zu verschaffen. Seit vielen Jahren führe ich unter Rückgriff auf die aus der Geschichtswissenschaft bekannte Methode der Oral History Gespräche mit eidgenössischen Politikerinnen, unter anderem mit den ersten und frühen Parlamentarierinnen und Bundesrätinnen. Einige dieser Stimmen sind inzwischen verklungen. Deren Geschichte, Erfahrungen aus der Zeit im Bundeshaus sowie wertvolle Einblicke ins Feld der Politik flossen in die Essays ein und machen sie als Personen greifbar. Manchen dieser Persönlichkeiten begegnen die Leser:innen über die folgenden Seiten hinweg immer wieder. Einen besonderen Platz erhalten die fünf ehemaligen Nationalrätinnen Gabrielle Nanchen, Lili Nabholz, Monika Stocker, Elisabeth Zölch und Rosmarie Zapfl. In Rücksprache mit der jeweiligen Gesprächspartnerin habe ich unsere Begegnung in einen Text gegossen, der aus ihrer Perspektive und in ans Mündliche angelehnter Sprache erzählt. Die fünf Gespräche liefern überraschende Erkenntnisse zum politischen Alltag und zu vielfach verborgenen Mechanismen im Bundeshaus. Darüber hinaus gewähren uns die Texte Einblick in das politische Tun und Wirken dieser Frauen. Jeder Text ist das berührende Zeugnis einer politischen Biografie.

Die in diesem Buch zu lesenden, bislang weitgehend ungehörten Geschichten aus dem Bundeshaus sind ein wichtiger Teil der Schweizer Geschichte. Genauso bedeutsam sind sie für die Debatte um Gleichheit und politische Teilhabe, die es in einer Demokratie zu führen gilt. Es sind die Geschichten von Frauen mit unterschiedlichen politischen Anschauungen und dem Leben, das sie führten: einem Leben, geprägt von beharrlichem Engagement, von verteidigten Überzeugungen und von der Lust am Politisieren, manchmal auch von Enttäuschungen und Wut. Vor allem aber von Mut.

Achtzig Sekunden

Aufregend ist es, ja, gewiss. Und neu, eine Sensation. Im Bundeshaus richten sich kurz nach zehn Uhr alle Augen auf sie. Auf die ersten, je in die eidgenössischen Räte gewählten Frauen, die dort auf ihre Plätze zusteuern. Die Sitzordnung, in sorgsam ausgeklügelter Regie erstellt, streut sie in ihre Fraktionen ein. Keinesfalls sollen sich die Damen geschlossen gruppieren, so die Idee dahinter. Die beabsichtigte Auflockerung wirkt dennoch reichlich bemüht. Im Ständeratssaal, wo neu eine Frau unter 43 Männern Einsitz nimmt, zeigt sich zugleich ein ganz anderes und doch kaum verändertes Bild als zu vormals frauenlosen Zeiten. Auch in der grossen Kammer versinken die zehn Nationalrätinnen schier in einem Meer von dunklen, ernst und streng wirkenden Herrenanzügen. Wo sie in den kommenden vier Jahren zu sitzen haben, eröffnet sich den ersten Parlamentarierinnen in der Geschichte der Eidgenossenschaft allerdings problemlos, leuchten auf den Tischreihen doch da und dort weisse und rote Blumen auf. Je drei Nelken und eine Rose begrüssen die frisch gewählten Politikerinnen und drücken in fast schüchterner Zurückhaltung, die das Schweizer Parlament in persönlichen Dingen an den Tag zu legen pflegt, Freude über den Einzug der Neulinge aus. Auch Genugtuung, ja eine gewisse Erleichterung schwingt an diesem Morgen des 29. Novembers 1971 im Innern des Gebäudes mit, das durch das garstige Wetter besonders grau wirkt. Die in den letzten Jahren gewachsene Sorge um das Bild, das man sich in der Welt vom kleinen Land mit den hohen Bergen macht, gehört endlich der Vergangenheit an. Manch ein Politiker hofft, dass das helvetische Ansehen im Ausland mit dem heutigen Tag steigt und die Sticheleien über die skurril anmutende Männerherrschaft im «Alpenparlament» verklingen. Zugleich, das befürchten ebenfalls einige, droht gewissen eingesessenen Bräuchen höheren oder minderen Wertes Gefahr, aber das muss wohl oder übel in Kauf genommen werden. Derlei Bedenken sind im allgemeinen Trubel, der jedem Beginn einer neuen Legislaturperiode eigen ist, jedoch rasch beiseitegeschoben. Szenen herzhafter Begrüssung unter Habitués und Neugewählten sorgen im Nationalratssaal für eine lebhafte Geräuschkulisse und lassen die Anwesenden das kalte, regnerische Draussen, durch das sie sich kurz zuvor noch kämpfen mussten, flugs vergessen. Um punkt halb elf Uhr kehrt mit der offiziellen Legislatureröffnung schlagartig Ruhe ein. In der feierlichen Stille verliest der Bundeskanzler wenig später die Eidesformel, woraufhin die Parlamentarier und erstmals auch Parlamentarierinnen die rechte Hand emporheben und im Saal ein kraftvolles «Ich schwöre es» erschallt.

Dieser historische Moment wird der Schweizer Bevölkerung nicht vorenthalten. Noch steht aber nicht in jeder Stube ein Fernsehapparat. Deswegen gibt es die «Filmwochenschau». Vom Bundesrat in Auftrag gegeben, sendet das Format im Vorprogramm der Kinos wöchentlich Filmbeiträge über politische, kulturelle, wissenschaftliche und sportliche Aktualitäten. Impressionen in Schwarz-Weiss flimmern über die Kinoleinwände der Nation und erreichen eine grosse Zuschauer:innenschaft. Dort, in bequemen Sesseln und behaglicher Dunkelheit, präsentiert man den Bürger:innen die ersten Bundespolitikerinnen. Mit kurzen Sätzen erschafft der Kommentator ein spezifisches Bild der Volksvertreterinnen, das sich dem Publikum einprägt und für die Nachwelt konserviert wird. Raum für vielfältige Eindrücke, mehr Kolorit oder eigene Stimmen der Hauptfiguren bietet es nicht.[1]

Es folgt hier ein Ergänzungsversuch, eine Wiederholung der Vergangenheit, eine umgestaltete Geschichte. Ausgehend von der Dramaturgie der damaligen «Filmwochenschau» mit ihrer geradezu flapsigen und äusserst knapp gehaltenen Beschreibung der gewählten Parlamentarierinnen führen wir uns die Szene nochmals vor Augen, verweilen aber etwas länger bei den Protagonistinnen: Was ging den Politikerinnen, die an jenem Morgen ihren Platz im Bundeshaus einnahmen, durch den Kopf? Was trafen sie am Tag ihrer Vereidigung an? Mit welchen Hoffnungen, Zielen und möglicherweise Vorbehalten betraten sie das bekannteste Gebäude des Landes? Im Folgenden entwerfe ich eine mögliche Darstellung dessen, was sich am Vormittag des 29. Novembers 1971 im politischen Herzen der Bundeshauptstadt abspielte. Einiges trug sich exakt so zu, anderes annähernd. Manches wird ein wenig ausgeschmückt, das eine oder andere angefügt. Erfunden oder fiktiv ist jedoch nichts. So gut wie möglich sollen die ersten Bundespolitikerinnen auf den folgenden Seiten ihre Stimme erheben können und dabei das ergänzen, überschreiben oder zurechtrücken, was die «Filmwochenschau» ihren Zuschauer:innen nur unzulänglich vermittelte. Die Zitate und Eindrücke stammen von den Parlamentarierinnen selbst: aus Zeitungen, Interviews, Fernsehbeiträgen, ihren eigenen Schriften oder Publikationen, die über sie verfasst wurden.[2] Nicht immer äusserten sich die Politikerinnen genau an diesem Tag in dieser Form, sondern etwas vorher oder später. Ihre Aussagen werden im Text zusammengefügt und auf einen Moment verdichtet. Schalten wir nun die «Filmwochenschau» ein und geben den Pionierinnen im Bundeshaus, ihren Gedanken und Impressionen Raum.

Trommelwirbel, Posaunen, ein Piccoloflötchen und unterlegte Marschmusik, mit sonorer Stimme spricht der Kommentator: «Die 39. Legislaturperiode unseres Parlaments wird in die Geschichte eingehen.» «Schön wär's!», denkt sich die Schreibende. Doch wo finden sich die Geschichten, wo die Bedeutung dieses Tages? Nichts davon ist in den Schul- und Geschichtsbüchern nachzulesen. Und warum sind jene Erzählungen, die es immerhin vereinzelt gibt, kaum geläufig? Wer kennt die ersten Frauen im Bundeshaus? Kaum einer ist ein Strassenname, geschweige denn ein Denkmal gewidmet. Sind ihre Leistungen gewürdigt worden? Ist ihre Arbeit vergessen? Woher dieses Desinteresse?

«Die erste Ständerätin heisst Lise Girardin und vertritt den Stand Genf.»
Zitat «Filmwochenschau» vom 10.12.1971

Zielstrebig steuert sie das Pult mit der Nummer 18 an.[3] Ganz links aussen, in der zweiten Reihe, hat sie sich gemäss Weisung aus dem Ratsbüro zu platzieren. Politisch hat das nichts zu bedeuten. Unter Verdacht, links zu sein, gerät die bekannteste Magistratin der Schweiz, zumindest der Romandie, nicht. Als eine der ersten Frauen im Genfer Kantonsparlament, als erste Frau in der Stadtregierung der Diplomatenstadt und als erste Schweizer Stadtpräsidentin kursiert ihr Name seit einigen Jahren in den Medien. Wohlgesinnte wie Andersdenkende bezeichnen sie als «Animal politique». Weitherum wird die Freisinnige geschätzt als souveräne, umsichtige und energievolle Politikerin, der anschauliches und kraftvolles Formulieren liegt. Auch vor gelegentlich kritischen Tönen schreckt sie nicht zurück: «Nun sitze ich doch schon seit zehn Jahren in politischen Ämtern, und heute betrete ich erneut als erste Frau einen Saal voller Männer. Quel déjà-vu! Mais bon, für mich ist das eigentlich kein Thema, und gewohnt bin ich es mir bereits.» Probleme gab es mit den Kollegen bislang nie, immer ist sie kollegial aufgenommen worden. «Unbemerkt fehlen», witzelt sie zum Sitznachbarn rüber, «werde ich hier nie können.» «Was mich hingegen erstaunt, ist, wie sich die Leute auf der Besuchertribüne verhalten», fährt sie mit leicht empörter Stimme fort. «Schauen Sie nur, wie sie mit dem Finger auf mich zeigen. Ich komme mir fast vor wie im Zoo!»

1971 sei ein guter Zeitpunkt, um auch Frauen im Bundeshaus wirken zu lassen, hat Girardin zuvor einem der Journalisten in der von hektischem Leben erfüllten Wandelhalle berichtet. «Vor einigen Jahren wäre es zu früh gewesen, eine Frau in den Ständerat zu schicken. Zu unerfahren waren wir damals.» Jetzt aber wird ihr die Ehre zuteil, als erste Frau in der «Chambre de réflexion», wie die kleine Kammer auch genannt wird, zu politisieren. Für sie ist das der ideale Zeitpunkt. Der Sohn studiert bereits. Das ist der früheren Universitätsdozentin für Französisch wichtig. Denn, so ihre Meinung, «eine Mutter von kleinen Kindern schafft ein solches Amt nicht, honnêtement!» Und sie betont: «Ob Kinder oder keine, jeder Frau muss jetzt klargemacht werden, wie wichtig Politik ist». Darin sieht sie eine ihrer Aufgaben.

Kurz bevor sie in dunklem Kleid, von zwei Bundesweibeln flankiert und mit entschlossener Miene, das ehrwürdige Vereidigungsritual antreten wird, ruft sich Girardin nochmals kurz in Erinnerung, was sie im «Stöckli» erreichen will: «Die gesellschaftliche Stellung der Frauen muss sich verbessern, und mit der Gleichstellung hat es vorwärtszugehen. Dazu gehört, dass der Schwangerschaftsabbruch entkriminialisiert wird.» Aber es braucht noch viel mehr. Das Familienrecht mit seinen unhaltbaren Adoptionsbestimmungen schiesst ihr durch den Kopf. Ganz zu schweigen von der Mutterschaftsversicherung. «Oui, c'est beaucoup!» Und überhaupt gebe es Tausende von Sachen zu tun. «Doch man darf nicht zu viel auf einmal wollen. Es braucht Zeit und Geduld», ist Lise Girardin überzeugt. Sie hat sich vorgenommen, einige wenige Themen auszusuchen. Die will sie dafür «en fond» bearbeiten. Wer Girardin schon als Politikerin in Genf mitverfolgt hat, weiss, dass sie für ihre Anliegen, ihre Arbeit, ihre Ansichten brennt – und dass sie es liebt, darüber zu sprechen. Doch zu oft scheinen insbesondere Journalisten sich weniger für ihre Ideen und für all die spannenden Themen zu interessieren denn für ihre Hausfrauentätigkeiten. «Nicht noch einmal», schwört sie sich, «werde ich einem dieser pfeifenrauchenden Reporter derart unbedeutende Fragen beantworten wie jene, wie ich es schaffe, während der Session meinem Mann und meinem Sohn das Essen zu kochen. Non, non – ça suffit maintenant!»

«Zum ersten Mal seit 1848 durften dieses Jahr ehrenvoll gewählte Frauen nun auch das andere Männerheiligtum, den Nationalratssaal, betreten. In der Annahme, die Damen seien schmuck genug, beschränkte man sich zur Begrüssung auf drei Nelken und eine Rose. Da kann die Natürlichkeit der jungen Walliserin Gabrielle Nanchen nur guttun.»

«Alors, que faire?», hat sich Gabrielle Nanchen bereits auf der langen Reise von der kleinen Berggemeinde Icogne in die Bundeshauptstadt gefragt.[4] Nun gut, diese Frage stellt sie sich ständig, denn überall gibt es etwas zu tun, wenn sich die Dinge ändern sollen. Endlich im imposanten Parlamentssaal des Bundeshauses angekommen, räumt sie zuerst einmal lächelnd die Blumen von ihrem Pult. Sie schätzt solche netten Gesten. Überhaupt diesen Empfang. «Sehr zuvorkommend und liebenswürdig heissen die Kollegen uns Frauen willkommen», stellt die Sozialdemokratin erleichtert fest und ist erstaunt über das Klima persönlicher Courtoisie, das heute im Nationalratssaal herrscht. Sie merkt, wie sich die Politiker über die ersten Nationalrätinnen freuen. Und sie merkt auch, dass sie im Bundeshaus auffällt. Denn sie ist jung, sie ist schön und mit ihrem modischen, ganz in Schwarz gehaltenen Kleid, dem eleganten weissen Schal und den dazu passenden, bis unter die Knie reichenden Lackstiefeln versammelt sie alle Blicke auf sich. Eine Zeitung bezeichnet Nanchens Kleiderwahl für diesen Tag später als «Girl-Look».

Gabrielle Nanchen ist aber nicht hier, um zu gefallen. Sie will Staub aufwirbeln. Und sie ist gekommen, um zu bleiben – wobei sie ihrem Vorsatz treu bleiben will: «Rester une révolutionnaire». «Keinesfalls», das hat sich die von der sozialdemokratischen Politik auf Bundesebene zunehmend befremdete Nanchen fest vorgenommen, «will ich in die vorsichtige Ängstlichkeit und erschreckend regierungsfreundliche Haltung meiner Partei einstimmen.» Ganz im Gegenteil ist die Walliserin bestrebt, die Opposition in der SP-Fraktion zu stärken. Denn die gegenwärtige Gesellschaft, in der sich alles dem Gesetz des Profits zu beugen scheint, hat sich ihrer Meinung nach radikal zu verändern. Das Wissen über die vielen Ungerechtigkeiten des Systems muss stärker geteilt werden, muss die Menschen erreichen. «Gerade jetzt nach dem erschreckenden Wahlsieg der Republikanischen Bewegung», denkt sie und wendet ihren Kopf mit besorgter Miene nach links, wo sich James Schwarzenbach und seine Kumpane aus der rechtsextremen Republikanischen Partei in die Reihen zwängen. Konfrontiert mit Rassismus und Fremdenfeindlichkeit gerät die Tochter eines italienischen Einwanderers in Rage: «Es geht einfach nicht an, dass Schweizer ihre Luxusimmobilien von italienischen Saisonniers bauen lassen und diese Arbeiter dann in klägliche Baracken stecken. Überhaupt, der Status der Saisonniers ist unhaltbar und gehört dringendst verändert.» Daneben will sie auch gegen weitere Formen der Benachteiligung ankämpfen – gegenüber Frauen, Rentner:innen, Arbeiter:innen oder den sogenannten Entwicklungsländern. Deswegen hat sie die unerwartete und auch unverhoffte Wahl ins Bundeshaus trotz anfänglichen Bedenken – ihre Familie und die zwei kleinen Kinder leben nach wie vor im weit entfernten Icogne – schliesslich doch angenommen.

Unabhängig von ihren politischen Ideen ist Nanchen der «Darling» der Medien. Dort wird sie als charmant und hübsch, manchmal aber auch als forsch, scharfzüngig und militant betitelt. Nanchen kümmern solche Aussagen und die nie enden wollenden Bemerkungen zu ihrem Äussern wenig. Sollen die Zeitungen doch weiterhin über ihr «Handtäschchen» lamentieren, in dem sie «ausgiebig kramt». Dass sich darin Zündstoff versteckt, werden die schon noch merken. Wie das Parlament und die Öffentlichkeit auf ihre Politik reagieren werden, ist für die Sozialarbeiterin aus dem Bergkanton sekundär – «car je n'ai rien à perdre et tout à gagner!»

«Die Rechtsanwältin Josi Meier – eine der 34 Juristen im neuen Parlament – kommt aus dem Kanton Luzern.»

«Was zum Donner ...», entgleitet es ihr, während sie entschlossenen Schrittes auf ihren Platz zusteuert und nebenbei den Parlamentsausweis aufschlägt. Für «Herrn Nationalrat» ist er ausgestellt.[5] Von Hand hat jemand immerhin das «Herrn» durchgestrichen und mit Maschinenschrift die weibliche Anrede ergänzt. Eine adäquate, nämlich weibliche Bezeichnung scheint die Bundeskanzlei offenbar nicht zu kennen. «Die Frau ist der Form nach also Mann. Wie ist Sprache doch verräterisch! Doch an uns Frauen müssen die sich hier rasch gewöhnen», schimpft Josephine Johanna Meier, wie sie mit vollem Namen heisst, bevor sie sich ohne Zögern, als sässe sie schon seit jeher an diesem Pult, auf ihren Sessel setzt. Die Blumen, die vor ihr liegen, nimmt die Vertreterin der CVP, für die das «C» im Parteinamen für Solidarität und Menschlichkeit steht, gar nicht wahr. Stattdessen wendet sie sich dem Gespräch mit dem Ratskollegen in der vorderen Reihe zu. Die Luzernerin gilt als umgänglich, ihr wird Gemütlichkeit zugeschrieben. Dass sie blitzgescheit ist und dabei immer auch wieder witzig argumentiert, wird im Bundeshaus rasch auffallen.

Josi Meier weiss genau, was sie im Bundeshaus will: sich für die Rechte der sozial Schwächeren einsetzen. Nur zu gut weiss sie selbst, wie es ist, mit wenig Geld und in Armut zu leben. Von ihrer harten Jugend ist ihr ein unerschütterlicher Gerechtigkeitssinn geblieben, auch die Anteilnahme am Schicksal der anderen und der Grundsatz, dass allen ein gutes Leben zusteht. Sei das nun hier in der Schweiz oder anderswo. Darum auch will sie noch am ersten Tag im neuen Amt Mitglied der Aussenpolitischen Kommission werden. Zum Glück interessieren sich die Männer nicht für das wenig prestigeträchtige Gremium. Um den Einsitz wird sich Meier also nicht streiten müssen. Das erleichtert sie, denn heute fehlt ihr ausnahmsweise die Energie, um den Männern Beine zu machen. Etwas angeschlagen ist sie noch. Erst wenige Wochen ist die Operation her, der Kehlkopf. Sich mit Lautstärke durchzusetzen, ist von nun an vorbei. Geblieben ist ihr eine hohe, mit der knappen Luft ringende Stimme. Still will sie hier im Bundeshaus dennoch nicht sein. Den Preis, den sie dafür zahlen muss, kennt sie. «Andere leisten sich eine Jacht oder ein Pferd. Ich leiste mir eine eigene Meinung, das ist in etwa gleich teuer», ermutigt sie sich selbst, während die Parlamentsmitglieder sich nun setzen und der Geräuschpegel im Saal langsam sinkt. Ihr sind Themen wie der Ausbau der Sozialversicherungen, der Umweltschutz, die Verteilungsgerechtigkeit und die Gleichstellung der Frauen wichtig. Aber auch die Mutterschaftsversicherung und ein frauenfreundlicheres Eherecht gehören zu ihren Prioritäten. Das, obschon sie unverheiratet ist und kinderfrei lebt. Die Liste ihrer Anliegen ist lang. Zeit, um jetzt weiter daran herumzustudieren, hat Meier allerdings keine. Der Alterspräsident steigt langsam, auf seinen Gehstock gestützt, die Stufen zum Redepult hoch, um in wenigen Augenblicken die Legislatur offiziell zu eröffnen. «Aber was plaudert denn der Herr von Waldkirch da vorne vom Charme der Frauen?», ärgert sich Meier, nachdem der Alterspräsident sein Begrüssungssätzchen für die ersten eidgenössischen Parlamentarierinnen zum Besten gegeben hat. «Es ist mir doch bewusst, dass ich mit meinem Deux-pièce, dem Chetteli und den Broschen als bieder belächelt werde.» Die Rolle der Politikerinnen hat für Meier ganz sicher nichts Dekoratives. «Charme hat die einzig historische Frauengestalt in diesem Raum, die als Statue an der Wand thronende Stauffacherin, nicht an den Ehrenplatz gebracht», murmelt sie halblaut vor sich hin. «Ohne uns Frauen geht doch einfach nichts!», schiebt sie noch lautlos hinterher, bevor sie den Papierstapel vor sich zurechtrückt, um einen Anfang zu machen.

«Die Schwyzerin Elsbeth Blunschy war als erste Frau der Schweizer Geschichte zur Nationalrätin gewählt worden.»

Damit, dass es der Fernsehmoderator nicht zustande bringt, ihren durchaus geläufigen Vornamen richtig wiederzugeben, mag sich Elisabeth Blunschy gar nicht erst aufhalten.[6] Sie kann jetzt nicht irgendwelchen Nebenschauplätzen nachgehen, erscheint ihr der Moment an sich doch viel zu absurd: Zu Hause in Schwyz darf die Juristin mit Anwaltskanzlei noch nicht mal über die Hundesteuer abstimmen, hier in Bern hingegen wird sie nächste Woche Bundesräte wählen. Aber nicht allein das gibt der Christdemokratin, die dem christlichsozialen Flügel der Partei nahesteht, zu denken. «Dass eine Frau, dazu noch aus der Innerschweiz, in diesem Saal Platz nimmt, galt doch bis vor Kurzem als mindestens so unwahrscheinlich wie die Landung von Menschen auf dem Mond. Inzwischen ist beides eingetreten!», freut und wundert sich die jahrelange Verfechterin des Frauenstimmrechts.

Jetzt aber, wahrhaftig, sitzt sie im Schweizer Regierungsgebäude. Freundlich und die ihr so eigene, innere Wärme ausstrahlend, schüttelt sie die Hände ihrer Fraktionskollegen. «Ob ich mich jemals daran gewöhnen werde, sie zu duzen?», fragt sich die schüchterne und zurückhaltende Volksvertreterin insgeheim und leicht befremdet über diese parlamentarische Gepflogenheit. Um dem unangenehmen Smalltalk zu entkommen, blättert sie rasch die vor ihr liegenden Dokumente durch. Sie mag solche Papiere mit klar formulierten Gesetzen und nüchternen Texten. Aber sie schätzt auch das Schöne und mustert nun aufmerksam die Umgebung. Blunschys Blick bleibt auf den sanften, unaufdringlichen Farben des riesigen Wandbildes hinter dem Ratspräsidium ruhen. Mit Sicht auf die beiden Berggipfel der Mythen wähnt sie sich beinahe zu Hause. Es gefällt ihr hier. «Wenn ich doch einfach nur von da wirken könnte. Weiter unten, in einem der Arbeitszimmer, würde ich auf der hübschen Hermes-Schreibmaschine ungestört meine Voten verfassen. Ab und zu gäbe es im Café Vallotton eine Pause, immer mittwochs würde ich mich dort auf den viel gerühmten Käsekuchen freuen, mit Spinat und Speckwürfeln, und abends geht's dann zurück ins ‹Garni›», sinniert sie und wird sogleich wieder jäh aus ihrer Imagination gerissen. Der nächste Pulk von Fotografen betritt den Saal. «Wir sind doch keine Models, heieiei!», enerviert sich Blunschy kurz und wird umgehend von Unlust gepackt beim Gedanken an das Blitzlichtgewitter, an all die bevorstehenden Essenseinladungen, Empfänge, Umzüge im Takt der heimischen Blasmusikkapellen und an die Reden, die sie wird halten müssen. «Also wirklich, die Schweiz kommt mir manchmal vor wie eine einzige Festhütte!»

Ihrem ernsthaften und konsequenten Naturell entsprechend, will Blunschy für ihre Anliegen mit juristischen Argumenten kämpfen – darunter vor allem die Besserstellung der Frauen in der AHV, ein progressives Adoptions- und Kindesrecht und sozialer Wohnungsbau. Der Sache zuliebe, das hat sie sich vorgenommen, wird sie auch mal aus dem Fraktionszwang ausscheren. Courage nennt sich das. Und sie rechnet damit, dass sie die brauchen wird. «Es gehört sich einfach, dass jeder nach eigenem Gewissen entscheidet», denkt sie, und sogleich fällt ihr die schon jetzt quasi in der Luft unter der Bundeshauskuppel liegende Frage des Schwangerschaftsabbruchs ein. Den kann sie einfach nicht gutheissen, auch wenn sie damit die Mehrheit ihrer Ratskolleginnen vor den Kopf stossen wird. Als hätte er diese Überlegungen erraten, sagt Sitznachbar Louis Rippstein mit halblauter Stimme zu ihr: «Mach es so, wie du es für richtig hältst!» Für richtig hält sie, ja angetrieben ist sie von der Idee einer gerechten Welt. «Nie wieder Krieg!», das ist ihr Leitsatz, den sie aus der prägenden Erfahrung des Zweiten Weltkriegs, aus der Angst, aus den täglichen Einschränkungen in ihrer Jugend mitgenommen hat.

Im Saal erklingt die Glocke und kündet die Eröffnung der Legislatur an. Sofort stoppt Blunschy die kurz aufgetauchte Sorge, ob daheim bei den drei Kindern und dem kranken Ehemann auch alles in Ordnung sei. Der helle Ton bringt sie zurück in ihr anderes Leben, das Leben in Bern.

«Ob so prachtvoller Gaben staunte auch Hedi Lang aus Wetzikon...»

Vor ihr liegt ein Stapel Blätter. «Papier, Papier, überall Papier!», stöhnt sie innerlich auf.[7] Schon jetzt quillt zu Hause ihr Büro von all den Briefen, Vorlagen, Protokollen und sonstigem Material über. Hedi Lang nimmt einen tiefen Atemzug. Sie denkt an ihren Ehemann, einen früheren Nationalrat, und beruhigt sich: «Ich weiss ja, wie das da oben in Bern zugeht.» Sowieso lenkt ein anderer Gedanke von der kommenden Arbeitslast ab. «Es ist doch schon eine grosse Ehre für eine Frau wie mich, die aus dem einfachen Volk kommt und eine schmale Ausbildung erhalten hat, dass mir die Gelegenheit geboten wird, in diesem Parlament mitzuwirken.» Nicht nur ihre Herkunft aus armen Verhältnissen macht den politischen Werdegang der Sozialdemokratin mit fester Verankerung in den Gewerkschaften aussergewöhnlich. Schliesslich ist sie als Frau nur zu gut damit vertraut, nicht die gleichen Möglichkeiten zu haben. Sie lässt den Blick über das zu Sessionsbeginn etwas aufgekratzte Treiben im Ratssaal schweifen, wobei sie ein kurzer Moment der Ernüchterung beschleicht, als sie realisiert, in welch hoffnungsloser Minderheit sich die Frauen befinden.

Rasch ist das Strahlen der vitalen, kämpferischen Zürcherin aber zurück. Sie gilt als «Rüedu» – als «guter Kumpel» mit «gesundem Humor». Auch hier im Bundeshaus erkennen viele etwas Gutmütiges an ihr. Ihr freundlicher Auftritt, aber sicherlich auch ihre mit fürsorgender Mütterlichkeit verknüpfte und lebenslustige Art tragen dazu bei. Falsch ist diese Einschätzung nicht. Hedi Lang ist gesellig, im Volk beliebt. Mitspielen mag dabei, dass die Medien sie als Hausfrau bezeichnen, während sich ihre Ratskolleginnen als Juristinnen oder Ökonominnen von der Durchschnittsbürgerin eher unterscheiden. Aufgrund ihrer Popularität wird ihr später der Übername «Hedi national» verliehen. Das alles ist an diesem trüben Novembermorgen aber noch nicht Thema. Genauso wenig, dass sie durchaus angefeindet werden wird, dass gut zehn Jahre später ein Bombenattentat auf ihr Haus verübt werden wird, wobei sie nicht so sehr um ihr eigenes Leben bangen, es aber nur schwer verkraften wird, für ihre Lieben plötzlich ein Risikofaktor zu sein.

Heute sitzt Hedi Lang aber selbstbewusst und voller Tatendrang in der zweithintersten Sitzreihe des Saals. Sie mag es, anstehende Probleme anzupacken, Lösungen zu suchen, sich einzusetzen für ihre Überzeugungen. Überzeugungen, die gewachsen sind in ihrer Kindheit, die geprägt war von existenziellen Nöten, von der Angst und der Abhängigkeit von Arbeitgebern. Seit frühen Jahren hat sie ein Gespür für Ungerechtigkeiten in der Gesellschaft. Erst kürzlich, das fällt ihr – warum auch immer – ausgerechnet jetzt ein, hat sie Fabriknäherinnen besucht: «Akkordarbeit, kaum freie Tage. Den ganzen Tag machen die nichts anderes als einen Reissverschluss in die Hosen nähen. Das ist schon ein bisschen tötend!» Es sind solche Begegnungen und Realitäten, die der Motor ihrer Politik sind. Mit einem zufriedenen Lächeln rückt Hedi Lang ihren Stuhl zurecht.

«... indes sich die Genferin Nelly Wicky bereits eifrig mit dem Papierkrieg herumzuschlagen begann.»

«Si seulement c'était du papier que je devais m'occuper!» Die argwöhnischen Blicke, die sie erntet, entgehen Nelly Wicky nicht.[8] Sie sticht nicht nur als Frau in diesem Raum heraus, sondern ist obendrauf auch noch Kommunistin. Während ihre Kolleginnen allesamt etablierten Bundesratsparteien angehören, schleppt sie ihre Parteizugehörigkeit wie ein

Stigma vor sich her. Etliche ihrer künftigen Ratskollegen befürchten, sich mit der feministischen Aktivistin und Vertreterin der PdA – der ganz links stehenden Partei der Arbeit – eine «Landesverräterin» im Bundeshaus eingefangen zu haben. Doch nicht allein hier und jetzt hat sie mit Gegenwind, mit unausgesprochenen Vorbehalten und Verdächtigungen zu rechnen. Während sie den Papierstapel vor sich ordnet, fallen ihr die vielen Briefe ein, die sie anlässlich ihrer Wahl erhielt. Die Aufforderung eines offensichtlich um das Heil des Vaterlandes besorgten Bürgers, sie solle ein Billett «Moskau einfach» kaufen, gehört noch zu den anständigeren.

Rasch unterbindet Wicky ihre Abschweifungen und konzentriert sich auf die Umgebung. Wer auch immer den Ratsmitgliedern die Sitzplätze zugeordnet hat, scheint ihre Aussenposition betont haben zu wollen. Einer Festung gleich thront rechts oben hinter ihr auf einem hohen, mit massiven Holzwänden eingezäunten Podest die Presse und schielt auf sie runter. Auch die Stimmenzähler haben sie direkt im Visier. Sie hingegen bekommt vom Treiben im Halbrund der Sitzreihen, die hinter ihrem Rücken liegen, wenig mit. Leicht stellt sich da das Gefühl ein, überwacht zu werden. Und dann, vis-à-vis, ausgerechnet der Bundesrat! Wenn die Regierungsmitglieder anwesend sind, hat die Genfer Volksvertreterin ihnen geradewegs in die Augen zu schauen. Den Vertretern jenes Gremiums, das Wickys Leben derart erschwert. Wegen einer Weisung der obersten Landesbehörde, die Verwaltung von «kommunistischen Elementen zu säubern», hat ihr Mann, ein Gründungsmitglied der PdA, nämlich seinen Beamtenstatus verloren und die Familie folglich die finanzielle Sicherheit. Während er sich mit unsicheren Arbeitsverträgen herumschlagen muss, ist wenigstens ihre Stelle als Primarlehrerin in den Genfer Arbeiter:innenvierteln kaum gefährdet. Das, immerhin, bietet eine minimale Sicherheit. Dass sich aber ihre anspruchsvolle Stelle an der Schule, ihr Amt im Genfer Kantonsparlament, die Familienarbeit und nun auch noch ihre Tätigkeiten im Nationalrat zusammenbringen lassen, bezweifelt Nelly Wicky. Sie überfliegt rasch die vor ihr liegenden Sitzungsunterlagen, verschafft sich einen Überblick über die anstehenden Geschäfte. Ihre Bedenken räumt das nicht aus der Welt. «Mais non, arrête tout de suite!», unterbricht sie sich. Ein allfälliger Rückzug ihrerseits wäre entmutigend für alle anderen Frauen: «Wir müssen beweisen, dass wir ebenso wie unsere männlichen Kollegen beides miteinander verbinden können: Politik und Beruf.»

Mit Anstrengungen und schwierigen Lebensrealitäten kennt sich Wicky aus. Besonders vertraut ist sie mit den Sorgen der Arbeiter:innenklasse. Deren und damit auch ihre eigenen Anliegen vertritt sie seit fast einem Jahrzehnt im Genfer Stadtrat und will sie nun auf die Agenda der Bundespolitik setzen. Auch dass Frauen nicht dieselben Rechte wie Männer und bei Mutterschaft keinen arbeitsrechtlichen Schutz besitzen, dass kein Recht auf Abtreibung existiert und dass Militärdienstverweigerer ins Gefängnis gesteckt werden, findet sie unhaltbar. Eine bessere, eine gerechtere Gesellschaft – nichts weniger ist ihr Ziel. Doch sie ist abgeklärt und erwartet bereits, dass ihrer Politik hier im Parlament nur wenig Erfolg beschieden sein wird. «Mais», so hat sie in ihrer ruhigen Art einem Journalisten gesagt, «j'essaierai de le faire, voilà.» Und wenn es nicht klappt, kennt Nelly Wicky, die an diesem Morgen abgesehen vom Parteibüchlein nicht aus der Reihe der ersten Nationalrätinnen fällt, sowieso andere Mittel. «Einspringen, sich in Kampfgruppen organisieren, weiterkämpfen und das Erreichte bewahren.» Diesen Rat, den sie jungen Frauen mitgegeben hat, vergegenwärtigt sie sich nun selbst und legt den Papierstapel akkurat geordnet vor sich hin.

«Frau Thalmann aus dem Kanton St. Gallen machte das Politisieren anfänglich noch Spass.»

Spass würde sie es nicht nennen. Das ist nicht der Begriff, mit dem Hanny Thalmann ihr politisches Engagement verbindet.[9] Sicherlich, sie hat sich auf den heutigen, auf diesen grossen Tag gefreut. Und so steht sie nun da, mitten in der CVP-Fraktion – in der sie im rechten Flügel politisieren wird –, schüttelt voller Elan die Hände ihrer Kollegen und lacht mit direktem Blick in die Kamera. Da ist kein Zaudern, kein verhaltenes Ankommen am Pult und kein behutsames Herantasten an die neuen Aufgaben zu erkennen. Sie kann anpacken, verteidigt ihre Anliegen energisch und will sich sogleich auf ihre neuen Aufgaben in der Bundespolitik stürzen. Auch ein bisschen Triumph schwingt in diesem Augenblick mit. Wie sich doch all die getäuscht haben, die ihre Kandidatur fürs Schweizer Parlament als chancenlos abtaten, sie teilweise gar belächelten. Gut, die Prognosen sahen wahrlich schlecht aus: Als St. Gallerin besitzt Thalmann noch nicht einmal das kantonale Stimmrecht, verweigern doch die Mannen in ihrem Wohnkanton den Frauen weiterhin die politischen Rechte. Trotzdem: Sie hat die Sensation geschafft und hinter Kurt Furgler, der in diesem Saal in wenigen Wochen zum Bundesrat gewählt werden wird, das zweitbeste Resultat des Ostschweizer Kantons erreicht.

Ihre politische Strategie hier im Bundeshaus hat sie sich bereits zurechtgelegt: «Ich werde dort schweigen, wo ich mich nicht auskenne, und dort meine Meinung sagen, wo ich die Probleme kenne.» Ihre Meinung kundzutun, ist sie sich gewohnt. In unzähligen Vorträgen hat sie sich für das Frauenstimmrecht starkgemacht, sass als erste Frau im kantonalen Erziehungsrat und engagierte sich im Katholischen Frauenbund. Vor allem aber liegt ihr seit Jahrzehnten die Bildung für Mädchen am Herzen. Als erste Frau, die an der Handelshochschule in St. Gallen promovierte, ist sie sich der Bedeutung einer guten Bildung bewusst: für die Frauen selbst genauso wie für die Wirtschaft des Landes.

Nachdem all die Hände geschüttelt sind, nimmt Thalmann auf ihrem Stuhl Platz. Rechts hinter sich hat sie die Kollegin Meier, vor ihr blickt sie auf Elisabeth Blunschys Rücken. Es ist angenehm, nicht ganz allein unter Männern zu sitzen. Denn sie spürt sie durchaus, diese Skepsis der Kollegen ihr gegenüber. Ihr, der doch die Parlamentserfahrung komplett fehlt. In der Reihe hinter sich hört sie den Fraktionskollegen Paul Eisenring schon über «die Wiiber» spötteln. «Meint wieder eine, mier chönd nid selber dengge», raunt Thalmann daraufhin über ihre Schulter Josi Meier zu. Selber denken, Ideen einbringen und die eigene Meinung vertreten – dafür ist sie hier, und dafür setzt sie ihre ganze Energie ein. «Ich bin ein rechter ‹Schaff-Tüfel› geworden», gesteht sich Thalmann in jenem Moment ein, als alle Ratsmitglieder in einer Art feierlichen Anspannung ihre Blicke auf den Alterspräsidenten von Waldkirch richten, der auf der Empore zu seiner Eröffnungsrede ansetzt. Bald, ist sich die Christdemokratin sicher, wird auch sie dort stehen.

«Hoffentlich steckt solche Fröhlichkeit wie jene von Lilian Uchtenhagen aus Zürich auch weiterhin an.»

«Ist es das jetzt schon, das Feigenblatt?», fragt sich die Sozialdemokratin und hält im Gewimmel der nur schwer zu unterscheidenden Männer nach ihren Ratskolleginnen Ausschau.[10] Mit freundlichem Lachen begrüsst sie anschliessend die Nationalräte, die rund um sie herum Platz nehmen. Hinter ihrem fröhlichen Auftreten stecken auch kritische Überlegungen – und durchaus ein wenig Genugtuung. «Was tingelte ich landauf, landab durch all die ‹Löwen›, ‹Rösslis› und ‹Bären›, durch ungezählte Gemeinde- und Kirchgemeindesäle, um die Leute vom Frauenstimmrecht zu überzeugen!» Unweigerlich fällt Lilian Uchtenhagen eine Szene von damals ein, die sie einfach nicht mehr aus dem Kopf bringt: Vor Jahren, an einer Demonstration, begossen aufgebrachte Bürger sie und weitere Stimmrechtskämpferinnen mit Wasser und – das macht sie noch heute fassungslos – spuckten sie an.

Aber jetzt sind die Frauen da, im Bundeshaus, ein volles Dutzend. Von den zwölf Sitzen lässt sich Uchtenhagen jedoch nicht blenden: «Machen wir uns ein X doch nicht für ein U vor», flüstert die Ökonomin dem Kollegen Helmut Hubacher zu, während der seine Pfeife stopft, «wahrscheinlich werden in diesem Saal nie hundert Frauen sitzen.» Dieser quittiert ihre Aussage, auf das Zündholz vor sich schielend, mit einem Brummeln. Die Qualmerei verträgt Uchtenhagen heute besonders schlecht, hat sie sich doch ausgerechnet jetzt eine leichte Erkältung zugezogen. Nicht einmal das Taschentuch in ihrer Hand mahnt die Herren an die offenbar vergessene Anstandsregel, in Anwesenheit von Damen das Rauchen zu unterlassen. Dass es in diesem Saal nicht einfach gemütlich zu- und hergehen wird, weiss die Zürcherin selbstverständlich.

Unweigerlich blitzt in ihr die Frage auf, wie sie das stundenlange Sitzen mit ihrem Rückenleiden überstehen soll. Das aufkommende Unbehagen schiebt sie allerdings rasch beiseite, zu irrelevant erscheint es ihr. Denn, und das vergisst die aus gut bürgerlichem Haus stammende Uchtenhagen nie, durch die Wahl hat sich ihr die grosse Chance eröffnet, auf höchster politischer Ebene mitzuwirken. Das will sie nutzen und ihrem Leitsatz folgen, wonach «meine eigenen Privilegien immer Verpflichtung sind, mich um die Nicht-Privilegierten zu kümmern».

Uchtenhagen betreibt Politik, um die Welt zu einer gerechteren zu machen, um deren Wohlergehen und Überleben zu sichern. Damit politisch aber überhaupt etwas erreicht werden kann, braucht es Macht. Die strebt sie an. Allerdings schwebt Lilian Uchtenhagen eine andere, sich beschränkende, rücksichtsvolle Art der Macht vor. Dazu hofft die Sozialdemokratin auf die Frauen. Von ihnen erwartet sie hier im Bundeshaus einiges. «Es geht», erklärt sie in einem der unzähligen Interviews, die mit ihr jetzt geführt werden, «um einen besonderen Stil, der Frauen auszeichnen sollte, eine Solidarität gegenüber den Menschen allgemein und den Frauen im Besonderen».

Uchtenhagen wartet, bis die Eröffnungszeremonie beendet ist. Danach will sie loslegen, sich ganz bestimmt nicht zurückhalten, nicht ruhig sein, auch wenn das von den Neuen erwartet wird. Vor allem Wirtschaftsfragen treiben sie um, aber auch Bildungs- und Jugendpolitik. Sie ahnt bereits: Früh und als erste Frau wird sie dort vorne das Wort ergreifen. Schon in einigen Tagen wird es so weit sein.

«Die Freiburger Ärztin, Frau Doktor Spreng, schaute etwas skeptisch in die Runde.»

Liselotte Spreng ist noch nicht warm geworden mit diesem Saal.[11] Hastig und unstet schwenkt ihr Blick durch die Reihen, findet nichts, woran er sich halten könnte. Sie spürt die Fernsehkameras und Fotoapparate, die auf sie und ihre Kolleginnen gerichtet sind. Wie unangenehm, die Aufmerksamkeit auf sich zu ziehen und der ganzen Nation präsentiert zu werden. Etwas verloren, wie sie nun dasitzt, ist Spreng dankbar, dass die Parteikollegin und Sitznachbarin Tilo Frey sich ganz zugewandt mit ihr unterhält und die Ratskollegen, die sich händeschüttelnd in das Gespräch reinzudrängen versuchen, mit einem netten, aber knappen Lächeln abspeist.

Alles kam überraschend und ging schnell. Zwar hatte Spreng früher in diesem Jahr eingewilligt, sich für die FDP auf die Wahlliste setzen zu lassen. Irgendwie fühlte sie sich dazu verpflichtet, forderte sie doch als Präsidentin des freiburgischen Frauenstimmrechtsverbandes seit Jahren die politische Gleichstellung. Ausserdem bringt sie bereits viel Wissen und Erfahrung mit durch ihre Arbeit in verschiedenen politischen Kommissionen, etwa jener zur Gesamtrevision der Bundesverfassung. Damit, dass sie wenige Monate später im Bundeshaus sitzen würde, hat dann aber doch niemand gerechnet – schon gar nicht sie. Weder hat sie Wahlkampf betrieben, noch war sie am Wahlsonntag zugegen. In Colombo, auf Sri Lanka, während eines Ärzt:innenkongresses, erreichte sie das Telegramm mit der unerwarteten Nachricht, dass sie in wenigen Wochen im Schweizer Parlament zu politisieren habe.

Spreng ist an diesem Morgen etwas unentspannt, rückt mit gekrümmtem Rücken auf dem Sessel hin und her. Vordrängen will sie sich in den Parlamentsdiskussionen auf keinen Fall. Denn – das hat die Romande gerade vorhin, als sie mit ihrer Parteikollegin Martha Ribi die breite Steintreppe zu den Ratssälen hinaufstieg, in fast perfektem Dialekt schon gesagt – «eine Frau muss wirklich gut vorbereitet sein, bevor sie in eine Debatte eingreift. Sonst wird der Sache der Frauen geschadet.» «Wir haben immer versucht», beschreibt sie die Art und Weise, wie sie und ihre Kolleginnen des Frauenstimmrechtsvereins politisiert haben, «die politischen Rechte der Frauen ohne Aggressivität zu erwirken. Mit Charme sozusagen. Wir haben den Männern dargelegt, dass wir uns nicht gegen sie auflehnen.» Aus dem daraufhin von Ribi geernteten Schmunzeln zieht Spreng den wohltuenden Eindruck, verstanden und in ihrer Haltung unterstützt zu werden.

Als Frauenärztin ist Spreng in Zurückhaltung und im Eingehen auf das Gegenüber geübt. So wie in ihrem Beruf will sie im Nationalrat nun ebenfalls ihrem Credo folgen: «zunächst zuhören und erst dann reden». Auch politisch hat sie ihr Beruf geprägt, sieht sie sich in ihrer gynäkologischen Praxis doch seit Jahren mit sozialen Problemen konfrontiert, für die es aus ärztlicher Sicht oft keinen Ausweg gibt. Es ist diese Erfahrung, die Spreng veranlasst, sich auf andere Weise, so jetzt im Bundeshaus, für die Anliegen von Frauen einzusetzen. Die letzten Minuten vor der Sessionseröffnung nutzt die Freisinnige, um mit Tilo Frey noch kurz über die nächsten Schritte zu reden. Etwa, dass man nicht den Fehler machen soll, nun die wenigen Parlamentarierinnen einzig in die sozialpolitischen Kommissionen zu wählen. Genauso sehr, da ist sich Spreng sicher, braucht es sie in den wirtschaftlichen oder militärischen Kommissionen. Wo auch immer sie selbst landen wird, sie freut sich auf die Kommissionsarbeit, wo der Dialog stattfinden kann, den sie in den Parlamentsdebatten vermisst. Denn, findet die frisch gewählte Nationalrätin aus dem Kanton Freiburg, «diskutieren ist interessanter als reden».

«Emanzipierter gab sich Tili Frey aus Neuenburg, die sich über alle Bekleidungsvorschriften hinweggesetzt hatte und in Weiss erschienen war.»

«C'est Tilo, s'il vous plaît», hätte die Nationalrätin aus Neuchâtel den Kommentator möglicherweise höflich verbessert, der offenbar ganz gebannt ist von ihrem Kleid.[12] Oder will er von Offensichtlicherem ablenken? Davon, dass Frey nicht nur als eine der ersten Frauen, sondern auch als erste Schwarze Frau im Parlament hervorsticht? Dass sie als Frau und als Schwarze in diesem Saal voller weisser Männer in dunklen Anzügen quasi den Regelverstoss personifiziert? In einem Saal, in dem aufgrund des in der Gesellschaft breit unterstützten Überfremdungsdiskurses die rechtspopulistische Partei der Republikaner als Wahlsiegerin an diesem Tag Platz nimmt?

Doch zurück zum Kleid: Ob Tilo Frey bei der Tenuewahl für den heutigen Tag die Stimme ihres Vaters im Ohr hatte? «Fais en sorte de rester toute ta vie blanc comme un lys» – stets «weiss wie eine Lilie» solle sie sein und damit Zugehörigkeit zu der sie umgebenden Mehrheit demonstrieren. Dazu hielt er sie schon in jungen Jahren an, damit sie nicht noch mehr auffalle, als sie es mit ihrer Hautfarbe, ihren Haaren sowieso schon tat. Und doch ziehen sie und ihre Garderobe nun Aufmerksamkeit auf sich, dabei will die Freisinnige mit ihrem massgeschneiderten Kleid doch schlicht dem feierlichen Anlass Ausdruck geben. Schliesslich legt sie als Grande Dame mit entsprechendem bürgerlichem Habitus viel Wert auf Etikette, würde nie Hosen tragen und hat immer – auch heute – ein zweites Paar Strümpfe dabei. Gegen die Peinlichkeit einer Laufmasche ist sie gerüstet.

Der Morgen des 29. Novembers ist für Tilo Frey ergreifend – «émouvant», wispert sie ihrer Sitznachbarin Liselotte Spreng zu, während sich beide auf ihren Sesseln niederlassen. Obschon sie mit einem sympathischen Lächeln selbstbewusst in die vielen Kameras schaut und Souveränität ausstrahlt, vertraut Frey Spreng an, dass auch sie beabsichtige, sich vorerst noch ein wenig zurückzuhalten: «Je suis un nouveau venu, je ne vais donc pas faire la révolution tout de suite!», sagt sie und schickt ein erfrischendes Lachen hinterher. Frey ist als Lehrerin der Handelsschule von Neuenburg und als Politikerin seit Jahren eine bekannte Person im Leben ihrer Stadt, dennoch steht sie ungern im Mittelpunkt. Ausserdem kennt sie die Erwartungen, die man an Politikerinnen stellt: «En tant que femme, il faut faire mieux que bien. Et il faut encore rester féminine et sourire.» Daher, gesteht Frey ihrer Kollegin Spreng, begleite sie stets eine entsetzliche Angst, nicht zu genügen. Die beiden nicken sich zu und imaginieren, wie es denn wohl sein wird, wenn sie in diesem Saal das Wort ergreifen. Sie werde sich, verrät Frey ihren politischen Vorsatz, für Forderungen, Innovationen und Ideen, die sie persönlich für wichtig und richtig halte, einsetzen. Dazu gehören die Gleichberechtigung zwischen den Geschlechtern, die Entwicklungszusammenarbeit und eine starke Armee. Im Kurzgespräch mit ihrer Kollegin aus Fribourg verspürt die Neuenburgerin eine Art Erleichterung, ja so etwas wie eine Stärkung. An ihrer Seite weiss sie eine Verbündete, zumindest bei einigen Themen. Mit wie viel Rückhalt sie in ihrer Partei, der FDP, rechnen kann, etwa wenn es um die Lohngleichheit zwischen Männern und Frauen oder um die Entkriminalisierung des Schwangerschaftsabbruchs geht, ist ihr noch nicht klar. Wird ihr politisches Programm wahrgenommen werden? Wird ihre Politik in und aus diesem Saal wirken? Oder tut das heute nur ihr Kleid?

«Von Männern geradewegs umringt, ging mittlerweile Frau Ribi aus Zürich ihrer Arbeit nach.»

Die Männerrunde stört Martha Ribi nicht gross.[13] Sie kennt das. Schon längst hat die Zürcher Kantonsrätin gelernt, sich als einzige Frau in Männergremien durchzusetzen. Etwas anderes treibt sie mehr um, während ihr Blick durch die Sitzreihen wandert. «Wie um Himmels Willen soll ich mir jemals die Namen der fast 200 Kollegen merken können?», fragt sie sich, während einer nach dem anderen sie freundlich und mit Namen begrüsst. «Selbstverständlich sind wir wenigen Frauen rasch allen Männern bekannt, umgekehrt verhält es sich hingegen schwieriger», denkt die Vertreterin des Zürcher Freisinns. Dabei fällt ihr wieder das Gespräch von heute früh ein. Auf dem Weg vom Hotel Bristol – wo sie logiert und am Abend zuvor ihren 56. Geburtstag eher bescheiden feierte – Richtung Bundeshaus musste sie sich abermals von einem Ratskollegen sagen lassen, dass Frauen eindeutig bevorzugt seien. «Sicherlich», das spürt sie auch jetzt nur zu gut: «Wir stehen im Rampenlicht, man beobachtet uns genau, kritisch-argwöhnisch oder auch ausgesprochen wohlwollend. All das bedeutet aber eine beträchtliche Mehrbelastung. Denn was auch immer wir tun, wir werden es irgendwie nicht richtig machen können.» Beispielsweise kann sie die ungeschriebene Regel, wonach man sich als Neuling zumindest in der ersten Session nicht zu Wort meldet, nicht in Einklang bringen mit den Erwartungen der Wählenden, vor allem der Frauen. «Die brennen darauf, uns in Bern oben zu hören, von uns zu lesen und uns am Bildschirm zu sehen», nimmt Ribi an. Sie rückt ihre grosse Hornbrille zurecht und spürt eine Art inneren Druck aufsteigen. «Von der Qualität der ersten Frauen hängt es ab, ob und wie die politische Mitarbeit von Frauen künftig geschätzt wird», ist die Nationalrätin sicher. Zugleich, und damit beruhigt sie sich auch gleich wieder ein bisschen, «lastet auf uns noch kaum eine Verantwortung für Vergangenes in unserer Demokratie. Wir sind die Neudazugekommenen.»

Die stets sehr wach und etwas distanziert wirkende Freisinnige verwahrt sich sowieso dagegen, als «Frauenvertreterin» zu gelten. In einem der zahlreichen Interviews, die sie in den letzten Wochen gegeben hatte, drückte sie ihre Dankbarkeit gegenüber den Kämpferinnen für das Frauenstimmrecht aus. Doch, fügte sie sogleich an, «sollten wir Frauen uns weder dazu verpflichtet fühlen noch verleiten lassen, uns weiterhin aggressiver Mittel zu bedienen. Die schrillen Töne», erinnerte sie sich an ihre einzige Teilnahme an einem Fackelumzug für die politischen Rechte der Frauen, «haben mich immer erschreckt. Ich will nicht gegen, sondern mit Männern politisieren.» Auch hier im Bundeshaus will sie vorsichtig sein, die Sache behutsam angehen. Denn Ribi ist sich bewusst, was es bedeutet, dass zunehmend Frauen in die bisher den Männern reservierte Welt einbrechen und dort traditionell Verankertes ins Wanken bringen.

Das Hin und Her im Ratssaal bringt Ribi von ihren Gedanken über Männer und Frauen, über Gleichstellung und über die angebrachte Form des Politisierens ab. Die muntere, leicht aufgedrehte Stimmung des ersten Legislaturtages macht ihr indes nichts aus. Ins Auge sticht ihr vielmehr die sich abzeichnende Unordnung auf den Pulten. Überall Papier, Zeitungen, Rauchutensilien, und jemand hat sogar Essen an den Platz mitgenommen. «Innerhalb der nächsten Tage», dazu ist Ribi fest entschlossen, «werde ich anregen, an jedem Pult Wegwerfsäcke zu befestigen. Diese Massnahme käme dem Ordnungssinn von uns Neulingen entgegen, ohne dass sich die Alteingesessenen überrumpelt fühlen sollten.» Andere Anliegen wie die Revision des Familienrechts, der Ausbau der Sozialversicherungen, die Mutterschaftsversicherung und vor allem Bildungsfragen kann sie in einem nächsten Schritt anbringen, überlegt sie, legt die Blumen auf ihrem Pult sorgfältig zur Seite und lenkt ihre Konzentration auf die in Kürze einsetzende Eröffnungsrede.

Die Präsentation der Parlamentarierinnen endet. Was noch kommt, beansprucht mehr Sendezeit: ein Ausschnitt aus der Begrüssungsrede des Alterspräsidenten, die Wahl des Nationalratspräsidenten, das anstehende politische Geschäft. Nichts Aussergewöhnliches. Szenen, wie sie sich alle vier Jahre zu Legislaturbeginn abspielen. Eine Politikerin aber bleibt in der «Filmwochenschau» unerwähnt, wird den Zuschauer:innen vorenthalten. Doch auch ihre Geschichte soll nicht mehr ungehört bleiben.

Die sozialdemokratische Nationalrätin Hanna Sahlfeld-Singer trat ihr Amt einige Tage nach der Legislatureröffnung an.

Eine Nationalrätin fehlt. Ihr Pult steht leer. Es ist die Nummer 132. Wo die Sozialdemokratin Hanna Sahlfeld sitzen sollte, klafft eine Lücke, liegen keine Rosen und Nelken.[14] Gewählt, gar mit sensationellem Resultat, ist sie zwar. Doch annehmen kann sie das Amt nicht, vorerst zumindest. Hindern tut sie ihr Beruf, genau genommen eine alte Bestimmung der Bundesverfassung. Als evangelisch-reformierte Pfarrerin muss sie sich entscheiden: entweder Austritt aus dem Stand der Geistlichen oder Verzicht auf den Zutritt zum Bundeshaus. Die 28-Jährige und jüngste Parlamentarierin verzichtet daraufhin auf ihren Beruf, ihre Anstellung, ihr Einkommen. All das gibt sie auf – für eine ungewisse politische Zukunft ohne Erfahrungswerte. Doch Sahlfeld besitzt etwas anderes, nämlich «den Willen zu zeigen, dass wir Frauen etwas können», und deswegen wagt sie den Schritt nach Bern. Ausserdem sieht sie das Christentum und ihre politische Heimat, den Sozialismus, als durchaus kompatibel. Denn, darin findet die Theologin eine Verbindung, «beide erstreben eine Welt, die wesentlich anders aussieht als die heutige». Für Sahlfeld sind beides revolutionäre Bewegungen, die auf die «Beseitigung menschlichen Elends» zielen. Dieser Idee verschreibt sie sich – unabhängig, ob in der Kirche oder im Bundeshaus. Das ganze Prozedere, um den Stand einer Bürgerin zu erhalten, dauert allerdings. Und so verpasst die St. Gallerin den gemeinsamen Einzug der ersten Frauen ins Bundeshaus, wird von der «Filmwochenschau» als nicht nennenswert eingestuft, bleibt dem Publikum vorenthalten.

Dafür gewinnt Sahlfeld Zeit, sich gut auf Bundesbern vorzubereiten. Sie ahnt, dass man sie dort als «volle Provokation» erachtet: jung, modern, links, ohne parteipolitische Erfahrung, Pfarrerin, aus einfachen Verhältnissen stammend, mit einem Ausländer verheiratet, Mutter eines Kleinkindes. Und sie wird – ein absolutes Novum unter der Bundeshauskuppel –, kaum ins Parlament eingezogen, als erste Frau während der Amtszeit schwanger! Vorboten, wonach sich nicht alle über ihre Wahl in den Nationalrat freuen und sie dort mit Gegenwind zu kämpfen haben wird, gelangten bereits zu ihr: Ihre Wohngemeinde verzichtete auf das sonst übliche Fest für frisch gewählte Parlamentsmitglieder, weil einflussreiche Bewohner etwas dagegen hatten. Ein CVP-Nationalrat liess sie wissen, «dass es Leute gibt, die nur darauf warten, Ihnen und Ihrem Mann Schwierigkeiten zu bereiten».

Während Ende November die ersten Politikerinnen das Bundeshaus betreten, blickt Sahlfeld zu Hause in Altstätten skeptisch dem entgegen, was sie an ihrer künftigen Wirkungsstätte erwartet. Sie weiss, sie steht unter Beobachtung. Deswegen plant sie das Leben als Nationalrätin gut, um ihre Kraft für die Politik und nicht für die Abwehr von Angriffen einsetzen zu können. Anpasserisch wird sie aber trotzdem nicht sein: «Ich nehme mir meine Freiheiten, wenn ich etwas als ganz wichtig erachte. Für solche Anliegen werde ich auch mal einstehen, ohne sie vorher mit den anderen abzusprechen.» Sahlfeld will nichts weniger als «das Wagnis der weitsichtigen Politik» eingehen. «Vielleicht», geht ihr durch den Kopf, «werde ich mit meinen Anliegen zu früh am richtigen Ort sein.» Während ihre Kolleginnen heute im Scheinwerferlicht stehen, geht sie ihre politische Agenda durch: Temporeduktion auf den Strassen, Mieter:innenschutz, Familienrecht, Bodenrecht, wirtschaftliche Gleichstellung der Frauen, Massnahmen gegen das Apartheid-System in Südafrika, Mutterschutz, Einführung einer Lebensmitteldeklaration. Die Liste ist lang. Sie wird Kraft brauchen.

Abspann

Auf den vorausgegangenen Seiten haben die ersten Bundespolitikerinnen die «Filmwochenschau» gekapert, sich ihrer eigenen Geschichte bemächtigt. Nicht ganz, das ist klar. Die Abschnitte stammen nicht von ihnen, den Text haben nicht sie arrangiert. Er ist aber gespickt mit ihren Aussagen, Erzählungen und Erinnerungen. Das Niedergeschriebene erweitert, so die Absicht, das von der «Filmwochenschau» in aller Knappheit gezeichnete Bild der Bundeshauspionierinnen. In achtzig Sekunden rahmt das Filmformat jenen Augenblick im November 1971 als historisches Ereignis. Doch weiss der Beitrag weder die Bedeutung des Tages noch die Protagonistinnen angemessen zu erfassen.

Auch nach diesem mit reichlich zeitlicher Distanz verfassten Nachtrag zum Eintritt der ersten Politikerinnen ins eidgenössische Parlament gäbe es noch immer so viel mehr über sie zu erfahren – über jene Pionierinnen, von denen einige das Bundeshaus nach nur vier Jahren verliessen, von denen andere abgewählt wurden und nochmals andere hingegen fast ein Vierteljahrhundert unter der Bundeshauskuppel politisierten. Viel zu erzählen gäbe es auch über ihr Wirken und ihre Errungenschaften. Errungenschaften, die uns heute selbstverständlich erscheinen, aber ohne den Einsatz dieser Politikerinnen nicht möglich gewesen wären. Über ihre gemeinsamen Kämpfe wie auch über ihre unterschiedlichen politischen Standpunkte. Über ihre Arbeit für frauen- und gleichstellungspolitische Fortschritte und für etliches mehr. Zu berichten wäre auch von ihren Niederlagen, den schmerzhaften Momenten des Scheiterns. Und von ihrem Vermächtnis. So viel Unerhörtes, so viel Ungehörtes – Geschichte(n), die es noch zu entdecken und zu schreiben gilt.

ECKDATEN ZU DEN 1971 INS BUNDESPARLAMENT GEWÄHLTEN POLITIKERINNEN

Name	Lebensdaten	Partei	Kanton	Amt	Amtsdauer
Blunschy-Steiner, Elisabeth	1922–2015	CVP	Schwyz	Nationalrätin (erste) Nationalratspräsidentin	1971–1987 1977
Frey, Tilo	1923–2008	FDP	Neuenburg	Nationalrätin	1971–1975
Girardin, Lise	1921–2010	FDP	Genf	Ständerätin	1971–1975
Lang-Gehri, Hedi	1931–2004	SPS	Zürich	Nationalrätin Nationalratspräsidentin	1971–1983 1981–1982
Meier, Josi	1926–2006	CVP	Luzern	Nationalrätin Ständerätin (erste) Ständeratspräsidentin	1971–1983 1983–1995 1991–1992
Nanchen, Gabrielle	*1943	SPS	Wallis	Nationalrätin	1971–1979
Ribi, Martha	1915–2010	FDP	Zürich	Nationalrätin	1971–1983
Sahlfeld-Singer, Hanna	*1943	SPS	St. Gallen	Nationalrätin	1971–1975
Spreng, Liselotte	1912–1992	FDP	Fribourg	Nationalrätin	1971–1983
Thalmann, Hanny	1912–2000	CVP	St. Gallen	Nationalrätin	1971–1979
Uchtenhagen, Lilian	1928–2016	SPS	Zürich	Nationalrätin	1971–1991
Wicky, Nelly	1923–2020	PdA	Genf	Nationalrätin	1971–1975

Gespräch mit Gabrielle Nanchen:

«Du wirst verlieren, aber das macht nichts.»

Gabrielle Nanchen mit zwei ihrer Kinder, 1971.

Ich konnte mit zwanzig Jahren wählen und stimmen – anders als viele Schweizerinnen meiner Generation. Denn im Kanton Waadt, wo ich wohnte, hatten Frauen schon 1959 die politischen Rechte erhalten. Mit grösster Selbstverständlichkeit schritt ich jeweils freudig an die Urne. Doch dann zog ich zu meinem künftigen Mann ins Wallis – in einen Kanton, der das Frauenstimmrecht noch nicht eingeführt hatte. In dem Moment, in dem ich mich beim Zivilstandesamt in Sion anmeldete, verlor ich mein Stimmrecht. Plötzlich fand ich mich also als Person ohne Rechte wieder. Das war sehr schmerzhaft. Und es trug viel zu meinem feministischen Bewusstsein bei. Zuvor hatte ich nicht gross über die Benachteiligung von Frauen nachgedacht, denn ich lebte in einer eigentlichen Frauenwelt: Meine Eltern wohnten mit uns vier Mädchen und einem Knaben, der Familie meines Onkels mit sechs Töchtern sowie unserer Grossmutter in einem Haus. Ausserdem besuchte ich eine Mädchenschule. Ich war also komplett von Frauen umgeben.

Als ich Mitte der 1960er-Jahre an der Uni Lausanne Sozialwissenschaften zu studieren begann, trat ich in eine eher männlich geprägte Welt ein. Aber auch dort fand ich meinen Platz. Politik nahm unter den Studierenden einen wichtigen Stellenwert ein. Wir diskutierten über Menschenrechte, Kolonialismus und Klassenkampf. Bald erkannte ich, dass überall Ungerechtigkeiten existierten und dass man sich politisch engagieren muss, um das zu ändern. Es war dieses Umfeld, das mich anregte, als Bürgerin Verantwortung zu übernehmen. Einen bleibenden Eindruck hinterliess bei mir vor allem das Apartheidregime in Südafrika. Nachdem ich dieses System und die Rolle, welche die Schweiz darin spielte, verstanden hatte, sagte ich zu mir: «Ich muss etwas tun!»

Kurz nach meinem Umzug ins Wallis trat ich der Sozialistischen Partei bei. Mich trieben mehr die sozialen und politischen Ungerechtigkeiten an als die fehlenden Frauenrechte. Als 1970 das Frauenstimmrecht auch im Wallis angenommen wurde, setzte sich meine Partei dafür ein, dass eines ihrer wenigen weiblichen Mitglieder als Nationalratskandidatin nominiert wurde. Weil ich als Einzige ein Hochschulstudium absolviert hatte und ein bisschen Deutsch verstand, fragte man mich für eine Kandidatur an. Ich wollte jedoch auf keinen Fall gewählt werden, da meine Tochter erst zwei- und mein Sohn einjährig waren. Zwar liess ich mich schliesslich doch auf die Liste setzen, betonte jedoch gegenüber den Parteigenossen, die mit mir kandidierten: «Aber ich kann nicht gewählt werden.» Sie beruhigten mich: «Mach dir keine Sorgen. Dafür besteht kein Risiko.» Ausserdem wusste ich, dass viele fähige Walliser Sozialisten sich Chancen für den freiwerdenden Sitz des bisherigen Nationalrats Karl Dellberg ausmalten, der das Amt 32 Jahre innegehabt hatte. Angesichts dieser ausgezeichneten Kandidaten stieg ich unbesorgt in den

Wahlkampf, was mir tatsächlich auch Spass bereitete. Denn, wissen Sie, es ist nicht einfach, von anderswoher in ein kleines Walliser Dorf zu ziehen. Zu Hause war ich allein. Ich verbrachte meine Tage damit, Fläschchen und Gemüsebrei zuzubereiten, Windeln zu waschen und mich um meine beiden Kleinen zu kümmern. Der Wahlkampf bot mir die Möglichkeit, aus dem Haus zu gehen, Menschen zu sehen, meinen eigenen Standpunkt zu vertreten und zu erkennen: Ich habe Ideen.

Den Wahltag nahm ich gelassen. Ich hatte nicht einmal für mich selbst gestimmt. In der Tat sah am Abend alles nach einem Sieg für einen Kollegen aus. Im Nachbardorf gab es Probleme bei der Stimmenauszählung, Stunden verstrichen, und das endgültige Resultat stand spätabends noch immer aus. Entspannt ging ich schliesslich zu Bett und dachte: «Jetzt ist es gut, du hast ein schönes Ergebnis erzielt.» Um zwei Uhr morgens hörte ich hupende Autos und Türen, die zugeschlagen wurden. Mein Mann weckte mich mit den Worten: «Das sind die Kameraden aus dem Nachbardorf. Sie sind hier. Dank ihnen hast du gewonnen.» Äusserst knapp, mit 43 Stimmen Vorsprung auf den zweitplatzierten Kollegen, gewann ich die Wahl um den Nationalratssitz. Ich war wie benebelt, wir tranken etwas, und am Morgen eröffnete ich meinem Mann, dass ich die Wahl wegen der Kinder nicht akzeptieren könne. Darauf erwiderte er nur: «Das steht nicht zur Debatte. Du bist gewählt worden, du musst deinen Platz in Bern einnehmen. Mit den Kindern werden wir uns durchschlagen.» Von diesem Zeitpunkt an übernahm er die Kinderbetreuung. Es war aber nicht allein mein Mann, der mich ermutigte. Es war auch wichtig, die Menschen, die mich gewählt hatten, nicht zu enttäuschen: zuerst die sozialistischen Wähler und dann vielleicht auch Frauen und Jugendliche aus anderen Parteien.

Gerührt, stolz und ein bisschen beeindruckt lief ich am 29. November 1971, meinem ersten Tag als Parlamentarierin, in den Nationalratssaal und dachte: «Kaum zu glauben, dass vor mir nur Raumpflegerinnen den Saal betreten haben.» Plötzlich fühlte ich mich für diese Frauen und für alle anderen Frauen verantwortlich und folgerte daraus: «Ja, wir sind nicht viele, wir zehn, die gewählt wurden. Du bist hier, du bist eine von ihnen. Und du vertrittst diese Frauen, die im Schatten arbeiten.» Schon vor Sessionsbeginn kam die Fraktion zusammen, um an den Themen zu arbeiten, die an den folgenden Sitzungen diskutiert werden sollten. Ich erinnere mich noch gut: Im Saal 86 sass die sozialdemokratische Fraktion. Als ich dort eintrat, fiel mir als Erstes auf, wie ernst sich meine Kollegen nahmen. Im Wallis pflegte man unter den Genossen eine ganz andere, eine lockere und herzliche Atmosphäre. Hier aber sah ich all die Herren mit dunklem Anzug, weissem Hemd und Krawatte. Es herrschte ein sehr förmlicher Umgang, und mir schien, dass die Männer ihre Anzüge wie eine Uniform trugen. Sobald man die Nationalratskleidung anzog, wechselte man die Haut und ein Stück weit auch die Persönlichkeit. Ich war das nicht gewohnt und freute mich entsprechend, als ich meinen Kollegen Pierre Gassmann in rotem Pullover herausstechen sah. Er kam freundlich auf mich zu, um mich zu begrüssen, und duzte mich. Da merkte ich, dass es doch Politiker gab, die in diesem Umfeld sie selbst blieben.

Am ersten Tag wurden wir Frauen im Parlament offiziell und wunderbar empfangen. Mir schien, dass sich die Männer freuten, weibliche Ratsmitglieder zu sehen. Dieser Tag war ein wirklich glücklicher Moment in meinem Leben. Allerdings bedauerte ich, dass es keine weiteren sozialdemokratischen Frauen aus der Romandie gab. Zwar waren mit Lilian Uchtenhagen, Hedi Lang und ein bisschen später Hanna Sahlfeld weitere Frauen Teil der Fraktion, doch trafen sich die Französischsprachigen und die Deutschschweizer mehrheitlich untereinander. Meine männlichen Parteikollegen aus der Romandie waren sehr gute Freunde, aber ich blieb eben doch die einzige Frau.

Inzwischen war ich es gewohnt, in einer Männerwelt zu leben. Schliesslich war alles männlich, sobald man das eigene Haus verliess: die Armee, die Gerichte, die Kirche, die Universitäten und eben auch die Politik. Es war einfach so – die äussere Welt war männlich. Wir ersten Politikerinnen wussten das, und ich würde sagen, dass wir das nicht primär als eine Ungerechtigkeit betrachteten, sondern uns privilegiert fühlten, überhaupt an politischen Entscheiden teilnehmen zu können. Als ich im Parlament allerdings mit den Worten «Frau Nationalrat Nanchen, Sie haben das Wort» auf die Tribüne gerufen wurde, ärgerte ich mich schon ein bisschen. Ich verlangte, dass die weibliche Form verwendet würde, doch hiess es nur: «Ah nein, ah nein, den Begriff ‹Nationalrätin› gibt es nicht.»

Mir schien schon, dass man uns Frauen zuhörte. Vielleicht just weil wir Frauen und somit etwas Neues waren. Wenn ich mit meinen Kleidern, die etwas heller waren als die Anzüge meiner Kollegen, in den Saal schritt und zum Rednerpult ging, schauten die Nationalräte von ihrer Zeitung auf. Ich sage nicht, dass sie mir zuhörten, aber sie schauten mich kurz an. Möglicherweise nicht wegen meines «Redetalents» oder meiner Ideen, aber ich wurde für eine kleine Weile angeschaut und angehört – aber nur, weil ich anders war als sie. Ich hatte nicht das Gefühl, dass ich völlig ignoriert wurde. Auf eine bestimmte Art und Weise fühlte ich mich gesehen, auf eine Art und Weise, die mir schmeichelte. Ich war 28 Jahre alt, und es überrascht wohl kaum, dass mich etliche Männer abends zum Essen einluden. Das taten sie sicherlich nicht mit ihren männlichen Kollegen und vielleicht auch nicht mit den älteren Parlamentarierinnen. All das geschah aber immer mit Höflichkeit – ich würde sagen mit Galanterie. Die Dinge waren klar, und ich musste nie unangenehme Geschichten oder Belästigungen erleben.

Viel schwieriger gestaltete sich die Situation im Wallis, vor allem in Bezug auf meine mediale Präsenz. Die einzige Tageszeitung im französischsprachigen Wallis, *Le Nouvelliste,* ignorierte mich während meiner ganzen achtjährigen Amtszeit. Das damals zum rechten politischen Rand zählende Blatt berichtete nie über meine Vorstösse. Die einzige Bemerkung zu meiner Arbeit im Bundeshaus war, dass ich die Sitzreihen des Nationalrats schmücken würde. Ob es damit zu tun hatte, dass ich eine Frau war? Ich war ja auch Sozialistin, und ausserdem besass ich vor meiner Heirat einen italienischen Namen. Im Grunde personifizierte ich für diese Zeitung das Böse. Die Ignoranz und schiere Aggressivität, die der Chefredakteur des *Nouvelliste* an den Tag legte, gehörten zum Schmerzlichsten, was ich während meiner Parlamentszeit erlebte. Das Blatt verleumdete mich richtiggehend, und leider wurde das, was über mich zu lesen war, teilweise auch übernommen. Jedenfalls verunmöglichte mir das derart gegen mich gerichtete Klima, nach dem Nationalratsmandat eine Arbeit im Wallis zu finden.

Während die Politik, die ich machte, in meinem Wohnkanton angefeindet wurde, wurde ich im Parlament hingegen nicht ins Abseits gedrängt. Meine grossen Themen waren die Mutterschaftsversicherung und der Elternurlaub. Ich setzte mich dafür ein, dass die Schweiz eine kinderfreundlichere Haltung einnahm und eine Familienpolitik betrieb, die diesen Namen tatsächlich verdiente. Ein zentrales Anliegen war mir zudem die Abschaffung des Saisonnierstatuts. Diese unmenschliche Praxis der Kurzaufenthaltsbewilligung machte die ausländischen Arbeitskräfte zu rechtslosen Subjekten. Wichtig, obschon ich mich dafür ein bisschen weniger engagierte, war mir auch die Gleichstellung von Mann und Frau. Dieses Anliegen vertrat ich mehr ausserhalb des Parlaments, auf Konferenzen beispielsweise. Zudem unterstützte ich das Recht auf Abtreibung und stimmte für die Fristenlösung. Ich war keine Aktivistin für dieses Recht, doch im Wallis warf man mir das noch jahrzehntelang vor. Als ich während der Amtszeit mit meinem dritten Kind schwanger war, gab es beispielsweise Stimmen, die sagten: «Mit solchen Ideen sollte sie kein Recht auf Mutterschaft haben.»

Als ich mein drittes Kind bekam, reagierten die Kolleginnen und Kollegen im Rat sehr wohlwollend und nett. Ein grosses Problem war jedoch, dass es im Bundeshaus keine Kinderkrippe gab – und immer noch nicht gibt. Anfangs brachte ich das Baby zu einer Tagesmutter, die in einem ziemlich weit vom Bundeshaus entfernten Stadtquartier wohnte. Ich liess das Kind dort, rannte schnell ins Parlament, um beispielsweise eine Rede zu halten, und eilte wieder zurück zum Kind, das gestillt werden musste. Auf die Dauer war das einfach übermenschlich für mich, und ich merkte, dass ich so nicht weitermachen konnte. Es war ja nicht nur eine Frage der Organisation, sondern auch eine Frage der Belastung. Diese Last zu tragen, war sehr schwer, und ich bin nun mal keine Naturgewalt, keine Superwoman. Ich las Bücher, die mir sagten, man könne all das schaffen. Aber ich schaffte es schlichtweg nicht. Letztendlich war das einer der Gründe, warum ich meine politische Karriere beenden musste. Einige feministische Freundinnen meinten daraufhin: «Du hast kein Recht, so etwas zu tun. Wir haben so sehr für das Frauenwahlrecht gekämpft, für das aktive und passive Wahlrecht. Du bist gewählt worden, wir waren stolz auf dich. Du kannst nicht einfach so gehen, wir brauchen dich.» Das hat mir am meisten wehgetan. Zum Glück trat mit Françoise Vannay eine Frau meine Nachfolge an.

Im Parlament pflegten wir unter den SP-Parlamentarierinnen ein sehr gutes Verhältnis. Der Kontakt zu Vertreterinnen aus anderen Parteien hielt sich hingegen in Grenzen. Diese Politikerinnen beeindruckten mich aber, waren sie doch älter und arbeiteten als Dozentinnen oder Ärztinnen, wohingegen ich eine Hausfrau war. Wichtig war für mich, als 1975 die freisinnige Monique Bauer-Lagier aus Genf ins Parlament einzog. Ich mochte sie sehr, und wir gründeten eine Art Women's Club. In einer kleinen Gruppe von Frauen aus unterschiedlichen Parteien diskutierten wir Themen wie etwa Familienpolitik und schufen so einen Raum für Solidarität unter Frauen. Das schätzten die Parteien wiederum nicht sonderlich, weil sie um die Loyalität ihrer Parlamentarierinnen fürchteten. Auch Männer unterstützten mich – Parteikollegen oder Walliser Nationalräte aus der FDP und CVP. Ich erinnere mich an etliche Zugfahrten zwischen Bern und Sitten, auf denen sie mir das politische Handwerk beibrachten und beispielsweise erklärten, was der Unterschied zwischen einer Motion und einem Postulat ist. Anfänglich hatte ich ja keine Ahnung, denn ich war noch nie in einem politischen Gremium tätig gewesen.

Vielleicht gerade weil ich zuvor nicht bereits in einem Parlament oder in einer Regierung politisiert hatte, fiel mir auf, wie stark die Politik ein männliches Spiel mit sehr männlichen Regeln war und ist. Ein gutes Beispiel dafür ist, wie politische Entscheidungen gefällt werden. Die Regel lautet bekanntlich, dass die Mehrheit über die Minderheit siegt. Wenn also 50,01 Prozent der Bevölkerung ein Ja in die Urne werfen und 49,99 Prozent ein Nein, dann zählt trotz diesem winzigen Unterschied das Ja. Aber repräsentiert dieser Entscheid wirklich den Willen des Volks? Es entspricht zwar einer demokratischen Regel, aber diese scheint mir sehr männlich zu sein, und sie hat mich von Anfang an gestört. Ich habe den Eindruck, dass Frauen eher versuchen, Lösungen im

Sinne eines Konsenses zu finden. Ich würde mir wünschen, dass die heranwachsenden Generationen eine andere Art und Weise finden, Politik zu machen. Vielleicht inspiriert vom Palaverbaum, einer alten, demokratischen Praxis westafrikanischer Gesellschaften, oder von der Konsensfindung, wie sie im Rahmen von UN-Versammlungen praktiziert wird. Enttäuschend fand ich im Bundeshaus den Umstand, dass der persönliche Ehrgeiz der Ratsmitglieder häufig Vorrang genoss und es ihnen nicht unbedingt um die Achtung der Menschenrechte, soziale Gerechtigkeit oder Solidarität ging. Diese Werte schienen weniger bedeutsam zu sein als der persönliche Wille, zu gewinnen, um in der Politik und ganz allgemein in der Welt wichtig zu sein. Ich war schon immer zu naiv und idealistisch, aber ja, es war eine grosse Enttäuschung.

In den Jahren als Nationalrätin lernte ich viel. Vor allem für meine weitere Entwicklung und für mein persönliches Leben: Ich bin in einer Welt aufgewachsen, die mich denken liess, dass Frauen unterwürfig sein müssten und Männer besser seien. Im Parlament lernte ich, eigene Vorstellungen zu haben und das Recht, sie zu verteidigen. Ich lernte, dass ich nicht nur die liebe Gabrielle bin, die anderen gefällt, sondern eine Frau, die sich in die Welt, in der sie lebt, einbringt. Eine Frau, die sich gegen Ungerechtigkeit auflehnt und versucht, Lösungen zu finden, damit die Welt ein wenig verbundener wird. Lebenslang habe ich nicht die Fähigkeit verloren, mich zu empören und darüber zu sprechen und zu schreiben. Zu sprechen und meine Ideen in der Öffentlichkeit auszudrücken, ist wahrscheinlich das Wichtigste, was mich das Parlament gelehrt hat. Denn sich zu artikulieren, ist nicht leicht, wenn man als kleines, schüchternes Mädchen inmitten einer Familie mit zehn anderen Mädchen aufwächst, die viel schöner und brillanter sind. Als Nationalrätin lernte ich, mir Anerkennung zu verschaffen – und zwar in einer Männerwelt. Ich lernte, dass ich auch verlieren kann. Früher konnte ich das nur schwer annehmen: zu verlieren oder andere verlieren zu lassen. Doch ich musste lernen zu akzeptieren, dass das politische Spiel nun mal so funktionierte und ich Teil davon war. Was ich damit meine, lässt sich beispielsweise am Thema des Elternurlaubs illustrieren. Die Idee eines Elternurlaubs rief ich 1978 ins Leben, als ich gerade mein drittes Kind erwartete. Heute wird immer noch darüber diskutiert, ob ein 15-tägiger Vaterschaftsurlaub gerechtfertigt ist. Man muss also sehr lange leben, um zu gewinnen. Aber ich habe mir immer gesagt: «Spiel dieses Spiel mit, aber sei dir bewusst, dass du systematisch verlieren wirst. Mit den Ideen, die du vertrittst, deinen linken Ideen, deinen Ideen als Frau, wirst du verlieren. Aber das macht nichts. Wir machen weiter!»

Das Gespräch mit Gabrielle Nanchen fand am 18. November 2019 in der Dampfzentrale Bern statt (Übersetzung aus dem Französischen durch die Autorin).

Gabrielle Nanchen (*1943) studierte Soziologie und Soziale Arbeit und gehörte zu den ersten Frauen, die 1971 ins Bundesparlament gewählt wurden. Sie politisierte bis 1979 als sozialdemokratische Vertreterin des Kantons Wallis im Nationalrat. Sie war Präsidentin der Walliser Vereinigung Frauen–Begegnung–Arbeit, Vizepräsidentin der Eidgenössischen Kommission für Frauenfragen, Präsidentin von Swissaid, Delegierte der Direktion für Entwicklung und Zusammenarbeit (DEZA) für Nord-Süd-Fragen im Zusammenhang mit dem Europarat, Präsidentin der Stiftung für die nachhaltige Entwicklung der Bergregionen sowie Mitglied der Versammlung des IKRK.
Nanchen ist Mitbegründerin und ehemalige Präsidentin der Association Compostelle-Cordoue, die sich durch Wandern, Dialog und Verständnis für den interkulturellen Austausch einsetzt.

Grosse Heiterkeit

Es mag überraschen: Das Bundeshaus scheint ein Ort der Heiterkeit zu sein. Jedenfalls berichten die Protokolle der Parlamentsdebatten immer mal wieder von «Heiterkeit», manchmal gar von «Grosser Heiterkeit». Auf Hundertausenden von Seiten halten Protokolle die Debatten fest, die unter der Bundeshauskuppel mehr oder weniger leidenschaftlich ausgefochten wurden. Wer einen der wuchtigen Wälzer aufschlägt, in denen die Reden der Politiker:innen chronologisch nachzulesen sind, wird sogleich von der überwältigenden Menge an Text auf den eng und klein bedruckten Seiten erschlagen. Doch mitten in dieser farblosen Bleiwüste sticht ab und an ein einziges Wort heraus: Heiterkeit. Diese Bemerkung, stets von Klammern eingeengt, kommt einer Erlösung im Lesefluss gleich, der immer wieder vor Erschöpfung stillzustehen droht. Es ist ein schönes, in der politischen Sprache ungewöhnliches, seltenes Wort, und so wirkt es denn auch wie eine Art Verheissung. Wo es auftaucht, muss Frohmut präsent sein. Wird in den Protokollen Heiterkeit vermerkt, ist das ein untrüglicher Hinweis auf ausserordentliche, bewegte, offenbar lustige und von Lachen umrahmte Momente im sonst routinierten, oft drögen Alltag des Bundesparlaments.

Als besonders sicherer Garant für Lacher traten vor 1971 die Diskussionen rund um das Frauenstimmrecht in Erscheinung. Was wurde da gelacht! Nach dessen Einführung schlich sich die Heiterkeit jedoch nicht einfach aus den alten Gemäuern des Bundeshauses. Denn anschliessend sorgten Voten von Politikerinnen, vor allem zu sogenannt frauenpolitischen Themen, für beachtliche Erheiterung im Schweizer Parlament. Warum, so fragt sich, provozierte ausgerechnet das Frauenstimmrecht derart viel Gelächter unter den Herren Volksvertretern? Und was vermochte Letztere so zu amüsieren, als nach 1971 Politikerinnen ans Redepult traten und das Wort ergriffen? Was steckt also hinter der Heiterkeit, die sich unter der Bundeshauskuppel meist dann einstellte, wenn es um Frauen und deren Anliegen ging? Um diese Fragen zu beantworten, gilt es, die schweren, in rotes Leder gehüllten und wie Monumente in den Bücherregalen des Schweizerischen Bundesarchivs thronenden Bände mit den Protokollen des National- und Ständerates hervorzuziehen und den Blick auf die Heiterkeitsvermerke zu richten, die in den Debatten um das Frauenstimmrecht und in der ersten Legislaturperiode mit Frauen von 1971 bis 1975 besonders oft zu finden sind.

Lacher zum Frauenstimmrecht

Spät war es, als am 20. Dezember 1950 der katholisch-konservative Nationalrat Peter von Roten im Bundeshaus zur Verteidigung seines Postulats zwecks Einführung der politischen Rechte für Frauen schritt. Im Parlament kannte man den Walliser Aristokraten als eigenwilligen Politiker: Er verteidigte die Rechte der Frauen, kritisierte die Armee und war verheiratet mit Iris von Roten, die als Autorin des feministischen Manifests «Frauen im Laufgitter» wenige Jahre später die Schweiz in helle Aufruhr versetzen und dem Land einen veritablen Skandal bescheren würde.[1] Als einer der letzten Redner wandte sich von Roten an diesem Abend kurz vor 21 Uhr an seine Kollegen. Diese fühlten sich zur fortgeschrittenen Stunde schon etwas ermüdet. Die Wintersession und damit das Jahr neigten sich dem Ende zu. Jetzt galt es, die wichtigen Geschäfte abzuschliessen, bevor in der lang ersehnten Weihnachtspause die Politik auch mal ruhen durfte. Tatsächlich führten die Volksvertreter im Bundeshaus an jenem langen Mittwoch bereits heftige Debatten um Themen von zweifelhaftem Gewicht – etwa die Steuerbefreiung von Süssmost oder die Ausdehnung der Steuerherabsetzung von Setzzwiebeln.[2] So manchem Anwesenden stand der Sinn nun eher nach geselligem Sitzungsausklang in der Beiz als nach der Frage, ob die andere Hälfte der Bevölkerung politisch mitreden dürfe. Sich vielleicht tatsächlich bereits in gelassenerer Runde imaginierend, rief schon von Rotens Begrüssung bei den Zuhörern Belustigung hervor. «Herr Präsident, Herr Bundesrat», begann der bekannte Verfechter der politischen Gleichberechtigung sein Plädoyer und ergänzte die ritualhafte Anredefloskel überraschend mit «meine Damen und Herren», woraufhin das Protokoll «Heiterkeit» vermerkte.[3] Zu absurd erschien den Ratsmitgliedern die Vorstellung, dass in diesem doch seit einem ganzen Jahrhundert frauenfreien Gremium eine Dame anwesend sein könnte – ja, möglicherweise jemals anwesend sein würde. Jedenfalls wussten sich die Herren, trotz einigen Besucherinnen auf der Tribüne, an jenem Dezemberabend mit grösster Selbstverständlichkeit unter sich.

Ob die Heiterkeit der Parlamentarier aufgrund der Anrede an die Damen einem kurzen Moment der Irritation entstammte, die Gewissheit des Unter-sich-Seins bekräftigen sollte oder ein mehr oder weniger bewusstes Ausschlussgebahren gegenüber den einzig sprachlich angerufenen Frauen darstellte, sei offengelassen. Mit von der Partie war in jenem Moment wohl eine Form von verunsicherter Männlichkeit, die das eigene Revier angesichts der beschriebenen Situation umso stärker verteidigte. Von Roten inkludierte während einiger Sekunden die vom elementaren demokratischen Recht auf politische Mitsprache ausgenommene weibliche Bevölkerungsgruppe symbolisch in die Männerarena unter der Bundeshauskuppel. Es sass keine einzige Frau auf einem der damals 194 Ratssessel, und doch provozierte allein deren sprachliche Präsenz im Begrüssungswort von Peter von Roten gewisse Politiker. Deren Reaktion zeigt, wie emotional einige Nationalräte auf das Politikum des Frauenstimmrechts reagierten – interessanterweise just diejenigen, die in der angeblich beim weiblichen Geschlecht so dominanten Emotionalität einen Grund sahen, um Frauen die politische Mündigkeit abzusprechen. Offensichtlich bedurfte es in der fundamental demokratischen und überaus ernsthaften Frage wie jener nach dem Recht der Frauen auf politische Teilnahme noch nicht einmal mehr oder weniger elaborierter Pro- und Kontra-Argumente,[4] um die Gegner bereits in Aufruhr zu versetzen.

Vom Gelächter seiner Ratskollegen zeigte sich von Roten wenig überrascht, war er sich doch «der Gefahr bewusst, die darin liegt, um diese Zeit noch ein Thema anzuschneiden, bei dem es üblich ist, nicht ganz ernst zu sein, sondern leider in ein leichtes Gewieher auszubrechen, das nicht immer zur Ehre des Männervolkes gereicht».[5] Was das Protokoll in Klammern vermerkt unter «Heiterkeit», manchmal auch unter «Grosse Heiterkeit» festhielt, erinnerte von Roten also an «leichtes Gewieher», an eine Akustik, die eigentlich im Tierreich und nicht im Bundeshaus zu erwarten wäre. Die emotionale Reaktion seiner Kollegen verortete der Walliser Politiker im Bereich des Animalischen, Unkultivierten und Triebhaften, und das hatte so gar nichts mit dem Ehrenhaften zu tun, als das viele Volksvertreter ihr Tun gerne verstanden wissen wollten.

Die Lacher einiger Bundespolitiker waren an diesem Dezemberabend jedoch nicht allein der allgemeinen Müdigkeit geschuldet, denn ähnliche Begebenheiten spielten sich immer wieder auch zu anderen Tageszeiten ab. Nur wenige Monate später, während der Sommersession von 1951, begleiteten nicht weniger als vier Heiterkeitsausbrüche eine Wortmeldung zum Frauenstimmrecht. Am Rednerpult stand Nationalrat Eugen Bircher von der Bauern- und Bürgerpartei BGB, der Vorläuferin der heutigen SVP. Der «rechtsbürgerliche Provokateur mit Sympathien für die deutsche Wehrmacht»[6] politisierte seit sechs Jahren im

Nationalrat, war aber schon vorher kein Unbekannter gewesen. Als einer der führenden Schweizer Chirurgen und vor allem als Armeefunktionär und Militärschriftsteller, der während der beiden Weltkriege entschieden Frontstellung gegen die Linke bezogen hatte, hatte er schon früh von sich reden gemacht.[7] Seine ablehnende Position in der Frauenstimmrechtsfrage verteidigte er nun vor dem versammelten Nationalrat, was dieser wiederum mit mehrfacher Erheiterung goutierte. Bircher stieg mit einem anzüglichen Verweis auf seine «sehr netten Damenbekanntschaften [...], die aber meistens gegen das Frauenstimmrecht waren, ohne von mir beeinflusst zu sein»,[8] ein, um eingangs das Argument zu platzieren, wonach Frauen selbst keine politischen Rechte wünschten. Die im Anschluss daran, wohl mit der Absicht, seine Potenz und Dominanz als Pater familias zu unterstreichen, geäusserte Information zu seiner grossen Kinderschar, die «für einen Nationalrat sicherlich eine ganz schöne Zahl (Heiterkeit)»[9] darstelle, erheiterte die Zuhörer ein erstes Mal. Im Folgenden bemühte Bircher die altbekannte frauenfeindliche Aussage des Philosophen Arthur Schopenhauer, wonach die Frau als «Knalleffekt der Natur [...] in ihrer anatomisch-geschichtlichen Entwicklung dem Kinde näher als dem Mann» stehe.[10] Um deren Richtigkeit zu beweisen, rief der Aargauer Volksvertreter eine kürzlich in New York abgehaltene Militärparade in Erinnerung. Das Sittengemälde, das Bircher vom feierlich-heroischen Umzug zeichnete, enthielt mit «intimsten Kleidungsstücken»[11] um sich werfende Zuschauerinnen. Es diente ihm sowohl dazu, die angebliche weibliche Gefühlserregtheit und die daraus abgeleitete politische Unmündigkeit zu veranschaulichen, als auch dazu, seine Zuhörer zu erheitern. Für Lacher im Plenum sorgte der fast siebzigjährige Politiker weiter mit der von Carl Gustav Jung übernommenen und damit den Eindruck von Wissenschaftlichkeit erweckenden Aussage, wonach Frauen sich geistig «immer noch im kosmogonischen Urnebel (Heiterkeit)»[12] befänden. Vollends in einen misogynen Redeeifer hineingesteigert, belustigte Bircher einige Volksvertreter schliesslich mit seinem kruden und durch fragwürdige historische Bezüge untermauerten Befund, dass es «seit dem Altertum keinen Krieg, keine kriegerische Auseinandersetzung» ohne die zentrale Beteiligung von Frauen gegeben habe, diese seien darin «stark verwickelt gewesen» oder hätten gar als «Triebfeder» gewirkt. Das Protokoll vermerkte hier wiederum «(Heiterkeit)».[13]

Ein Parlament, kein Lustspielhaus

«Ich muss Ihnen schon gestehen, dass mich die Rede des Herrn Dr. Bircher ausserordentlich enttäuscht hat», tat der auf Birchers Tirade folgende Sprecher seinen Unmut über das gerade Gehörte kund. Alois Grendelmeier vom Landesring der Unabhängigen, ein früher Verfechter des Umweltschutzes und Kämpfer für Frauenrechte, konnte und wollte das Schwadronieren seines Vorredners, das einer einzigen Diffamie von Frauen gleichkam, nicht unwidersprochen stehen lassen. Dem Juristen, durch dessen Vorstoss es 1959 zur ersten eidgenössischen Abstimmung über das Frauenstimmrecht kommen sollte, war unverständlich, «dass in diesem Hause, im schweizerischen Parlament in dieser Weise hat gesprochen werden können».[14] Grendelmeier protestierte jedoch nicht einzig gegen die Verbalattacke des notorischen Frauenstimmrechtsgegners Bircher. Die übrigen in mokantes Gelächter verfallenen Ratskollegen massregelte er mit dem Verweis auf die Ernsthaftigkeit des diskutierten Anliegens und erinnerte an die Aufgaben von Politikern: «Wir sind nicht in einem Lustspielhaus, wo es darauf ankommt, die Lacher auf seine Seite zu bringen; wir sind in einem Parlament, das sich ernsthaft mit einer Sachfrage zu befassen hat.»[15] Ganz offensichtlich hatten einige der Staatsherren die Bedeutung und Relevanz des politischen Traktandums nicht erkannt – oder es sehr wohl erfasst, doch in wenig staatsmännischer Manier und auf perfide Art und Weise abgetan. Nämlich, indem sie auf die Frage, wer denn eigentlich zum Demos gehört, mit vermeintlich süffisanten Anekdoten auffuhren, diese staatspolitisch und menschenrechtlich höchst relevante Diskussion als lächerlich abtaten und teilweise weder ernsthaft noch rational argumentierten.

Auch andere Nationalräte verweigerten sich der allgemeinen Heiterkeit. Etwa stiess sich 1951 Gottlieb Duttweiler, Gründer des Landesrings der Unabhängigen sowie der Migros, daran, «dass man vom Frauenstimmrecht und automatisch von den Frauen wie von Objekten spricht».[16] Der kampfeslustige Verteidiger des Frauenstimmrechts konfrontierte seine Ratskollegen mit der Verachtung, die Frauen als «die zweite Klasse»[17] in diesen Debatten widerfuhr. Es war nicht das erste Mal, dass sich Duttweiler – eine Persönlichkeit geprägt von Geschäftssinn, aber auch von der Idee der Solidarität und vom Dienst an der Gemeinschaft – veranlasst sah, das despektierliche Verhalten seiner Ratskollegen anzumahnen.[18] Bereits einige Jahre zuvor, als 1945 im Nationalrat das Postulat des Sozialdemokraten Hans Oprecht für die Einführung des Frauenstimmrechts besprochen worden war, hatte sich Duttweiler gezwungen gesehen, einzugreifen. Was war passiert? Das Protokoll zu jener Diskussion vermerkt im knapp einseitigen Votum des gegnerischen, fraktionslosen Nationalrats Josef Schuler ganze fünf Heiterkeitsausbrüche und zweimal «grosse Heiterkeit».[19] Offensichtlich fürchtete der Kuh- und Schweinezüchter aus dem Kanton Schwyz den durch das Frauenstimmrecht eingeläuteten Niedergang männlicher Privilegien im ländlichen Alltag und unterhielt den Nationalratssaal mit seiner Zukunftsprognose bestens: «Wenn so eine Frau auf dem Land eine, zwei oder noch mehr Stunden laufen muss bis zur Urne, bleibt sie daheim, oder dann muss der Mann daheim bleiben, wenn die Frau stimmen will. (Heiterkeit.)»[20] Amüsieren konnte Schuler seine Kollegen auch mit dem Szenario, wonach eine Frau in den Nationalrat gewählt würde und deren «Mann daheim kochen und die Kinder hüten [müsse] (grosse Heiterkeit)» oder dass eine Frau unmittelbar nach der Geburt ihres Kindes das Stimmrecht nicht ausüben könne und deswegen «für die Hebamme ein Schein ausgefertigt werden und diese stimmen gehen [müsse] (Heiterkeit)».[21] Während Schuler einen regelrechten Heiterkeitsrekord verbuchen konnte, zeigte sich Duttweiler von der Diskussionskultur im Parlament und speziell von der immer wieder auftauchenden Heiterkeit irritiert: «Was mich sehr berührt hat, ist die traditionelle Heiterkeit, die sich so gelegentlich spürbar macht, wenn man vom Frauenstimmrecht spricht. Dieses Schmunzeln muss irgendwie für die Frau verletzend sein. Ich kann mir nicht vorstellen, dass man einer Frau ins Angesicht die Gründe dieses Schmunzelns ehrlich erklären könnte. Aber es ist schweizerische Tradition. [...] Es ist irgendwie etwas Schlimmes hinter dieser Heiterkeit.»[22] Wie sich diese Heiterkeit angehört haben muss, lässt sich in der Tat unschwer erahnen – nämlich wie «dieses schmierige, männerbündlerische Lachen und Glucksen, das Schweizer Männer [...] für Frauen manchmal übrig haben».[23]

Das Echo der patriarchalen Kultur

Die auffällig präsente Heiterkeit in den Debatten ums Frauenstimmrecht führt unweigerlich zur Frage, was hinter dieser Affektäusserung steckte.[24] Mangels fehlender Ton- und Filmaufnahmen der Parlamentsdebatten sind die Heiterkeitseinschübe für die Nachwelt weder akustisch noch visuell erfahrbar.[25] Alleine der protokollierte Kontext, in denen sie auftauchten, lässt die Vermutung zu, dass «Heiterkeit» als – oft euphemistisch verwendeter – Allgemeinplatz für im Parlamentssaal kollektiv geäussertes Lachen stand. Woher rührte aber jene Heiterkeit, die in den Debatten um das Frauenstimmrecht so oft anwesend war?

Heiterkeit ist «ein schillerndes Wesen, das auf vielen Gebieten zu Hause ist», so die Linguistin Helga Kotthoff.[26] Sie tritt unter anderem als Satire, Humor, Drolligkeit, Witz, Parodie oder Neckerei auf. Wegen der facettenreichen, unter ihrem Namen subsumierten Elementen ist die Heiterkeit denn auch schwierig zu definieren.[27] Es soll hier nicht um eine Wortbestimmung gehen, sondern gezeigt werden, dass der Begriff der

Heiterkeit entsprechend seines «schillernden Wesens» in den Ratsprotokollen diverse Formen von (vermeintlichen) Vergnügtheitsbekundungen markierte, meistens in Form von Lachen oder wenig hörbarem Lächeln. Ob hinter dem Protokolleintrag schallendes Gelächter oder sich durch die Reihen schlängelndes Kichern stand, kann genauso wenig rekonstruiert werden wie die Frage, ob diesem eher Süffisanz, Arroganz oder gar aggressive Impulse zugrunde lagen. Die Lektüre der Ratsprotokolle zum Frauenstimmrecht macht allerdings eines klar: Es war kein kultivierter Humor, feinsinniger Witz oder intellektueller Esprit, der die Parlamentarier unterhielt. Vielmehr plump, ungehobelt, ja tölpelhaft und dabei oft verletzend, gar bösartig und gegen die Menschenwürde von Frauen verstossend kamen die Herrensprüche daher.

Das permanente Hintergrundgeräusch der Heiterkeit in den Debatten ums Frauenstimmrecht mag als vermeintlich fröhliche Klangkulisse die Ratssäle akustisch durchaus belebt haben. Allerdings setzte die im Nachhall auf einen am Redepult ausgesprochenen «Witz» vernehmbare Heiterkeit quasi als Echo einer patriarchalen Kultur doch einen ganz spezifischen Ton – eine Dissonanz. Denn das, was dieses «schmierige Glucksen», dieses «Gewiehere» und dieses «Schlimme» evozierte – nämlich die Anerkennung der Frauen als politische Subjekte – störte die Harmonielehre des männlich konzipierten und konstituierten Politfeldes. Das Zusammenspiel der Begriffe Frau und Politik hörte sich für so manches Männerohr fremd an, störte schlichtweg. Amüsierten sich Politiker über das zur Diskussion stehende Recht der Frauen, als mündige Bürgerinnen an den politischen Geschicken des Landes teilzuhaben, dann steckte hinter ihren Lachern Zweierlei. Beides ist massgeblich konstitutiv für die Politik: Zum einen markierte die protokollarisch festgehaltene Heiterkeit Momente des Lachens über Frauen und drückte die tief in der patriarchalen Geschlechterordnung verankerte Geringachtung, teilweise gar Verachtung von Frauen durch Männer aus. Zum anderen verbarg sich dahinter ein Kampf, der zum Grundlegendsten in der Politik gehört – der Kampf um Macht.[28] Beide Elemente – die Verachtung von Frauen durch Männer und die Angst der Männer vor einem Machtverlust –, die im männlich dominierten Bundeshaus so oft als Heiterkeit maskiert auftraten, sind eng miteinander verflochten.

Die Verachtung des «anderen» Geschlechts

Die Angst vor einer Verringerung der eigenen Macht mag die Gegner des Frauenstimmrechts durchaus zu erheiternden Sprüchen über das Frauenstimmrecht verleitet haben. Doch ganz so akut war diese noch nicht. Zwar liessen die Entwicklungen im Ausland schlussfolgern, dass früher oder später auch in der Schweiz Frauen an die Urne treten und für ein politisches Amt kandidieren würden. Deswegen musste vor 1971 allerdings kein einziger Politiker um den eigenen Platz im Bundeshaus fürchten. Denn selbst bei einer Ausweitung der politischen Rechte auf die weibliche Bevölkerung konnten sich die Herren gewiss sein, dass Frauen nicht in Scharen ins Bundesparlament strömen und die Sessel der männlichen Volksvertreter erobern würden. Dass einige Männer in mehr oder weniger absehbarer Zukunft bei einer Wahl wegen einer Frauenkandidatur den Kürzeren ziehen würden, war zwar die logische Konsequenz der Verdoppelung des Demos. Als realistisches Szenario lag das aber noch in weiter Ferne. Das Recht auf politische Mitgestaltung beinhaltet jedoch nicht einzig die Möglichkeit, ein Amt zu besetzen. Politische Partizipation bedeutet genauso, Ideen zu entwickeln, vorzuschlagen und für sie einzustehen, Veränderungen zu bewirken und als politisch mündiger Mensch an der Gemeinschaft teilzuhaben. Der Besitz von politischen Rechten heisst also vor allem, die Gesellschaft mitgestalten zu können. Ob die Gegner des Frauenstimmrechts so weit dachten und tatsächlich von Frauen angestossene gesellschaftliche Änderungen fürchteten, sei dahingestellt. Wie sich noch zeigen wird, gewann der einigen Politikern bedrohlich erscheinende Gedanke des politischen Machtverlusts erst nach der Einführung des Frauenstimmrechts an Bedeutung und drückte sich ab diesem Zeitpunkt auch deutlicher aus. Was hinter dem Gelächter der Stimmrechtsgegner steckte, war aber in erster Linie die Auffassung von Frauen als «andere», Männern nicht ebenbürtige Wesen.

Die Debatte um das Frauenstimmrecht rief den Gegnern ihr eigenes Geschlecht und die damit verbundenen Privilegien möglicherweise überhaupt erst ins Bewusstsein. Bekanntlich sind Normen für jene, die ihnen entsprechen, meist unsichtbar.[29] Sich seines Geschlechts nicht bewusst sein kann folglich nur, wer nicht zum «anderen» zählt.[30] Mit der Forderung nach dem Frauenstimmrecht schickten sich die Befürworter:innen an, just eine jener Normen zu hinterfragen, die zutiefst in der bürgerlichen, patriarchalen Gesellschaft eingeschrieben war – die Norm der männlichen Überlegenheit. Das Sprechen über den möglichen Einschluss von Frauen in das exklusiv männliche Feld der institutionalisierten Politik – und damit in eines der zentralen Machtfelder der Gesellschaft – kam somit einem Frontalangriff auf die Norm der männlichen Suprematie gleich. Dieses Gedankens wussten sich einige Bundespolitiker vor allem mittels Heiterkeit zu erwehren.

Dass Frauen und Politik sich gegenseitig ausschliessen, ist eine in westlichen Gesellschaften bis zum Ende des 19. Jahrhunderts solide verankerte und kaum umstrittene Vorstellung.[31] Frauen aus der Politik zu exkludieren, ihnen Macht vorzuenthalten, sie zum Schweigen zu bringen, hat in der westlichen Kultur eine jahrtausendalte Tradition.[32] Warum das so ist und warum es in der Schweiz nochmals etwas länger dauerte, bis dieses Unrecht behoben war, wird bis heute diskutiert. Als im Lauf des 20. Jahrhunderts Frauen sich weltweit, nach meist langem Kampf, das Recht auf politische Partizipation erstritten, wurde ebenjene alte Tradition langsam brüchig. Das ging an den Herren im Bundeshaus nicht spurlos vorbei. Wenn diese nun während der Diskussionen ums Frauenstimmrecht so oft in Heiterkeit ausbrachen, steckte dahinter die zunehmend peinlich anmutende Abwehrmethode, die Idee von politisch mündigen Frauen ins Lächerliche zu ziehen. Erscheint eine Entwicklung als unaufhaltbar, bleibt als letzter Ausweg – das zeigt sich auch in diesem Fall geradezu exemplarisch – noch die Strategie des Auslachens. Diese Heiterkeit ist also als ein Einspruch gegen die Idee der Gleichheit zwischen den Geschlechtern zu verstehen. Die Birchers und Schulers, all die dem Frauenstimmrecht feindlich gegenüberstehenden Parlamentarier und die keineswegs zu vergessenden, in den Ratsprotokollen nicht namentlich genannten Mitlacher erscheinen rückblickend als Komplizen dieser misogynen Heiterkeit und als Gefährten der Frauenunterdrückung. Allein mit ihrem Lachen widersetzten sie sich der Idee, Frauen in den bislang exklusiv gehaltenen Kreis der als gleich erachteten Menschen aufzunehmen, und festigten ihr eigenes Geschlecht als das überlegene.

Konjunkturen der Heiterkeit

Lange, in der Schweiz gar ausserordentlich lange, konnten die Gegner der politischen Gleichberechtigung, ganz ihrer patriarchalen Weltsicht entsprechend, Frauen als das «andere» oder – wie es die französische Philosophin und Autorin Simone de Beauvoir präziser nannte – als «deuxième sexe»[33] betrachten. Den weiblichen Teil der Bevölkerung taten sie als zweitklassig, als minderwertig ab. Das allerdings hielt die Kämpferinnen fürs Frauenstimmrecht und politisch interessierte Frauen nicht davon ab, mit ihren Anliegen vorwärtszumachen – zwar in kleinen Schritten, aber unaufhaltsam. Der Blick über die schweizerische Grenze war ihnen vermutlich Ansporn und Frustration zugleich. Während sich Schweizerinnen gerade mal Einsitz in lokale Kirchen-, Armen- und Schulkommissionen erkämpft hatten, politisierten ab 1919 die ersten Frauen im deutschen Bundestag oder in der österreichischen Nationalversammlung mit. Im helvetischen, männlich besetzten Pendant war man von dieser demokratischen Aufbruchsstimmung weder beeindruckt noch bedrängt.

Ganz im Gegenteil: Die Volksvertreter in der «Wiege der Demokratie» nahmen das Thema der Einführung des Frauenstimmrechts 1919 zum ersten Mal überhaupt auf. An der damaligen Nationalratssitzung im Februar ging es um die Totalrevision der Bundesverfassung. Während dieser hätten den Frauen die politischen Rechte vergeben werden können. Der freisinnige Bundesrat Felix Calonder stellte die zu diskutierenden Punkte der Verfassungsrevision im Nationalrat vor, wobei er zur politischen Gleichberechtigung der Geschlechter nur wenige Sätze verlor: «Sie werden es mir zugutehalten, wenn ich mich darüber heute nicht weiter ausspreche. Aber diese Frage muss natürlich auch in absehbarer Zukunft gelöst werden.»[34] Von einer Debatte ums Frauenstimmrecht konnte also nicht die Rede sein. Der Punkt schien den meisten Rednern derart unbedeutend, dass er in den Ratsprotokollen lediglich als Randnotiz, als Angelegenheit einer unbestimmten Zukunft auftauchte. Während viele Frauen rund um den Globus von ihren politischen Rechten bereits seit mehr oder weniger vielen Jahren Gebrauch machten, evozierte das Frauenstimmrecht zu diesem Zeitpunkt unter den eidgenössischen Volksvertretern noch nicht einmal Heiterkeit. Zu unvorstellbar war der Gedanke von politisierenden Frauen, zu unwichtig deren erst junges Mittun in Armen-, Schul- und Kirchenkommissionen, zu sicher lag die politische Macht in Männerhand.

Erst als es gegen Ende der 1950er-Jahre erstmals so schien, als würde sich das demokratische Versprechen von politischen Rechten für alle Bürger:innen bald einlösen, es also um die «ernsten Spiele des Wettbewerbs»,[35] die tatsächliche Teilhabe an der politischen Macht ging, trat die Heiterkeit als treue Begleiterin in den entsprechenden Parlamentsdebatten auf. Doch schien nicht nur die Einführung des Frauenstimmrechts nah, immer dichter rückten auch die Frauen zu den Machtzentren der Politik vor. Denn ohne Frauen kam die eidgenössische Politik bereits kurz vor dem Zweiten Weltkrieg nicht mehr aus. So konsultierte etwa der Bundesrat – wenn auch noch informell – Frauen bei sogenannten Frauenfragen. Als Expertinnen sassen sie nunmehr in Kommissionen, beteiligten sich an Vernehmlassungen, waren involviert, wenn Gesetze geschrieben wurden. Schon längst also waren die «Staatsbürgerinnen ohne Stimmrecht»[36] politisch aktiv: im Bundeshaus, seinen Vorzimmern und ausserhalb sowieso.

In der unmittelbaren Nachkriegszeit erschallte das Lachen der Männer mit wachsender Lautstärke und zog sich hin bis vor die erste eidgenössische Abstimmung zum Frauenstimmrecht von 1959. Dieses Jahr markierte den Moment, als der eidgenössische Männerstaat erstmals leicht ins Wanken geriet. Wer als Europäerin im Kampf um die politischen Rechte nicht bereits reüssierte, konnte spätestens jetzt einen

Erfolg verbuchen: Frankreich, Italien, Belgien oder Griechenland erklärten ihre Bürgerinnen nach dem Zweiten Weltkrieg für politisch mündig. Und auch ein Blick über die Grenzen des Kontinents hinaus offenbarte, dass die Schweiz als Männerdemokratie inzwischen ein Kuriosum verkörperte. Dass sich diese Unrechtssituation früher oder später würde ändern müssen, war nun auch jenen Volksvertretern klar, die mit letzter Kraft den Status quo verteidigten. Just in jenem Augenblick, in dem Frauen unaufhaltbarer denn je und ihre politischen Rechte so greifbar wie nie zuvor schienen, schwappte die Heiterkeit in den Bundeshausdebatten über: Je ernster die Lage, desto heiterer also die Diskussionen. Das Lachen der gegnerischen Politiker maskierte deren Kapitulation, es erklang als letzter, hilfloser Versuch, das Unausweichliche aufzuhalten.

Besiegt waren die Gegner des Frauenstimmrechts aber doch noch nicht ganz. Immerhin zwölf weitere Jahre konnten sie die männliche Alleinherrschaft im Bundeshaus auskosten. Dass um 1970 herum die letzte Kampfrunde schliesslich angebrochen war und dass sie mit einem Sieg fürs Frauenstimmrecht enden würde, muss jedem vernünftigen Geist eingeleuchtet haben. Das machte sich auch in den Parlamentsdebatten bemerkbar. Umrahmte die Heiterkeit als Begleitgeräusch bis anhin die Wortmeldungen zu diesem Traktandum, verstummte sie angesichts der absehbaren Annahme des Frauenstimmrechts. Die Diskussionen im Bundeshaus seien «nicht gerade von einer knisternden Spannung umgeben»[37] gewesen, stellte denn auch Bundesrat von Moos 1970, einige Monate vor der zweiten eidgenössischen Abstimmung, fest. Möglich, dass inzwischen die Befürworter – seien sie es aus Überzeugung oder aus politischem Kalkül geworden – Oberhand gewonnen hatten. Möglich auch, dass sich im «brummigen Selbstbewusstsein des Männerstaatsbürgers»[38] – Politiker miteingeschlossen – eine Gesinnungsänderung vollzogen hatte. Oder versiegte die Heiterkeit aus einem anderen Grund? Der Motionär für die Einführung des Frauenstimmrechts, LdU-Nationalrat Fritz Tanner, vermutete: «Ich denke, die Zeit selbst der besten Witze über das weibliche Geschlecht sei vorbei, weil es allmählich hohe Zeit wird, die Frauen in ihren Begehren und Forderungen ernst zu nehmen.»[39] Wie die folgenden Seiten noch zeigen werden, irrte Tanner mit seiner Einschätzung bedauerlicherweise, und vielleicht war in den bundeshäuslichen Sälen doch noch hie und da ein hämisches Glucksen vernehmbar, das aber zu verhalten war, um im Protokoll verewigt zu werden. Jegliche Unzufriedenheitsreaktion wäre ohnehin folgenlos geblieben. Nach rund hundertjährigem Kampf und Dutzenden von Abstimmungen auf verschiedenen politischen Ebenen sowie infolge des gesellschaftlichen Wandels der 1960er-Jahre konnte der Durchbruch des Frauenstimmrechts auf Bundesebene nicht mehr verhindert werden. Am 7. Februar

1971 stimmten 65,7 Prozent der Urnengänger und gut drei Viertel aller Kantone der Einführung des eidgenössischen Frauenstimm- und -wahlrechts endlich zu.[40] Und die ersten Politikerinnen standen bereits parat, um jenen Ort zu betreten, der ihnen über hundert Jahre lang aktiv vorenthalten worden war und in welchem allein der Gedanke an ihre Anwesenheit bis vor einigen Jahren Heiterkeitssalven provoziert hatte.

Erheiterung über die Damen

Die ersten Parlamentarierinnen kamen aus verschiedenen Landesteilen und Sprachregionen, unter ihnen fanden sich Verheiratete, Unverheiratete, Mütter, Kinderfreie, Bürgerliche, Linke und eine Kommunistin, weisse Frauen und eine Schwarze, Junge, Ältere, Juristinnen, Lehrerinnen, Ärztinnen, erfahrene Politikerinnen und politische Neulinge.[41] Das kleine Grüppchen von zehn so unterschiedlichen Nationalrätinnen und einer Ständerätin betrat am Morgen des 29. Novembers 1971 das Bundeshaus. Erstmals nahmen Frauen als Bundespolitikerinnen Platz im geschichtsträchtigen Gebäude – ein historischer, wenn auch von der offiziellen Geschichtsschreibung grossmehrheitlich ignorierter Moment.

Ja, sie seien «wunderbar empfangen worden» und «die Männer, glaube ich, waren erfreut, lächelnde Frauen zu sehen, die ihnen ein etwas anderes Bild präsentierten»,[42] erinnert sich die damals 28-jährige Sozialdemokratin Gabrielle Nanchen an jenen Tag, an dem sie frühmorgens aus dem Wallis angereist kam, um das ihr ganz unerwartet zugefallene Nationalratsamt anzutreten. In seiner Rede anlässlich der Eröffnung des neu gewählten Nationalrates hiess der Alterspräsident Eduard von Waldkirch die Frauen willkommen. Nachdem der 81-Jährige langsam und schon etwas ungelenk auf den Beinen die Treppe zum Redepult erklommen hatte, richtete er sich an die ersten Nationalrätinnen der Schweiz: «Ganz besonders begrüsse ich die Damen.»[43] Seinen Gruss schloss er bereits mit seinem nächsten Satz, als er sich überzeugt zeigte, «dass sie [die Frauen] eine grosse Reihe von Aufgaben mindestens so gut werden bearbeiten können wie wir Männer».[44] Lachen im Saal! Da war sie wieder – die Heiterkeit: Schon der zweite, je direkt an Bundespolitikerinnen gerichtete Satz im Bundeshaus erheiterte die anwesenden Volksvertreter. Zwei Sätze also räumte von Waldkirch der demokratietheoretisch, menschenrechtlich und gesellschaftlich so bedeutsamen Tatsache ein, dass sich erstmals in der Geschichte des modernen Bundesstaates weibliche Bürgerinnen Einlass in das «Männerheiligtum»[45] erkämpft hatten und von dort aus die Politik der Eidgenossenschaft mitzulenken gewillt waren. Zwei Sätze für die «Damen», in denen die «Männer» ähnlich viel Platz einnahmen – ganz so, als gälte es, auch sprachlich das nun nicht mehr allein unter Männern aufgeteilte Terrain zu verteidigen. Diese beiden Sätze zur Begrüssung der Pionierinnen im Bundeshaus und die darauffolgende Heiterkeit im Saal sind paradigmatisch für das, was bislang geschah und was noch folgen sollte: Die Kombination von Frauen und Politik erheitert einerseits. Andererseits sind Frauen (auch in der Politik) die «anderen», im Gegensatz zum «wir» der Männer. In aller Kürze hielt von Waldvogel in seinen beiden Sätzen diese alte Setzung fest und überführte sie zugleich in das politische Zeitalter mit Frauenstimmrecht.

An die neue Ära, die durch mitpolitisierende Kolleginnen ein ungewohntes Bild bot – selbst wenn deren Anteil im Nationalrat lediglich fünf Prozent und im Ständerat etwas mehr als zwei Prozent betrug –, mussten sich die Ratsherren erst gewöhnen. Nach 123 Jahren exklusiver Männerherrschaft im Bundeshaus vermag das auch nicht gross zu verwundern; das Frauenstimmrecht und die Wahl der ersten Bundespolitikerinnen stellten eine Zäsur dar. Die Hälfte der erwachsenen Schweizer Bevölkerung wurde zu Staatsbürgerinnen mit Stimmrecht, und das Land rückte der Idee einer modernen Demokratie näher.

Der denkwürdige Schritt, der in der Schweiz durch die Einführung des Frauenstimmrechts soeben vollzogen wurde, schien die Volksvertreter allerdings wenig zu kümmern. So wurde er während den ersten Sessionen mit weiblicher Beteiligung nicht thematisiert. Stattdessen ging das politische Tagesgeschäft seinen üblichen Gang, wobei nun eben auch einige Frauen anwesend waren. Allerdings – ganz so gewohnt wie bisher verlief das parlamentarische Geschehen doch nicht mehr. Denn mit dem Stimmrecht hatten Frauen auch das Recht darauf erhalten, ihre Stimme zu erheben. Und tatsächlich bemächtigten sich die Politikerinnen des Wortes, argumentierten und setzten Themen auf die politische Agenda, darunter auch Ungewohntes. Parallel zu diesen neuartigen Voten, namentlich zu gleichstellungspolitischen Vorstössen, erklang vermehrt wieder Heiterkeit aus den Sitzreihen. Das Witzeln über Frauen fand mit deren Eintritt also den Weg ins Bundeshaus zurück.[46]

Rückkehr der Heiterkeit

Als zweite Frau in der Geschichte der eidgenössischen Politik trat Elisabeth Blunschy, Vertreterin der Christlichsozialen und Kämpferin für Frauenrechte, Ende Februar 1972 vor den versammelten Nationalrat. Zur Debatte standen die vom Bundesrat empfohlenen Änderungen im Beamtengesetz. Unter anderem schlug die Landesregierung vor, einzig den männlichen Beamten eine Heiratszulage auszuzahlen. Diese Regelung provozierte Blunschys Einspruch. Eine «Diskriminierung der Frauen im Bundesdienst»[47] nannte die Anwältin aus Schwyz den bundesrätlichen Vorschlag und nahm ihn als Ausgangspunkt, um in ihrer ersten Parlamentsrede viel grundsätzlicher und unter Einbezug statistischer Erhebungen über geschlechtsspezifische Ungerechtigkeiten gegenüber weiblichen Bundesangestellten auszuholen, die «bisher nicht übermässig verwöhnt wurden in bezug [sic!] auf ihre Einstufung in die verschiedenen Besoldungsklassen».[48] Es gehe – und damit schloss Blunschy ihre Rede pointiert – «um eine grundsätzliche Frage, um die Frage nämlich, ob eine die Frauen diskriminierende Bestimmung beibehalten werden soll oder nicht».[49] Wenn die Beamtin dem Beamten punkto Heiratszulage nicht gleichgestellt werde, bedeute dies, dass «die Gelegenheit hier verpasst würde, mit einer ungleichen Behandlung von Mann und Frau aufzuräumen».[50] Mit klaren Worten verwies die 49-Jährige auf die diskriminierende Gesetzgebung und brachte mit der ungleichen Entgeltung ein Thema in den Nationalrat, das die Volksvertreter bislang wenig gekümmert hatte.

Nach der als sachkundig und zuverlässig bekannten, oft zurückhaltend wirkenden Blunschy schritt Hedi Lang, die unermüdliche Stimme für die Unterprivilegierten, nach vorne. Auch für die populäre Zürcher Sozialdemokratin war es der erste Gang ans Redepult. Die gelernte Kauffrau sekundierte ihre bürgerliche Kollegin in ihrem Anliegen und mahnte mit Verweis auf eine Konvention der Internationalen Arbeitsorganisation ILO daran, dass «der Antrag von Frau Blunschy […] sich in völliger Übereinstimmung mit dem Übereinkommen 100 über die Gleichheit des Entgeltes männlicher und weiblicher Arbeitskräfte für gleichwertige Arbeit [befindet], das der Bundesrat zur Annahme empfiehlt».[51] Da die Landesregierung das Prinzip des gleichen Lohns für gleichwertige Arbeit befürworte, sei es nun «unverständlich, weshalb der Bund wieder zwischen männlichen und weiblichen Beamten Ungleichheit schaffen will».[52] Schliesslich erinnerte Lang den Bundespräsidenten Nello Celio, der den bundesrätlichen Antrag verteidigte, an sein in der Wintersession geäussertes Zitat «Ich liebe die Frauen».[53] Sie griff den Satz rhetorisch geschickt auf, um Celio gegenüber zu verstehen zu geben, dass sie «unter dieser Liebe auch die Respektierung und die Achtung der Frau als Partnerin in der Wirtschaft und in der Verwaltung verstehe».[54] Ihre erste und bereits kämpferische Rede beendete die vierzigjährige Hedi Lang, indem sie den Bundespräsidenten mit dessen Aussage über seine Liebe zu Frauen in die Pflicht nahm: «Wenn das so ist – und ich zweifle keinen Moment, dass es nicht so ist –, sollte es auch Ihnen, Herr Bundespräsident, nicht schwer fallen, dem vorgetragenen Begehren zu entsprechen.»[55]

«Es war keine Liebeserklärung von mir», verteidigte sich Celio sofort, nachdem ihm der Präsident des Nationalrats, William Vontobel, mit dem Satz «Nun kommen wir zur Liebeserklärung von Herrn Bundespräsident Celio!» das Wort übergeben hatte. «Ich habe gesagt», so entgegnete der oft als volksnah charakterisierte Tessiner, «der Bundesrat liebe die Frauen. (Heiterkeit.) Es war eine kollegiale Liebeserklärung. Was mich anbelangt, muss ich schon sagen: Ich liebe die Frauen, aber meine Liebe geht nicht durch die Heiratszulage. (Heiterkeit.)»[56] Gleich zwei Heiterkeitseinschübe lassen sich in der protokollierten Rede des freisinnigen Celio, zu jener Zeit höchstes Regierungsmitglied der Schweiz, nachlesen. Während die beiden Nationalrätinnen Statistiken, Grundsatzfragen zu Gerechtigkeit und internationale Übereinkommen angerufen hatten, um ihren Standpunkt argumentativ zu untermauern, nahm der Bundespräsident zuallererst das Stichwort der Liebe auf und hatte die Lacher auf seiner Seite. Die Tonalität war damit vorgegeben: Auf die ersten Wortmeldungen von Lang und Blunschy und damit auf zwei der ganz frühen Reden von eidgenössischen Parlamentarierinnen im Bundeshaus reagierte der Bundespräsident mit einem Witzchen und der noch immer fast vollständig von Männern besetzte Saal mit Lachen – und das bei einem Anliegen, bei dem es um die Diskriminierung von Frauen ging. Diese Episode verdeutlicht ein bekanntes patriarchales Reaktionsmuster in der Politik: Die Anliegen von Politikerinnen, zumal wenn Letztere sich auch noch miteinander solidarisieren – hier sogar über Parteigrenzen hinweg –, werden von einigen Ratskollegen ins Lächerliche gezogen. Zwar obsiegte Blunschys Antrag, doch nicht, ohne dass sich der höchste Amtsträger im Raum, flankiert von seinen Kumpanen, daraus einen Spass gemacht hätte. Als Witz verkleidet, begründete der Bundespräsident seine ablehnende Haltung gegenüber dem Anliegen der Politikerinnen, indem er das politische Geschäft mit seinem persönlichen Vorrat an Liebe abglich, während die Politikerinnen es als Ausdruck der Gerechtigkeit sowie des Respekts aufgleisten und auf internationale Vereinbarungen verwiesen. Weder politische Argumente noch rationale Überlegungen oder Fakten zog Celio bei seiner Begründung als Erstes heran, sondern er sprach ganz einfach einen Liebesentzug aus, was etliche Parlamentarier sehr amüsierte.

Komplizen der Heiterkeit

Gewiss, nicht alle Politiker stimmten in den Chor der Lachenden ein, und nicht nach jeder Wortmeldung einer Politikerin erschallte Gelächter. Doch offenbarte sich hinter den protokollierten Heiterkeitsvermerken eine bemerkenswerte Dynamik, wie die geschilderte Szene zwischen Blunschy, Lang, Vontobel und Celio zeigt: Lang bezog sich auf Celios bereits vor der Debatte geäusserten Spruch zur Liebe gegenüber Frauen, band seine Aussage in ihr Argument ein und verlangte vom Sprüchemacher, dass er seiner Liebe Taten folgen lasse. Heiterkeit war bis zu diesem Zeitpunkt und selbst nach Langs Erwähnung von Celios Spruch noch keine aufgekommen. Doch der die Sitzung leitende Ratspräsident nahm aus der ganzen Rede von Lang genau jenen einen Satz heraus und spielte dem Bundespräsidenten damit einen Steilpass für seinen Witz zu, den dieser auch tatsächlich nutzte. Unterbrochen wurde der Rekurs auf Celios «Liebesspruch» erst durch die sich nach dem Bundespräsidenten äussernde Sozialdemokratin Hanna Sahlfeld. Sie beendete die rhetorische Verbrüderung der beiden Politiker, indem sie wieder das Thema des Politikums in den Vordergrund rückte und die Debatte auf die Sachebene hob. Die Heiterkeit fand ein Ende und damit auch das Gelächter der Ratskollegen, das den Raum besetzt, als Affekt dominiert und das Anliegen von Blunschy und Lang ins Lächerliche gezogen hatte. Ihre prestigeträchtigen Positionen als Bundespräsident und Nationalratspräsident hielten Celio und Vontobel offensichtlich nicht davon ab, als Reaktion auf die Reden der Politikerinnen abgeschmackte Witze zu bemühen. Im Gegenteil, wie sich noch zeigen wird, provozierten bei anderen Heiterkeitsausbrüchen ebenfalls ranghohe Amtsträger das Lachen im Saal oder griffen die zuvor geäusserten Sprüche ihrer Kollegen auf. Bundespräsidenten, Nationalratspräsidenten und Berichterstatter eines politischen Geschäfts besetzen gegenüber allen anderen Anwesenden eine Vorrangstellung, ihnen kommt in der politischen Arena eine hegemoniale Stellung zu. Sie waren es, die mit dem Mittel der Erheiterung und der damit einhergehenden Herabsetzung von Politikerinnen an «vorderster Frontlinie»[57] für den Machterhalt des Männerbundes im Bundeshaus kämpften. Unabhängig davon, ob ab und an vielleicht auch eine der wenigen Politikerinnen mitlachte, stabilisierte das Lachen der Männer über Politikerinnen oder deren Anliegen die männliche Allianz wieder.

Bekanntlich ist Humor – und als das verstanden die Politiker die Heiterkeit auslösenden Sprüche – eine Form von sozialer Interaktion und Kommunikation.[58] Gemeinsames Lachen kreiert eine Kompliz:innenschaft, drückt dieses doch die geteilte Einschätzung eines Sachverhalts aus. Auch im Bundeshaus gestaltet es sich nicht anders, doch darf eine Besonderheit in diesem Raum nicht übersehen werden: Die in den Ratsprotokollen in Klammern gezwängt auftauchende Heiterkeit anonymisiert die Lachenden für all jene, die das Geschehen nicht selbst vor Ort mitverfolgten. Und selbst Anwesenden entzieht sich das Lachen des

Einzelnen, entschwindet es doch in der Masse. Wer mit den Sprücheklopfern mitlacht, weiss sich also in sicherer Deckung und muss sich nicht in prominenter Stellung als Sprecher vor versammeltem Gremium mit Witzen auf Kosten von Frauen exponieren. Wer mitlacht, unterstützt geschützt. Und wer mitlacht, profitiert als Hinterbänkler von den Machtvorteilen, die Vertreter der dominanten Männlichkeit vorne am Redepult gerade zum Besten gegeben und verteidigt haben. Was im Bundeshaus beim Lachen über Politikerinnen und deren Anliegen in Erscheinung trat, war Ausdruck der «hegemonialen Männlichkeit».[59] Der mächtigste Männertypus verteidigt das Terrain und festigt die hierarchische Geschlechterordnung. Im Nationalrat waren es die ranghohen Politiker wie der Bundes- oder Nationalratspräsident, die mit ihren Sprüchen Frauen, die wiederum soeben als politische Neulinge und als die «anderen» ins Feld der Politik eingezogen waren, auf ihren zweitrangigen Platz verwiesen, die Vormachtstellung der Männer verteidigten und damit die herrschende patriarchale Geschlechterordnung stützten. Profiteure waren alle Politiker, die mitlachten, aber auch jene, die sich nicht gegen dieses männliche Dominanzgebahren wehrten.

Sexistischer Grundton

Der Heiterkeit, die in den ersten Sessionen mit weiblicher Beteiligung ihren Platz im Parlament zurückeroberte, lag ein auffälliges Muster zugrunde. Die vermeintlichen Spässchen der Parlamentarier auf die Wortmeldungen ihrer Kolleginnen beinhalteten entweder eine sexualisierte Note oder bedienten sich stereotyper geschlechtlicher Zuschreibungen.[60] Das zeigte bereits Celios «Liebesspruch», akzentuierte sich aber nochmals bei den nachfolgenden Wortmeldungen von Politikerinnen.

In der Frühlingssession 1972 ergriff die Vertreterin des Zürcher Freisinns, Martha Ribi, im Bundesparlament erstmals das Wort. Die Expertin für Gesundheits- und Sozialpolitik setzte sich dafür ein, dass Ehefrauen die Verbesserungen, die mit der geplanten 8. Revision der Altersvorsorge[61] einhergehen sollten – namentlich den Anspruch auf die halbe Ehepaar-Altersrente –, auch tatsächlich einfordern könnten. Mit Blick auf die praktische Umsetzung dieses Rechts fragte die 56-jährige Wirtschaftswissenschaftlerin kritisch: Hat «die Ehefrau die Möglichkeit und auch die Gelegenheit, diesen Anspruch, den ihr das Gesetz einzuräumen bereit ist, auch wirklich wahrzunehmen? Wird sie von diesem Recht überhaupt Kenntnis erhalten? Wenn wir wirklich für die Ehefrau etwas tun wollen, dann müssen wir ihr die Ausübung ihres Rechtes erleichtern.»[62] Nach Ribis Rede verzichtete der Berichterstatter des diskutierten Geschäfts, der freisinnige Paul Bürgi, auf weitere Erklärungen, «um den offenkundig positiven Eindruck der Jungfernrede der Frau Ribi nicht zu beeinträchtigen. (Heiterkeit.)»[63]

An jenem Tag, dem 15. März 1972, schien das Parlament sowieso guter Laune zu sein. Die Sozialdemokratin Gabrielle Nanchen, mit ihren noch nicht ganz 29 Jahren eines der jüngsten Parlamentsmitglieder, äusserte sich ebenfalls zur Rentenfrage. Sie protestierte gegen die ungleiche Behandlung geschiedener Frauen gegenüber Witwen, die in der vorgesehenen Rentenreform weitergeschrieben werde, und fragte die versammelten Ratsmitglieder: «Warum dieser Unterschied? Das scheint mir eine Art zu sein, geschiedene Frauen zu bestrafen.»[64] Mit ihrem Antrag forderte die Walliser Nationalrätin, die Diskriminierung geschiedener Frauen gegenüber Witwen zu beseitigen. Zugleich präsentierte sie einen kostengünstigen Vorschlag, wie diese Ungerechtigkeit zu beheben wäre. Nanchens Antrag kam bei den nachfolgenden Sprechern gut an. Allerdings begründeten diese ihr Einverständnis weniger mit politischen Argumenten, sondern zeigten sich hauptsächlich von der Parlamentarierin angetan. CVP-Nationalrat Roger Mugny stimmte Nanchens Ausführungen zu und fügte an: «Übrigens gab es ein so schönes Foto in der *Tribune de Lausanne,* dass wir ehrlich gesagt nichts anderes sagen können als ‹Oui Madame› (Heiterkeit!).»[65] Möglicherweise sowohl von der Heiterkeit angesteckt als auch vom Wettbewerb um den besten Herrenwitz angestachelt, doppelte Bundespräsident Celio mit einer Kostprobe seines Humorverständnisses nach. Er freue sich darüber, «dass wir eine Dame in unserer Mitte haben, die nicht allzu viel Geld kostet! (Heiterkeit.)»[66] Hier wurde nicht über raffinierte Wortspiele oder lustige Versprecher gelacht oder sonst ein Thema, das im Parlamentsalltag zu amüsieren vermochte. Auslöser der Erheiterung war stets die von einem männlichen Sprecher geäusserte, sexualisierte oder geschlechterstereotypisierende Bemerkung über eine Politikerin. Rhetorisch geschossen wurde zudem direkt auf die Frau, die – Zufall oder nicht – mit ihrem Vorstoss im Ratssaal soeben gegen Formen der Frauendiskriminierung eingestanden war.

Tatsächlich funktionieren Geschlechterrollen, -beziehungen und -hierarchien und vor allem deren Überschreitung häufig als Basis für Gelächter. Insbesondere die Sphäre des Sexuellen und speziell der weiblichen Sexualität ist zentraler Bestandteil und starker Anreiz von Humor.[67] Mit der Einführung des Frauenstimmrechts und der Wahl der ersten Frauen ins Bundeshaus vollzog sich eine fundamentale Veränderung im Geschlechtergefüge. Von genauso zentraler Bedeutung war überdies, dass sich das Bundeshaus als «Kernpunkt der Schweizer Demokratie»[68] von einem homo- zu einem heterosozialen Raum wandelte. Die in patriarchale Gesellschaften zutiefst eingeschriebene heterosexuelle Matrix mit ihrer dominanten gegengeschlechtlichen Begehrensstruktur manifestierte sich nun auch im vormals homosozialen Parlament.[69] Dieser Hintergrund ist zentral, um die Heiterkeit auslösenden Sprüche von Politikern in Reaktion auf Wortmeldungen von Ratskolleginnen einzuordnen. Allesamt bemühten sie stereotype Zuschreibungen für Frauen und waren paternalistisch, anzüglich oder sexistisch gefärbt. So ist der Begriff «Jungfernrede» sexuell konnotiert, das Aussehen einer Parlamentarierin ebenso und die vermeintlich humoreske Einlage zu einer Frau, die wenig Kosten verursachte, ruft Assoziationen zur sparsamen Hausfrau, zur genügsamen Geliebten oder zur Prostituierten und damit zu klischierten Frauenrollen hervor. Gemein haben diese Bilder, dass sie Frauen als verrucht oder aber als von einem Mann abhängig, gar naiv darstellen. Damit verkörperten die von den Rednern bemüssigten Assoziationen so ganz das Gegenteil von einer handlungsmächtigen Parlamentarierin, die als politische Amtsträgerin die Gesellschaft mitgestaltet.

Solche Sprüche mit sexualisiertem Grundton sind für jene, die nicht mitlachen, mehr als nur ärgerlich, unlustig oder ganz einfach dumm. Vielmehr kommen sie einem Angriff auf die sexuelle Integrität gleich. Sie sind gewaltförmig, verletzend und lassen die Betroffenen beschämt zurück. Zudem sind solche als Humor getarnte Sprüche besonders wirkmächtig, da es den Bedrängten schier unmöglich ist, auf Äusserungen aus einem derart mit Scham behafteten Bereich wie jenem der Sexualität (öffentlich) zu reagieren.[70] Wie unangenehm – und nicht erst aus heutiger Sicht unerhört – mussten demnach solch deplatzierte Sprüche für Politikerinnen gewesen sein? Und wie demütigend wirkten sexualisierte Witze auf eine geradezu von grinsenden Männern umringte Parlamentarierin? Mit einer unmissverständlich sexualisierten Erheiterung sah sich auch Hanna Sahlfeld konfrontiert. In einer Interpellation verlangte die Sozialdemokratin aus St. Gallen 1974 vom Bundesrat Auskunft zur Flüchtlingspolitik. Dessen Antwort überzeugte die Theologin jedoch nicht. Entsprechend drückte sie, ganz den sprachlichen Gepflogenheiten des Parlamentsbetriebs Folge leistend, ihre Unzufriedenheit mit den bestimmten Worten «Ich bin teilweise befriedigt»[71] aus. Das Protokoll vermerkt zwar keine Heiterkeit, doch Sahlfeld erinnert sich bis heute an den Zwischenfall: «Ich höre noch, wie von verschiedensten Ecken am liebsten ein lautes Lachen ausgebrochen wäre [...], weil die Fantasie in den Männerköpfen offenbar etwas ausgelöst hat.»[72] Diese Episode zeigt – nebst dem erschreckend tiefen Niveau einiger Politiker –, dass das klassische, patriarchale Schema auch vor dem Bundeshaus nicht haltmachte: Männer objektivieren Frauen, sexualisieren sie. In diesem Fall zeigte sich allerdings, dass Frauen «nicht einfach allgemein Objekte der Männer, sondern Objekte männlicher Überlegenheit»[73] werden. Mit ihrem – in diesem Fall zurückgehaltenen – Lachen über Sahlfelds Wortmeldung demonstrierten die Nationalräte ihre bis in die parlamentarische Sprache hinein reichende Vorrangstellung. Während die Erklärung «teilweise befriedigt» oder «nicht befriedigt» schon aus Hunderten von Männermündern erklungen war und keinerlei Aufsehen erregt hatte, erheiterte es die Herren, wenn eine Frau sie äusserte. Dieses schlüpfrige Lachen männlicher Provenienz ist äusserst wirkmächtig und disziplinierend: So hat Sahlfeld ihren Kollegen die Belustigung zwar «nicht übelgenommen»,[74] doch suchte sie nach diesem Zwischenfall – dieser non-verbalen Zurechtweisung – sprachliche Alternativen. In aller Deutlichkeit zeigt sich an dieser Szene, wie das Feld der Politik von Männern für Männer beschaffen war und sich dies bis auf die Ebene der Sprache manifestierte. Letztlich blieb Sahlfeld die Sprache der männlichen Politiker verwehrt. Nur mit dem Mehraufwand, ein Vokabular der Angepasstheit zu finden, war für sie sanktionsfrei sagbar, was Männer im Parlament ganz selbstverständlich schon immer hatten verlauten lassen.

Das Lachen der Macht

Dass Männer über Frauen lachen, ist ein nur zu bekanntes Phänomen.[75] Die diesem Lachen vorausgegangenen Witze sind unangebracht, herabsetzend und schmerzhaft für jene, über die gelacht wird, lassen sie betroffen und verstummt zurück oder provozieren Verärgerung und Gegenreaktion. Eine Zumutung sind sie immer. Sie werden denen aufgedrängt, auf die sie zielen, und beschämen jene, die nicht mitlachen. Sich ihnen zu entziehen, ist Betroffenen unmöglich, selbst sie zu ignorieren ist ein Kraftakt. Solche Sprüche und das darauffolgende Männerlachen tauchen überall auf – auch im Bundeshaus. Das Gebäude mit seiner Aura von Wichtigkeit und Ernsthaftigkeit hebt sich indes von anderen Räumen in einem Aspekt ganz entschieden ab: Es ist der Ort von Politik, und es ist ein Ort der Macht.

In der Welt der Politik dreht sich alles um «Kämpfe um Ideen» und «Kämpfe um die Macht».[76] Durch die Öffnung der politischen Arena gegenüber weiteren Gruppen akzentuieren sich diese Kämpfe zusätzlich. Als am 7. Februar 1971 quasi über Nacht beinahe zwei Millionen Frauen zu politisch Gleichberechtigten ernannt wurden, vergrösserte sich kein einziges politisches Gremium. Mandatssitze verdoppelten sich nicht einfach, weil nun auch der anderen Hälfte der Bevölkerung politische Rechte zustanden. Ganz im Gegenteil kämpften jetzt mehr Akteur:innen um eine gleichbleibende Anzahl politischer Ämter, und darüber hinaus war vorherzusehen, dass das Aufbrechen der exklusiven Männergremien unweigerlich eine Diversifizierung der politischen Inhalte und damit verschärfte «Kämpfe um Ideen» nach sich ziehen würde. So präsentierte sich also die Ausgangslage, als die ersten Politikerinnen ihr Amt und damit ihren Auftrag und ihre Arbeit im Bundeshaus aufnahmen. Diesen Hintergrund gilt es zu berücksichtigen, wenn aus den Sitzreihen des Nationalratssaals Gelächter schallte, ausgelöst durch Bemerkungen, die Ratskollegen den frühen Wortmeldungen der ersten Parlamentarierinnen nachschoben.

Die Heiterkeit unter der Bundeshauskuppel ist folglich nicht einfach als willkommene Auflockerung im oft wenig aufregenden Politalltag zu interpretieren. Sie sollte auch nicht als temporäre Aufhebung der Bedeutsamkeit der «ernsten Spiele»[77] im Parlamentsgebäude abgetan werden. Ganz im Gegenteil ist die nur als Randnotiz in den Protokollen erscheinende Heiterkeit ein integraler Bestandteil dieser Machtverhandlungen. Mit ihrem Lachen positionierten sich die erheiterten Männer als die Überlegenen und vergewisserten sich ihrer Vormachtstellung.[78] Die Erheiterung über Politikerinnen und gleichstellungspolitische Themen diskreditierte dieselbigen und verwies sie auf den zweiten Rang. Die Rednerinnen und ihre Botschaften verkamen durch die Sprüche und das Lachen ihrer Kollegen erneut zum «anderen», wovon sich die männlichen Politiker abgrenzten. Humor wirkte in diesen Fällen sowohl als Vergewisserung der eigenen Männlichkeit als auch als Instrument der Verteidigung. Abzuwehren galt das, was das Frauenstimmrecht unweigerlich mit sich brachte, nämlich eine Veränderung der Geschlechterrollen und -hierarchien hin zu mehr Gleichheit.[79]

Genau diesen Wandel symbolisierten die ersten Parlamentarierinnen. Als Politikerinnen übernahmen sie jene Funktion, die ihnen die Mehrheit der Männer bis vor Kurzem noch verwehrt hatte. Sie machten sich auf, die höchsten und machtvollsten politischen Ämter zu besetzen, sie zerstörten die Gewissheit der unbestrittenen männlichen Vorherrschaft, und sie brachten sich mit ihren eigenen Vorstellungen in den Kampf um Ideen ein. Das Lachen der Männer ist als Reaktion auf die zerstörte Norm der alleinigen männlichen Herrschaft zu lesen und als Versuch, an der vormaligen Geschlechterordnung festzuhalten. Sie mahnte die Politikerinnen für ihre Überschreitung von jahrhundertealten Normen ab.[80] Als akustisches Warnsignal sollte die Heiterkeit die Frauen von weiteren Ansprüchen abhalten und die Politiker selbst beschwichtigen, dass vom Einzug der Frauen ins Bundeshaus kein Verlust der eigenen Privilegien zu befürchten sei.

Getarnte Feindseligkeiten

Die Heiterkeit, die sich im Bundeshaus auffällig häufig in die Debatten um die Einführung des Frauenstimmrechts einschlich und später den Eintritt der ersten Bundespolitikerinnen begleitete, hatte so gar nichts Lustiges an sich. Bei Lichte betrachtet, präsentierte sich die durch Herrensprüche provozierte Erheiterung nämlich als Instrument zur Durchsetzung männlicher Autorität und als Mittel, um den Raum des Parlaments zu dominieren.

Während vor 1971 einige Volksvertreter in exklusiver Männerrunde noch offen misogyn, grob und vulgär über Frauen herzogen und damit bei ihren Ratskollegen grosse Belustigung auslösten, erschien selbst überzeugten Frauenverhinderern ein solches Verhalten nach dem Einzug der ersten Politikerinnen ins Bundesparlament nunmehr wenig schicklich. Der Wille, das politische Feld als Männerarena zu verteidigen, verschwand allerdings nicht, auch wenn das kaum ein Politiker öffentlich zu verlauten gewagt hätte. Was als unangebracht auszusprechen gilt, findet mittels Humor oft doch noch einen Weg der Artikulation. Durch ihn wird ungestraft sagbar, was die manierliche Rede sonst untersagt, erscheint die ins Gewand des Witzes gekleidete Botschaft doch akzeptierbarer. So traten auch die erheiternden Sprüche der Politiker zu den Wortmeldungen ihrer Kolleginnen vordergründig harmlos und unschuldig, stets als Witz entschuldbar auf. Ihre Absicht und Wirkung waren es hingegen nicht. Vielmehr waren diese heiteren Sprüche getarnte Feindseligkeiten. Die Witzereisser kaschierten ihr patriarchales Gebaren gegenüber Politikerinnen durch vermeintlich lustige Bemerkungen. So entzogen sie sich geschickt der Kritik, offen patriarchale, sexistische und misogyne Tendenzen zu vertreten.[81] Mit ihrer Erheiterung über die Politikerinnen zielten die Sprüchemacher darauf ab, diese in ihre Schranken zu weisen. Mit jeder Lachsalve behauptete sich der männliche Machtanspruch im Bundeshaus. Das Lachen über die Politikerinnen, diese Heiterkeit im Bundeshaus: Sie war eine ernste Heiterkeit.

Gespräch mit Lili Nabholz:

«Es gibt einfach so Schlüsselmomente.»

Lili Nabholz im Parlament, 1992.

Sie müssen sich das einmal vorstellen: An meiner Maturafeier, Mitte der 1960er-Jahre, stehe ich in einem Saal voller junger Männer und Frauen. Aber der Redner vorne, ein Ständerat und Bildungsdirektor, adressiert praktisch ausschliesslich die Männer. Er spricht darüber, wie diese sich in das gesellschaftliche und politische Leben einbringen könnten und welche Möglichkeiten ihnen offenstünden. In dem Moment nahm ich zum ersten Mal bewusst wahr, dass ich bei einer politischen Aussage nicht eingeschlossen war, und dachte: «Geht's eigentlich noch? Was ist mit uns Frauen?» Wenig später, im Jusstudium, passierte etwas Ähnliches: Ein Professor liess verlauten, wir Studentinnen kämen einzig an die Uni, um einen Mann zu finden. Dieses Bild von Frauen durchzog auch den Unterricht. Die 68er-Bewegung war zu diesem Zeitpunkt bereits im Gange. Doch meine Kommilitonen störten sich, so mein Eindruck, weder an der Art, wie in den Lehrveranstaltungen mit Frauen umgegangen wurde, noch an deren gesellschaftlicher Marginalisierung generell. Diese «Revoluzzer», die an den Demos Farbbeutel schmissen, protestierten jedenfalls nicht dagegen.

Immerhin erhielten Frauen einige Jahre später die politischen Rechte. An die Annahme des Frauenstimmrechts erinnere ich mich kaum. Stärker geblieben sind mir die Emotionen, die mit dem ersten Urnengang verknüpft waren. Meine Grossmutter, meine Mutter und ich kleideten uns am Abstimmungssonntag besonders schön und liefen Arm in Arm zum Stimmlokal. Wir zelebrierten es richtiggehend, dass wir unsere Couverts in die Urne werfen konnten. Zwischen den Geschlechtern existierten aber weiterhin viele Ungleichheiten. Das musste ich auch selbst erfahren. Beispielsweise absolvierte ich nach Abschluss der Dissertation ein Praktikum in einem Anwaltsbüro. Einmal fragte ich den Chef, warum er aus all den Bewerbungen meine ausgewählt habe. Da meinte der doch, er habe mich den männlichen Bewerbern vorgezogen, weil er einer Frau das Kaffeekochen oder Zeitungholen delegieren könne. Ich muss ehrlich sagen: In diesem Moment fühlte ich mich nicht diskriminiert – ich fühlte mich erniedrigt, total erniedrigt!

Nach dem Anwaltsexamen fand ich beim Evangelischen Frauenbund Zürich eine Stelle als Leiterin der unentgeltlichen Rechtsberatungsstelle für Frauen, wo ich mit einer Sozialarbeiterin zusammenarbeitete. Ich fasste meine Aufgaben weit und war jederzeit erreichbar. Manchmal rief eine Hilfe suchende Frau an: «Mein Mann schlägt mich wieder.» Daraufhin stieg ich ins Auto, holte sie ab und brachte sie ins Frauenhaus. Das war eine unglaublich prägende und mich politisierende Zeit. Ich realisierte, dass Einzelberatungen für Frauen zwar sinnvoll sind, dass es aber mehr braucht. Mir war es ein Anliegen, Frauen über ihre rechtliche und finanzielle Situation sowie über ihre Möglichkeiten, etwa in Sachen Alterssicherung, aufzuklären. Der Frauenbund organisierte zu diesen Themen Anlässe, und ich besuchte mit meinen Vorträgen grosse und kleine Orte im ganzen Kanton Zürich.

Unerwartet rief mich 1973 Regula Pestalozzi, Stadträtin und Präsidentin des Bundes Schweizerischer Frauenorganisationen BSF, an. Obschon wir uns nicht kannten, fragte sie mich, ob ich Interesse hätte, zum UNO-Jahr der Frau einen gesamtschweizerischen Frauenkongress zu organisieren. Mich reizte diese Aufgabe, und die involvierten Frauen beeindruckten mich. Das waren richtige Persönlichkeiten. Zugleich zweifelte ich und fragte mich, ob ich so etwas überhaupt konnte: «Eigentlich bist du ja völlig unerfahren und hast in deinem Leben noch nie etwas Vergleichbares gemacht», sagte ich mir. Ich besprach mich mit meinem Mann, der fand, dass ich das machen müsse. Das bestärkte mich in der Haltung: «Warum eigentlich nicht? Ich mache das jetzt!» Ab diesem Zeitpunkt war ich voll in den Themen rund um Frauen und Gleichstellung drin. Während ich zusammen mit vielen Vertreterinnen von Frauenorganisationen den Frauenkongress vorbereitete, was beinahe einem Fulltime-Job entsprach, wurde ich schwanger. Tatsächlich gab es dann Stimmen, die meinten, ich könne meine Aufgabe deswegen nicht mehr wahrnehmen. Denen konterte ich: «Als Frauenorganisation würde ich das nicht so laut sagen. Natürlich kann ich das!» Der Kongress wurde tatsächlich ein voller Erfolg. Am Schluss fassten die Teilnehmerinnen verschiedene Resolutionen, darunter einen Appell an den Bundesrat, ein beratendes Organ für Frauenfragen zu schaffen. Zudem sollte in der Bundesverfassung ein neuer Gleichstellungsartikel verankert werden. In die darauf vom Bundesrat geschaffene Eidgenössische Kommission für Frauenfragen wurde ich zunächst als Mitglied und danach als Präsidentin gewählt. Nebst der grossen Kämpferin für das Frauenstimmrecht, Lydia Benz-Burger, amtete ich zudem im Initiativkomitee für die Verankerung eines Gleichstellungsartikels in der Verfassung. Es handelt sich übrigens um die bisher einzige ausschliesslich von Frauen lancierte Verfassungsinitiative. Das Anliegen vorwärtszubringen, war dann ein ziemlicher Kampf, doch 1981 wurde der Gleichstellungsartikel angenommen.

Im Herbst 1979 standen eidgenössische Wahlen an. Einige Parteien waren wegen meines Engagements auf mich aufmerksam geworden und versuchten, mich als Kandidatin zu gewinnen. Meine Antwort war jedoch klar: «Nein, das kommt gar nicht infrage!» Ich wollte nicht parteipolitisch tätig sein. Alice Moneda, eine Vertraute und Beauftragte für Frauenfragen beim Schweizerischen Kaufmännischen Verein, meinte eines Tages: «Komm jetzt, du solltest wirklich einer Partei beitreten. Man sucht überall Frauen, und du kannst nicht sagen, du willst nicht, wenn man dich anfragt.» Sie war FDP-Mitglied, und ich meldete mich schliesslich bei der freisinnigen Parteisektion meines Wohnkreises. Dort schien man einer Frauenrechtlerin gegenüber jedoch skeptisch zu sein. Jedenfalls erhielt ich keine Antwort auf meinen Beitrittsantrag. Alice Moneda reklamierte daraufhin beim Parteipräsidenten ihrer Kreispartei: «Das ist ja ein Witz! Jetzt gibt es da eine Frau, die man kennt und die sich interessiert, und dann zieren sich die Leute derart.» Schliesslich nahm mich ihre Sektion auf und setzte mich im Herbst 1979 als Kandidatin auf die Nationalratsliste. Parteipolitisch hatte ich mir bis dahin keine Sporen abverdient, und entsprechend fand ich mich als Neuling irgendwo hinten auf der Liste wieder. Mir war ausserdem gar nicht klar, wie eine Wahlkampagne abläuft. Ich war ja eine Quereinsteigerin und hatte nicht bereits in einem Gemeinde- oder Kantonsrat politisiert. Jedenfalls war ich chancenlos. Doch vier Jahre später, 1983, schnitt ich bei den parteiinternen Vorwahlen sehr gut ab, sogar besser als ein bisheriger Nationalrat. Das wiederum sahen einige nicht gerne. Es war Usanz, eigene Mittel für den Wahlkampf einzusetzen. Ich verfügte weder über solche Mittel, noch hatte ich Sponsoren. Darum betrieb ich nur einen bescheidenen Wahlkampf, landete bei den Wahlen aber trotzdem auf dem ersten Ersatzplatz. Nochmals vier Jahre später gelang dann der Sprung nach Bern. Dies dank der unglaublichen Unterstützung zahlloser Frauen.

Bevor ich Ende November 1987 zur Vereidigung ins Bundeshaus marschierte, war ich noch nie in diesem Gebäude gewesen. Als ich durch die Pforte trat und an den drei Eidgenossen vorbei die grosse Treppe hinaufstieg, war das einerseits ein erhabener Moment. Andererseits war dieser Ort für mich Terra incognita. Ich hatte mangels Erfahrung in einem städtischen oder kantonalen Parlament keine Ahnung, wie der Ratsbetrieb funktioniert. Bald merkte ich, dass es viele ungeschriebene Regeln gab. So war es verpönt, dass die Neuen im Rat in der ersten Session etwas sagten. In der Dezembersession stand eine Motion zur getrennten Besteuerung von Ehegatten zur Diskussion, worüber wir in der Frauenkommission intensiv diskutiert hatten. Ich kannte also die Materie und fand es selbstverständlich, mich dazu zu äussern. So ging ich einfach nach vorne ans Rednerpult und hielt meine Jungfernrede. Anschliessend ging das Geraune los. Denn erstens teilten die Mitglieder meiner Fraktion meinen Standpunkt nicht, und zweitens galt es als ungehörig, in der ersten Session ein Votum abzugeben. Ich erinnere mich noch gut, wie sich nach dieser ersten Session mein Rücken verkrampfte. Am Ende der Woche kam ich nach Hause und sagte: «Ich glaube einfach, dass jedes Mal, wenn ich zum Abstimmen aufstehe, von hinten viele böse Blicke auf meinen Rücken zielen.» Fürs Abstimmen gab es damals noch kein elektronisches Abstimmungssystem. Uns Neue platzierte man in den vordersten Reihen, wo einen die anderen gut im Blick hatten. Von hinten riefen die dann: «Abhocke, abhocke!» Aber ich fand einfach: Ich mache doch nichts anderes, als zu meiner Meinung zu stehen. So lernte ich ziemlich schnell, dass eigentlich die Fraktion bestimmt, wie du zu stimmen hast. Die meisten meiner Kolleginnen und Kollegen hatten zuvor in einem Kantonsrat politisiert und waren mit dem ganzen Drum und Dran des Politbetriebs vertraut. Ich aber tappte oft unbewusst von einem Fettnapf in den nächsten. Selbst wenn ich das Parlamentarierhandbuch von vorne bis hinten studiert hätte, wäre ich davor nicht gefeit gewesen. Denn solche Regeln stehen dort eben nicht drin. Jedenfalls erinnere ich mich gut: Ich sass am falschen Platz, redete zu früh und äusserte mich nicht konform. Die Reaktion darauf bekam ich bei der Kommissionsverteilung zu spüren. Mich wies man der nicht sonderlich wichtigen Petitions- und Gewährleistungskommission zu. Ich vermute, dass dahinter der Versuch steckte, mich etwas zu marginalisieren.

Im Zuge der Parlamentsreform wurde später die Kommissionsarbeit neu organisiert, wodurch ich auch in anderen Kommissionen mitwirken konnte. In den Kommissionen zeigt sich rasch, ob jemand Sachkompetenz hat. Ich war eine erfahrene Juristin, sozialpolitisch versiert und gab offenbar gute Voten ab, mit denen ich Mehrheiten erreichte. Das fiel auf, und von da an lief es gut. Natürlich gab es die Hartgesottenen – vor allem beim rechten Flügel meiner Fraktion. Ich wusste, dass einige immer gegen mich sein würden. Das ist halt einfach Politik. Wenn man das nicht erträgt, sollte man nicht Politik betreiben. Aber es ist schon hart, nicht? Denn letztlich bin ich eine Frau, die in der Vorstellung sozialisiert wurde, dass man einen gernhaben soll. In der Politik geht es jedoch um Macht, und um die wird mit harten Bandagen gekämpft – auch unter Frauen. Es gab aber auch lustige Momente, wie das Beispiel eines meiner frühen politischen Erfolge zeigt: Ich reichte einen Vorstoss zum Schutz der Greina-Hochebene ein. Es war bekannt, wer das heftig bekämpfen würde. Ein Fraktionskollege wusste, dass einer der Gegner des Vorstosses abends im Hotel jeweils seine Schuhe vor die Türe stellte, um sie über Nacht putzen zu lassen. Der nahm dem einfach die Schuhe weg, sodass es ihm am nächsten Morgen nicht zur Abstimmung reichte und eine gegnerische Stimme weniger zu verzeichnen war.

Allmählich fand ich im Rat gute Kollegen. Tragfähige Verbindungen helfen, um politische Anliegen durchzubringen und schrittweise eine kleine Hausmacht aufzubauen. Aber es gab auch Intrigen. Solche sind in jeder Fraktion anzutreffen, das wird man nie wegbringen. Das ist eben Politik, und es ist das, was mir an der Politik nicht gefällt. Ob ein Antrag auf Zustimmung oder Ablehnung stiess, hing oft mehr davon ab, wer diesen einbrachte. Das gehört zu jenen Dingen, die mich im Bundeshaus am meisten erstaunten. Diesbezüglich war ich etwas naiv, ging ich doch davon aus, dass man sich an der Sache und den Argumenten orientierte und nicht am Absender.

Grösste Bedeutung hatte für mich persönlich die parlamentarische Beratung des Gleichstellungsgesetzes. Dieses Geschäft begleitete ich als Leaderin unserer Fraktion und vertrat es an den Kommissionssitzungen. Ein wichtiger Aspekt des Gesetzes war die sexuelle Belästigung am Arbeitsplatz. Bis heute vergesse ich nicht, mit welchem Unverständnis gewisse männliche Kommissionsmitglieder darauf reagierten: «Was, sexuelle Belä…? Also hör mal, das gibt es doch nicht!» Einem französischsprachigen Kollegen entgegnete ich: «Parce que tu es un homme, tu ne peux pas comprendre.» Daraufhin sagte der zu mir: «Alors, harcèle-moi, harcèle-moi!» Jedes Mal, wenn wir uns begegneten, rief er mir zu: «Harcèle-moi!» Da merkte ich, dass einige das Thema überhaupt nicht ernst nahmen. Sie taten es als lächerlich ab. Ganz im Gegensatz dazu unterstützten in der Kommission alle Frauen, egal aus welcher Fraktion, den Artikel. Im Rahmen der Beratungen brachte ich auch das Thema der Umkehr der Beweislast bei Lohngleichheitsklagen ein. Eine Arbeitnehmerin, so die Idee, müsste die Lohndiskriminierung einzig glaubhaft machen, und der Arbeitgeber hätte daraufhin zu beweisen, dass er sie beim Lohn nicht diskriminierte. Mein Vorstoss kam durch, woraufhin der Vertreter der Arbeitgeberseite sich beim Fraktionschef heftigst beklagte. Als schliesslich das Gesetz im Rat behandelt wurde, nahm dieser mir die Leadership weg. Ich konnte mich also nicht mehr dazu äussern. Damit wurde ich wirklich abgestraft. Zum ersten und letzten Mal bin ich aus einem totalen Ohnmachtsgefühl und aus Verletztheit in Tränen ausgebrochen. Ich dachte: «Meine Herrschaften, ich bin die, die in der Fraktion wahrscheinlich am meisten von diesem Gesetz versteht. Ich kämpfe für dieses Geschäft aufgrund meiner Erfahrung als Anwältin, die zweimal einen Lohngleichheitsprozess bis vors Bundesgericht geführt hat. Und jetzt erhält der Vertreter der Arbeitgeber dieses Geschenk.» In dieser Situation merkte ich, dass Frauen starke Netzwerke fehlten, dass ihre Seilschaften nicht funktionierten. Es schien mir zudem grotesk: Einerseits nahm man mir den Lead beim Gleichstellungsgesetz weg, das mir eine Herzensangelegenheit war und das ich kompetent hätte vertreten können. Andererseits übergab man mir eine politisch sehr heikle Angelegenheit: Ich musste die Fraktion bei der Aufhebung der Immunität von Bundesrätin Kopp vertreten. Das muss man sich mal auf der Zunge zergehen lassen: Unser Parteipräsident und unser Fraktionspräsident waren sicherlich keine schwachen Männer. Doch dann schickten sie mich vor, eine Frau, die gegen eine andere Frau, dazu die erste Bundesrätin, votieren musste. Über Wochen hinweg dominierte dieses Thema die Medien, und es war eine der ersten Debatten, die im Fernsehen live übertragen wurden. Für mich war das extrem schwierig. Irgendwie fühlte ich mich als Verräterin. Zwar erachtete ich das Verhalten von Elisabeth Kopp als falsch, und mir schien es unausweichlich, dass Massnahmen ergriffen werden müssten. Aber warum musste ich als Frau und Parlamentsneuling die Aufhebung der Immunität der Bundesrätin vertreten – eine Massnahme, die zuvor übrigens noch keinem Bundesrat widerfahren war? Die Antwort meiner Fraktion lautete scheinbar sachlich: «Du warst Leaderin in der Immunitätskommission, und du kennst die Immunitätsfragen.» Dabei ging es um etwas ganz anderes. Niemand wollte sich an diesem Geschäft die Finger verbrennen.

Als Politikerin bin ich teilweise angegriffen und sogar bedroht worden, allerdings nie wegen meiner Frauenpolitik. Erschreckendes erfuhr ich als Präsidentin der Kommission für Rechtsfragen, die sich mit den nachrichtenlosen Vermögen von Opfern des Nationalsozialismus beschäftigte. In jener Zeit stand ich zum Teil unter Polizeischutz und erlebte ziemlich schlimme Sachen: Telefonterror mitten in der Nacht, Drohbriefe, antisemitische Parolen. Unheimlich war das. Einmal schickte mir jemand einen Strick. Ein andermal erhielt ich ein fürchterlich stinkendes Couvert. Darin lagen abgeschnittene Schweinsohren und ein Brief mit aufgeklebten Buchstaben: «Das nächste Mal sind es die Ohren Ihrer Kinder.» Das war einfach furchtbar.

Richtig ernst wurde es, als Nationalrat François Loeb und ich 1997 in parlamentarischem Auftrag in die USA reisten. Grund war die grosse Krise, die aufgrund der jüdischen Vermögen auf Schweizer Bankkonten ausgebrochen war. In Washington empfing uns Alfonse D'Amato, ein Senator und richtiger Kesseltreiber, der Stimmung gegen die Schweiz machte. Ich werde nie vergessen, wie wir in seinem Senatorenbüro sassen und ihm zu erklären versuchten, welche Schritte die Schweiz zu unternehmen gedachte. Mittendrin sagte er plötzlich: «Okay, now we meet the press.» Wir wurden total überfahren, standen komplett unvorbereitet vor einer riesigen Meute Medienschaffender und mussten aus dem Stegreif auf Englisch Auskunft geben. Als die Medienkonferenz beendet war, überfiel mich dieser D'Amato richtiggehend und küsste mich vor laufender Kamera auf die Wangen. Das Schweizer Fernsehen sendete diese unsägliche Szene, was ich aber erst nach der Rückreise in die Schweiz realisierte. Als ich danach das nächste Mal über den Bundesplatz lief, rief mir ein Ständerat zu: «So, für wie viel hast du die Schweiz verkauft?»

Nach vier Amtsperioden im Bundeshaus hatte ich alles gesehen, was man sehen konnte, hatte wichtige Kommissionspräsidien, Erfolg und Misserfolg. Diese 16 Jahre waren eine spannende Zeit. Trotzdem trauerte ich dem Bundeshaus nie nach. Schon während meiner aktiven Zeit war mir klar, dass man von vielen Leuten umgeben ist, die einen wegen des Amts und nicht wegen der Person hofieren. Von denen hört und sieht man danach nie mehr etwas. Vielen Ratsmitgliedern ist das allerdings nicht bewusst, und die leiden, wenn sie nicht mehr im Amt sind. Viel schwerer fiel es mir, als ich von meinem Amt im Europarat zurücktrat. In der letzten Legislatur politisierte ich vier Jahre in der Parlamentarischen Versammlung des Europarats. Mir entsprach diese Arbeit, die Internationalität des Gremiums und die Sachbezogenheit der Debatten. Im Europarat konnte man sich Zeit nehmen, um ein Thema zu erarbeiten, und ausserdem pflegte man Grundsatzdebatten. Im eidgenössischen Parlament geht es hingegen allein schon aufgrund der schieren Menge an Tagesgeschäften viel oberflächlicher zu und her. Ganz zu schweigen vom Lobbyismus im Bundeshaus! Das gab es im Europarat nicht. Als Nationalrätin überschwemmten mich Lobbyisten. Mit Lobbying meine ich nicht nur die netten Nachtessen, bei denen einem in angenehmem Rahmen Anliegen einer Branche mit auf den Weg gegeben werden, sondern auch die vorbereiteten Voten und Anträge. Es gab tatsächlich Kollegen, die im Rat ein Couvert öffneten und ablasen, was ihnen jemand aufgeschrieben hatte. In der Wandelhalle wimmelte es von Lobbyisten. Man läuft rein und wird sofort angesprochen. Einer der ersten, der zu mir kam, war ein Mitarbeiter einer Boulevardzeitung. Der fragte mich: «Haben Sie schon jemanden, der Sie betreut?» «Warum?», erwiderte ich, und er meinte: «Es ist doch gut, wenn man jemanden hat, mit dem man sich austauschen kann und der dann auch mal etwas über Sie in der Zeitung platziert. Das ist doch eine gute Plattform, oder?» Ich gebe zu, dass ich aus allen Wolken fiel, weil ich mir so etwas nicht hatte vorstellen können. Heute wird versucht, das Lobbying zu strukturieren, und alles ist transparenter, weil die Verbindungen im Register der Interessenbindungen angegeben werden müssen.

Mir war immer wichtig, dass ich mir treu bleibe und meine Standpunkte so vertrete, dass ich am nächsten Morgen noch in den Spiegel schauen kann. 2017 mischte ich mich erneut in die Bundespolitik ein. Als das Parlament bei der Altersreform Rückschritte für Frauen plante, fuhr ich zusammen mit der ehemaligen SP-Nationalrätin Gret Haller ins Bundeshaus. Vor gut dreissig Jahren arbeiteten wir im Rahmen der 10. AHV-Revision in der vorbereitenden Kommission zusammen an einem AHV-Modell, das auch für geschiedene Frauen eine bessere Rente vorsah: dank dem Splitting, das Frauen die Kindererziehung und sonstige Betreuungsaufgaben anrechnete und ihnen eine Individualrente zusicherte. Obschon wir bei der Frage nach der Erhöhung des Frauenrentenalters untereinander grösste Differenzen hatten, fanden wir uns trotzdem und brachten schliesslich die 10. AHV-Revision durch. Gret und ich sahen uns ein wenig als die Mütter dieser Reform und konnten es nicht hinnehmen, dass ein Grundpfeiler der damaligen Reform nun angegriffen wurde. Daher sagten wir uns: «Jetzt stehen wir nochmals hin, denn das darf nicht passieren!» Es gibt manchmal einfach so Schlüsselmomente, da kann man gar nicht anders. Wir trafen uns mit Exponentinnen von verschiedenen Frauenorganisationen sowie mit Parlamentarierinnen aus allen Parteien und erklärten ihnen, warum die neue Revision ein Rückschritt für die Frauen war. Bei diesem Treffen merkten wir, dass wir vor einer ganz neuen Generation Parlamentarierinnen standen, die gar nicht begriffen hatte, was für ein riesiger Schritt die 10. AHV-Revision für die Frauen gewesen war. Ich finde es wahnsinnig, dass das immer wieder vergessen geht. Dabei ist das so eine wichtige Geschichte!

Das Gespräch mit Lili Nabholz fand am 30. August 2023 bei ihr zu Hause in Zollikon statt.

Lili Nabholz (*1944) studierte Rechtswissenschaften und leitete nach ihrer Promotion als Rechtsanwältin die unentgeltliche Rechtsberatungsstelle einer Frauenorganisation. Anschliessend führte sie eine eigene Anwaltspraxis und amtete während fast zwanzig Jahren als Ombudsfrau der Privatversicherungen und der Suva.
Nabholz war Präsidentin der Schweizerischen Stiftung für Landschaftsschutz und der Schweizerischen Arbeitsgemeinschaft zur Eingliederung Behinderter. 1975 präsidierte sie den 4. Schweizerischen Frauenkongress zum Internationalen Jahr der Frau.
Von 1980 bis 1988 sass Nabholz der Eidgenössischen Kommission für Frauenfragen vor, zwischen 1987 und 2003 amtete sie als Vertreterin der FDP des Kantons Zürich im Nationalrat, und von 1999 bis 2003 vertrat sie die Schweiz in der Parlamentarischen Versammlung des Europarats.

Ins Haus!

«Nein, Sie kommen hier nicht hinein, heute sind keine Führungen, Sie konnten dies ja auf der Tafel vor dem Eingang lesen.»[1] Da stand Hanna Sahlfeld also, im Eingangsbereich des Bundeshauses, und wurde am Weitergehen gehindert. Ein Bundeshausweibel in Livree beschied ihr, dass das Parlamentsgebäude für Besuchende heute nicht geöffnet sei. Ihr, die, vom Volkswillen gesandt, heute das Amt als Nationalrätin hätte antreten wollen. Sahlfeld, in Begleitung ihres Ehemannes vom sankt-gallischen Altstätten angereist, war soeben am Berner Bahnhof eingetroffen und nach kurzem Fussweg im politischen Epizentrum der Schweiz angelangt. Nun trennten sie einzig noch einige Treppenstufen von dem Ort, an dem sie an diesem Nachmittag ihren Amtseid abzulegen gedachte.[2] Doch dort hatten die Nationalrätin und ihr Gatte «einige Mühe, dem Erzengel an der Hauptpforte des Bundeshauses erklärlich zu machen, dass die Frau als gewählte Volksvertreterin das hohe Haus zu betreten beabsichtige und dass der Ehemann als Angehöriger auf der Angehörigen-Zuschauertribüne einen Platz haben möchte».[3]

Dieses Intermezzo spielte sich am 13. Dezember 1971 im Schweizer Parlamentsgebäude ab. Eigentlich hätte Hanna Sahlfeld, wie ihre Ratskolleginnen, schon Ende November «in Bern oben» mit dem Politisieren beginnen wollen. Zuerst aber musste die ordinierte Pfarrerin ihre Anstellung bei der Kirche kündigen und damit auf ihre bisherige berufliche Erwerbstätigkeit verzichten, verbot ihr der Status als Bürgerin geistlichen Stands doch die Übernahme des Nationalratsamtes.[4] So kam es, dass die 28-Jährige und somit jüngste Parlamentarierin ihrer Zeit erst einige Tage nach den anderen Politpionierinnen zum Amtsantritt schritt und als mit einem Glanzresultat Gewählte beim eisenbeschlagenen Eingangstor des Bundeshauses auf Einlass insistieren musste.

Zahlreiche grosse und kleine, individuell und kollektiv geführte Kämpfe waren nötig, bis Frauen Zutritt ins Bundeshaus gewährt wurde, und etliche weitere mussten folgen, damit sie auch tatsächlich darin Platz nehmen konnten. Glücklicherweise stellte bei den wenigsten die Eingangspforte nochmals eine Hürde dar wie im Fall von Hanna Sahlfeld. Viele Politikerinnen sahen sich im Innern des Hauses aber durchaus mit räumlichen Herausforderungen konfrontiert. Verwundern mag das kaum, betraten sie doch einen lange vor ihnen erbauten, benutzten und belebten Raum: einen Raum, der Frauen zuvor ausgeschlossen hatte und in den Männer über viele Jahrzehnte ihre Geschichte eingeschrieben hatten. Stand Frauen der Zugang zur Bundespolitik nun offen, so zeigte sich das Gebäude allerdings doch noch nicht ganz bereit für sie.

Dass sich die Frauenfrage auch als eine Frage des Raums präsentiert, ist spätestens seit Virginia Woolfs Klassiker «A room of one's own» aus dem Jahr 1929 bekannt.[5] Die Stellung von Frauen in der Gesellschaft lässt sich ohne Blick auf Räume, in denen Frauen sich aufhalten oder von denen sie ausgeschlossen sind, nicht verstehen. Ein solcher Blick erfasst die Zumutungen, Einschränkungen, Zwänge, Verbote, Ängste, Hürden, Verletzungen und Gewalt gegenüber Frauen. Er bietet aber auch Erkenntnisse zur Herstellung, Aneignung, Nutzung und Gestaltung von Räumen durch Frauen sowie zu ihren Wahrnehmungen von und Erfahrungen in Räumen.[6] Die Geschichte(n) der frühen Bundespolitikerinnen, ihre Erfahrungen und ihre Politik können folglich nicht unabhängig vom Ort ihres Politisierens betrachtet werden – dem Bundeshaus.[7] Wie sich das wohl bekannteste Gebäude der Schweiz den Politikerinnen 1971 zeigte und durch deren Anwesenheit veränderte, ist Thema dieses Essays.

Als monumentales Repräsentationsbauwerk verströmt das grünlichgraue Parlamentsgebäude mit seiner charakteristischen, von weit ins Auge stechenden Kuppel Erhabenheit und Wichtigkeit.[8] Eine solche Gebäudeaura ist von zentraler Bedeutung, erfüllt der Sitz der obersten politischen Behörden des Landes doch bei Weitem nicht nur funktionale Aufgaben. Vielmehr tragen Staatsbauten, insbesondere Regierungsgebäude, als architektonische Denkmäler zur Identitätsstiftung der jeweiligen Nation bei. Entsprechend wurde auch das Schweizer Bundeshaus von Beginn weg als politische und soziokulturelle Manifestation konzipiert:[9] Erhaben solle es sein, und seine reiche künstlerische Ausstattung habe sich an der Geschichte der Schweiz, an den Verfassungsgrundlagen und an der kulturellen, politischen, materiellen, geografischen und wirtschaftlichen Vielfalt des Landes zu orientieren. So lauteten die Vorgaben für den mit dem Bau beauftragten Architekten Hans Wilhelm Auer.[10] Während der Planungsphase verkündete die *Neue Zürcher Zeitung,* dass das Gebäude «die Vertreter der ganzen Eidgenossenschaften aufnehmen, also ein Symbol des Bundes sämtlicher schweizerischer Völkerschaften werden [soll]. Dazu gehört eine würdige Ausstattung, damit sich jeder Besucher Berns daran erfreuen kann.»[11] Dass das vom Neorenaissancestil mit seinen klassischen Gestaltungselementen wie Säulen, Giebel, Pilaster, Bögen, Kuppeln und Gebälk geprägte Architekturwerk einzig für Schweizer Männer als «Vertreter» des Demos oder für «Besucher», allen voran ausländische Staatsmänner, gedacht war, brauchte damals nicht explizit erwähnt zu werden. Zu selbstverständlich erschien der Ausschluss der Frauen von der politischen Staatsbürgerschaft. Während die ohne politische Mitsprache und auch sonst mit wenig Rechten ausgestatteten Frauen dem Bereich des Privaten zugeordnet wurden, standen den Männern die Öffentlichkeit und damit die gesellschaftlich machtvollen Bereiche zu. Geradezu durch exklusive Männlichkeit zeichnete sich das Feld der Politik aus – ein Umstand, der sich entschieden auch in politischen Räumen niederschlug: Architektur und Räume sind zum einen Ergebnis gesellschaftlicher (Macht-)Verhältnisse, Wertesysteme und Selbstverständnisse. Zum anderen formen und strukturieren Räume wiederum gesellschaftliche Verhältnisse und soziales Handeln.[12] Diese Dynamik manifestierte sich in aller Deutlichkeit am Bau des Bundeshauses, das als politisches Wahrzeichen der Nation zu dienen hatte.[13]

Bei seiner Eröffnung im Jahr 1902[14] war das Parlamentsgebäude ein Haus für Männer, errichtet von Männern, belebt durch Männer.[15] Ab und an fand zwar eine Frau Eintritt in das «Herrenparlament»,[16] als Besucherin, seltener als Gästin, als Ehefrau eines Bundesrats, oft als Reinigungskraft, Stenografin oder manchmal als «Trachtenmädchen» anlässlich einer Bundesratswahl. Weit über ein halbes Jahrhundert aber hatten Frauen unter der Bundeshauskuppel nichts zu sagen. Ihrer politischen Mündigkeit beraubt, stand ihnen lediglich der Platz als Zuschauerinnen zu. So oft verlangten Frauen Eintritt, mitunter etwas zaghaft, gelegentlich vehementer oder 1928 mit einer überdimensionierten Schnecke im Schlepptau, ein Symbol für das träge Tempo in Sachen Frauenstimmrecht.[17] Nach all den «Jahren der Demütigung»[18] forderten sie schliesslich 1969 beim «Marsch auf Bern», auf dem Platz vor dem politischen Nationalsymbol versammelt, mit Trillerpfeifen ausgerüstet und Protestflaggen schwingend, den Zutritt laut und energisch ein. Tatsächlich fiel das Frauenverbot in den eidgenössischen Räten zwei Jahre später. Von all den Frauen, die daraufhin bei den Wahlen im Herbst desselben Jahres schweizweit um einen Sitz im National- oder Ständerat kämpften, reüssierten zwölf.[19] Am 29. November 1971 nahmen die Nationalrätinnen Platz an einem der Pulte in der grossen Kammer, während Lise Girardin zusammen mit 43 Männern die Schwelle in den Ständerat überschritt. Was sie dort antrafen, war ein durch die Jahrzehnte männlich imprägnierter Raum. Wie das eindrucksvolle Gebäude auf dem Bundesplatz auf die frühen Bundespolitikerinnen wirkte und sie prägte und wie diese sich dieses Raums bemächtigten, ihn sich aneigneten und mitgestalteten, berichten die folgenden Seiten. Episodenhaft und kursorisch beleuchten Schlaglichter verborgene Winkel, erhellen schattige Zonen, bestrahlen versperrte Wege und gewähren unbekannte, überraschende Einblicke in das Haus, das so bekannt ist wie kein zweites in diesem Land.

Damit die Leser:innen eine Vorstellung von diesem Raum und davon, wie er sich den Politpionierinnen während der ersten Legislaturperioden präsentierte, gewinnen können, führen die kommenden Seiten sie auf einen Rundgang durchs Bundeshaus.

Schon von Weitem strahlt das Bundeshaus erhaben aus der Berner Stadtkulisse heraus. Seiner Grösse und eindrucksvollen Architektur kann sich kaum jemand entziehen – auch die frühen Politikerinnen nicht, die sich 1971 auf den Weg zu ihrem künftigen Wirkungsort begaben.

Auf das politische Machtzentrum zusteuernd, fällt den frisch gewählten Parlamentarierinnen aus einiger Distanz bereits die dynamisch posierende Figur auf der Giebelspitze des tempelartigen Portikus auf. Viele halten sie fälschlicherweise für die Helvetia.[20] Als Personifikation der schweizerischen Unabhängigkeit hält sie eine wehende Fahne in der Hand, an ihrer Seite befinden sich die beiden allegorischen Frauenfiguren der Exekutive und der Legislative, ein Verweis auf die politische Funktion des Bauwerks. Die Frauengruppe symbolisiert die Grundlagen des Staates und triumphiert an prominenter Stelle über dem Eingang ins Bundeshaus, womit ihr eine zentrale staatssymbolische Bedeutung zukommt.[21] Je näher eine Politikerin dem Bundeshaus kommt, desto weiter nach unten gleitet ihr Blick der Fassade entlang. Dort bemerkt sie neben den Fenstern des Portikus zwei weitere Frauenfiguren, die Verkörperungen von Freiheit und Frieden. Mit diesen sowie den zwei Frauenfiguren auf der aarehangigen Südseite des Bundeshauses ist die Präsenz weiblicher Darstellungen am Gebäude schon fast ausgeschöpft. Das fällt ihr in diesem Moment allerdings noch gar nicht auf. Denn ihre Aufmerksamkeit ziehen nun die Figuren auf sich, die den Eingang ins Parlamentsgebäude zieren. Ein Greis, der sogenannte Geschichtsschreiber der Vergangenheit, hält der Gewählten ein Geschichtsbuch als Wegleitung für ihr Handeln entgegen. Zugleich schärft ihr ein junger Mann, der Geschichtsschreiber der Gegenwart, ein, dass ihre Beschlüsse in die Annalen eingehen werden. Als sei das der Ermahnungen noch nicht genug, hängen über den Eingangspforten drei weitere, ziemlich grimmig dreinschauende Männerköpfe, die an Mut, Weisheit und Kraft erinnern sollen. Gut möglich, dass die Politikerin etliche dieser Figuren und Allegorien in diesem Moment übersieht. Vermutlich hat sie gerade anderes im Kopf als ikonografische Überlegungen. Möglich auch, dass sie die Bedeutung der Figuren nicht kennt oder dass sich die Wirkung solch tugendhafter Steinhäupter bei ihr schlichtweg in Grenzen hält. Sowieso geht sie im Moment, in dem sie den Eingang passiert, gedanklich nochmals ihre Garderobe durch, um sich zu vergewissern, dass ihr Tenue als dem Ort angemessen betrachtet wird. Ihr ist nur zu genau bewusst, wie wenig es braucht, um als Frau allein wegen der Kleidung abgestraft zu werden. Im Innern des Bundeshauses angekommen, schiebt sie ihre Bedenken beiseite, denn nun fällt ihr auf, was selbst unter grösster Anstrengung nicht zu verdrängen ist: In diesem Haus, im Zentrum der politischen Macht, ist sie als Frau nicht repräsentiert.

Nachdem die Politikerin ihre ersten Schritte ins Innere gesetzt und das dunkle Vestibül hinter sich gelassen hat, wird sie von einer erhabenen, geradezu sakralen Stimmung ergriffen.[22] Sie steht jetzt im architektonischen Mittelpunkt des Parlamentsgebäudes – der riesigen, mit buntem Glas überwölbten Kuppelhalle. Egal, ob es sich bei der Politikerin um eine National- oder eine Ständerätin handelt, sie muss auf dem Weg in den jeweiligen Ratssaal die frei im Raum stehende, grosszügig ausgelegte und einen feierlichen Eindruck erweckende Mitteltreppe hochsteigen. An deren Ende angelangt, empfangen sie, auf den Treppenpfosten posierend und ihre Waffen präsentierend, die «vier Landesknechte». Als lebensgross und realitätsgetreu gestaltete Soldaten, die jeweils eine Sprachregion der Schweiz vertreten, tragen sie Rüstungen aus dem 16. Jahrhundert, sind bewaffnet mit Lanze, Hellebarde sowie Schwert und halten Ehrenwache für das hinter ihnen schon in ganzer Wucht sich auftürmende Standbild. Allerdings ist zu bezweifeln, ob jemand die wehrhaften Bronzemannen mehr als eines kurzen Blickes würdigt. Denn dominiert wird die Szenerie hier auf dem Zwischenboden vom eigentlichen Herzstück der Kuppelhalle – den drei Eidgenossen. Bärtig, mit entschlossenem, ernstem Blick starren die drei überdimensionierten Mannen visionär in die Ferne. Erhoben auf einem altarähnlichen Sockel und eingerahmt von einem Triumphbogen, erreicht der gewaltige, nationsbegründende Akt des Rütlischwurs den dramaturgischen Höhepunkt der bundeshäuslichen Szenografie. 24 Tonnen Männlichkeit türmen sich vor der Betrachterin auf.

Kurz regt das monumentale Denkmal die Politikerin zum Nachdenken über die männerbündlerische Staatsgründung an und über die erstaunlich starke Präsenz historischer Mythen im Vergleich zu geschichtlichen Fakten in diesem Haus. Doch schon erklimmt sie einen der beiden ebenfalls spektakulär raumeinnehmenden Stufengänge zu den Ratssälen.[23] Zu gebannt ist sie noch von der Wuchtigkeit der drei Nationalheroen, als dass sie die in ihrem Rücken thronenden Statuen wahrnähme. Dort stehen der Schlachtheld Winkelried mit durch die Brust gebohrten Lanzenspitzen und der Schweizer Schutzpatron Niklaus von Flüe. Noch weniger drängen sich ihr die nur unter Anstrengung auffindbaren Frauenhäupter mit ihren Kopftrachten auf, die in die Steine über den Arkaden des Hauptgeschosses geschlagen sind. Sie sollen eine versteckte Mitteilung des Bundeshausarchitekten Auer sein. Er wollte mit ihnen darauf hinweisen, dass Frauen irgendeinmal durchaus eine Rolle im politischen Leben spielen würden.[24] Hätte sich die frisch gewählte Politikerin die Zeit genommen und den Blick ganz nach oben auf die Glaskuppel gerichtet und wäre sie dabei nicht unvermittelt von überwältigendem Schwindel ergriffen worden, hätte sie zwischen dem rot-weiss leuchtenden Schweizerkreuz und den in allen Farben schimmernden Kantonswappen ausserdem noch zwei weitere Frauengestalten in Form von Freiheitsfiguren erspäht. Bedauerlich auch, dass die alles überragende Ausstrahlung des schwörenden Männerblocks verdeckt, welche für die Geschlechterordnung des bürgerlichen Bundesstaates auf den ersten Blick reichlich untypischen Szenen sich in den Zwickeln der Kuppel abspielen.[25] Während in antiker Anlehnung Athene das Militärwesen und Justitia die Justiz verkörpern, steht eine weitere Frauengestalt aus der Antike für die Erziehung, und eine weibliche Personifikation repräsentiert das Bauwesen.

Bis eine Politikerin endlich an ihrem Pult im Ratssaal Platz nehmen kann, hat sie bereits eine ganze Parade an starken, unbezwingbaren Schweizer Männerfiguren und gefeierten Darstellern der nationalen Geschichtsschreibung abgeschritten. Nun fehlen nur noch wenige Meter bis zu ihrem Ziel. Darauf lassen das anschwellende Stimmengewirr, das hektische Geläuf und die von Zigaretten, Pfeifen und Zigarren – diesen «maskulinen Requisiten»[26] des Bundeshausalltags – verrauchte Luft schliessen.[27] Die Nationalrätin nimmt beim Betreten der grossen Kammer zuerst den ausladenden Raum mit dem vielen dunklen Holz wahr. Anschliessend schwenkt ihr Blick unweigerlich zu dem riesigen Wandbild, das dem Saal mit «seinen duftigen blauen Tönen»[28] Kolorit verleiht. Da sie dem Geschichtsunterricht damals aufmerksam gefolgt ist, erkennt sie es sofort als die «Wiege der Eidgenossenschaft». Das vor beeindruckender Bergkulisse mit Aussicht auf die Mythen gemalte Rütli erinnert die Volksvertreterin schon wieder an die soeben erst bestaunten drei Bärtigen, die anno dazumal zur Gründung der Eidgenossenschaft auf ebendiesen Hügel geschritten sein sollen. Immerhin findet rechts neben dem Bild auch noch die Stauffacherin Platz, jene Frau, die das ganze Unterfangen angezettelt haben soll. Der eigentlichen Initiantin des Rütlischwurs, die meist ohne Vornamen bleibt, durch den weiblichen Appendix im Nachnamen aber sofort als Gattin des Werner Stauffacher identifiziert wird, ist ein Ehrenmal gewidmet. Als «Trägerin der Idee» steht sie als kühne und energische Symbolfigur rechts neben dem Wandbild, während ihr Gatte als «Mann der Tat» augenscheinlich ermattet und in sich zusammengesackt zur Linken des Bildes hockt.[29] Kurz verspürt die Parlamentarierin gemischte Gefühle gegenüber der Stauffacherin: Irgendwie ist sie beinahe erleichtert, dass unter all den Mannsbildern doch noch eine weibliche Figur auftaucht. Zumal es eine ist, die im Unterschied zu ihren bundeshäuslichen Gefährtinnen nicht in den Wolken schwebt oder eine Decke schmückt, sondern als Individuum mit eigener Handlungskompetenz präsentiert wird. Allerdings steht just diese Sagengestalt für ein traditionelles Frauenbild und dient seit jeher dazu, die Geschlechterdifferenz und den Ausschluss der Schweizer Frauen aus der Politik zu legitimieren. Verkörpert sie doch den Beweis, dass Frauen auch ohne politische Rechte das Staatsgeschehen beeinflussen, nämlich als stille Einflüsterinnen ihrer Ehemänner. Mit dem leider nur halb beschwichtigenden Gedanken, dass für die Frauen diese rechtslosen Zeiten – zumindest auf eidgenössischer Ebene – nun passé sind, wendet sich die Frischgewählte vom Freiheitshelden und seiner unerschrockenen, unauffällig im Hintergrund agierenden Ehefrau ab und lässt ihren Blick nun etwas länger auf dem alles überragenden Wandbild ruhen. Erst jetzt entdeckt sie dort, in den Wolken der Naturszenerie versteckt, eine nackte Frauenfigur. Oder ist es ein Engel? Gar eine Göttin? Als Symbol des Friedens hält diese einen Olivenzweig in der Hand. Nach all den bewaffneten, gerüsteten, behelmten, von Tüchern umhüllten und mit Tierfellen bemützten Männerfiguren, die die Betrachterin bis zu ihrem Sitzplatz passiert hat, fällt diese beim Anblick der unbekleideten Gestalt einem kurzen Moment der Irritation anheim. Mit diesem Gefühl ist sie nicht allein. Schon bei der pompösen Einweihung des Parlamentsgebäudes 1902 rätselten die Anwesenden, ob die «grünlichweisse nackte Weibsgestalt» ein «Gespenst» oder eine «Wasserleiche» verkörpere.[30] Der Blick der Parlamentarierin ist jedenfalls derart von dieser Erscheinung gebannt, dass sie die auf einem Thron sitzende weibliche Figur im Relief des Segmentbogens über dem Wandbild glatt übersieht. Eine Frau hält dort den von Wilhelm Tell durchbohrten Apfel in der Hand und berichtet einer Schar Kinder von seinen heroischen Taten. Vor diesem mythischen und der männlichen Geschichtsschreibung entsprungenen Bühnenbild, das Frauen als unbekleidete himmlische Gestalten oder als Vermittlerinnen von Mannestaten wiedergibt, wird sie zusammen mit wenig anderen Politikerinnen künftig zu politisieren haben.[31]

Auch die Ständerätin hat endlich ihren Platz erreicht. Sie möchte nach der geballten Ladung steinerner und bronzener Männlichkeit, die den Weg zu ihrem Sitz gesäumt hat, in der beinahe gemütlich wirkenden kleinen Kammer mit dem geräuschdämpfenden Teppich und den schweren, an Marmorsäulen festgebundenen Vorhängen zuerst einen tiefen Atemzug nehmen. Doch bei der von allerlei Rauchwaren ihrer Kollegen bereits stickigen und leicht beissenden Luft erscheint ihr das gesundheitlich doch eher bedenklich, und so unterlässt sie das entspannende Durchatmen. Dass sie hier kaum mit Kolleginnen rechnen darf, ist ihr selbstverständlich bewusst. Ganz zu diesem demokratietheoretisch problematischen Faktum passend, kommt der an einen frühneuzeitlichen Ratssaal der alten Eidgenossenschaft erinnernde Ständeratssaal einem eigentlichen Herrenkabinett aus vergangener Zeit gleich. Golden glänzen Jahreszahlen an den Wänden. Es sind Ziffern, die die männliche Historiografie des Fin de Siècle als verfassungsgeschichtliche Daten von nationalem Gewicht erachtete: etwa 1291 für den Bundesbrief, 1370 für den Pfaffenbrief, 1393 für den Sempacherbrief oder 1848 für die Bundesverfassung. Diese zu Innendekoration materialisierte Geschichte, dieses Sempach und die Pfaffen – all das bewegt die Kantonsvertreterin im Moment wenig. Sowieso hätte sie gerne das eine oder andere, ihr mindestens so relevant erscheinende Datum in leuchtender Farbe angefügt. Sie kann nicht ahnen, dass sich zu diesen verewigten Daten Jahrzehnte später tatsächlich zusätzliche gesellen werden. Etwa wird zum Millenniumswechsel eine Tafel mit der Jahreszahl 1999 als Verweis auf die Totalrevision der Bundesverfassung an der Wand prangen. Erst zwei Jahrzehnte später, aber immerhin doch noch, wird 2019 eine weitere an die Einführung der politischen Gleichberechtigung zwischen den Geschlechtern erinnern.[32] Zeit, um über Jahreszahlen und deren Bedeutung zu sinnieren, bleibt der Ständerätin ohnehin nicht. Denn während sie rasch einen Blick über die Schulter wirft, sticht ihr sogleich das hinter ihr angebrachte Fresko-Wandgemälde ins Auge. Dezent von einem riesigen, tonnenschwer an der Saaldecke hängenden Kronleuchter beleuchtet, ist auf dem Gemälde eine Landsgemeinde aus dem 18. Jahrhundert zu sehen. Viel gibt es in dieser Szenerie mit über 150 Personen zu entdecken. Da tummeln sich kirchliche Vertreter, Politiker, Soldaten, Hornbläser, ein die Aufmerksamkeit des Volkes auf sich ziehender Redner und an den Bildrändern tatsächlich auch noch einige Frauen – spielend mit Kindern oder Männern Wein einschenkend. Das Historienbild, das die Tradition der frauenfreien direkten Demokratie als ursprüngliches Prinzip der Schweiz auch nach der politischen Gleichberechtigung der Geschlechter visuell archiviert, erinnert die Ständerätin nochmals an all die Kämpfe, die es brauchte, um dieses Bild tatsächlich in den Bereich der Geschichte zu verbannen. Sofort korrigiert sie ihren wahrscheinlich der noch immer anhaltenden Euphorie über ihren errungenen Sitz im Bundesparlament geschuldeten Gedankengang. Vor ihrem inneren Auge sieht sie nämlich, wie in einzelnen Kantonen Frauen auch jetzt noch die Landsgemeinde als Zaungästinnen verfolgen müssen, während im «Ring» die Männer ganz unter sich über die politische Zukunft entscheiden. Zugegeben, seit dieser imaginierten Momentaufnahme, die im Ständerat als bildliche Vergegenwärtigung maskuliner Schweizer Geschichte hängt, hat sich einiges verändert. Anderes aber harrt weiterhin erfolgreicher Gleichheitsbestrebungen.

Beide, die Stände- und die Nationalrätin, sind froh, sich in der Sitzungspause in der Wandelhalle zu treffen. Es herrscht dort eine geschäftige Stimmung, verursacht von den Medien und wichtigen – sich meistens auch so fühlenden – Lobbyisten.[33] Doch immerhin strahlt der lang gezogene, bogenförmig angelegte Raum dank den vielen Fenstern und hellen Baumaterialien eine wohltuende Leichtigkeit aus. Da die beiden weder von einem Medien- noch von irgendeinem Interessenvertreter bestürmt werden, finden sie Zeit, die üppig dekorierte und primär zu Repräsentationszwecken konzipierte Halle etwas genauer zu inspizieren. Sofort fällt ihnen die grosse Präsenz, ja eine wahrhaft überwältigende Menge an Frauenfiguren auf. Im Deckengemälde wimmelt es nur so von ihnen, dort symbolisieren sie die Tugenden des Staates. Mit Lorbeeren, Fahnen, Schwert und allerlei weiteren Gerätschaften ausgerüstet, stehen sie nicht als Vertreterinnen der weiblichen Bevölkerung, sondern als entindividualisierte Allegorien für Wahrheit, Weisheit, Patriotismus, Fruchtbarkeit, Barmherzigkeit und Gerechtigkeit. Über die Gerechtigkeit denken die Betrachterinnen noch ein Weilchen nach und werden gewahr, dass im Bundeshaus, ihrer sicherlich die nächsten vier Jahre dauernden Wirkungsstätte, noch etliches zu tun ist.

Allein dieser kurze Streifzug der neu gewählten Politikerinnen durch das Parlamentsgebäude, das in dieser Form bis heute besteht, veranschaulicht, dass beim Bau des Bundeshauses an vieles gedacht wurde: Ganze dreissig Gesteinssorten aus allen Landesgegenden fanden Verwendung, diverse Berufsstände, alle Kantone sowie die Landesteile mit ihren Sprachen wurden repräsentiert, mehrere Dutzend Schweizer Künstler verewigten ihr Können, alle möglichen Tugenden fanden Platz, und der nationale Wertekanon lässt sich architektonisch und ikonografisch genauso erkennen wie die mythischen und historischen Referenzen. Wenn also bei der Errichtung des Bundeshauses alles Wesentliche berücksichtigt, die weibliche Bevölkerung aber übergangen wurde, dann drückt dies ihren gesellschaftlichen Status als Unwesentliche besonders deutlich aus. Frauen, so spricht es von den Wänden, spielen keine Rolle, besitzen keine Geschichte und sind weder Statuen noch Bildnisse wert. Dass das Bundeshaus einer in Stein gemeisselten Männlichkeit gleichkommt, verwundert angesichts der patriarchalen Geschlechterordnung zu Zeiten seines Baus nicht im Geringsten. Als architektonisches Wahrzeichen von Politik zeichnete es sich grundlegend durch die Abwesenheit von Frauen aus. Die Stätte der eidgenössischen Politik ist aber nicht einzig ein raumgewordener Ausdruck damaliger Machtverhältnisse, sondern wirkt durch ihre schier unantastbare Bausubstanz als verräumlichte, materiell verfestigte Geschichte weiter.

So konserviert das Parlamentsgebäude mit seinem fast schon musealen Charakter Erinnerungen und Zeugnisse einer Zeit, in der Frauen wenig zu sagen hatten – schon gar nicht in der Politik. Als der Sitz der Männerdemokratie seine Tore für die bislang Übergangenen öffnete, entledigte dieser sich nicht zugleich seiner Geschichte und männlichen Bestimmung. Seine maskuline Vergangenheit strahlte weiterhin von den Mauern, erfüllte die Räume, markierte die Wege, repräsentierte die immer schon Dagewesenen. Gerade die harte Materie des Raums erweist sich oft als besonders resistent gegenüber Anpassungen an neue soziale

Verhältnisse. Beim Bundeshaus gilt dies in besonderem Masse, ist es doch als nationales Denkmal schier immun gegenüber baulichen Veränderungen. Diese Immunität mag von der generellen Unempfänglichkeit gegenüber Neuem stammen, die Nationaldenkmälern eigen ist. Sie ist zugleich aber auch als fortbestehende Antwort auf die doch seit geraumer Zeit erklingende Partizipationsforderung von Frauen zu lesen, die sich 1971 zwar einlöste, der das Staatsgebäude selbst aber hartnäckig entgegenhält.

Die Politikerinnen fanden sich in einem Raum ein, der nicht auf sie ausgerichtet war. In einem Raum, den andere für andere errichtet hatten – nämlich «Schweizer für Schweizer».[34] In diesem «Entwurf der andern»[35] hatten sie künftig zu politisieren. Ob sie sich darin einrichten, ihn mit- oder gar umgestalten würden? Schliesslich hatte sich das Parlamentsgebäude trotz seinen unverrückbaren Mauern und seiner ehrfürchtigen Dauerhaftigkeit in der Vergangenheit doch ab und an als gestaltbar erwiesen. Gingen Änderungen in der Staatsordnung vonstatten, spiegelte sich das in dem Ort, der sie symbolisiert. Mal gesellte sich ein neues Kantonswappen zu den in der Kuppelhalle bereits angebrachten, ein anderes Mal erinnerte eine im Ständeratssaal montierte Datumstafel an die Revision der Bundesverfassung. Ein demokratisch so bedeutungsvolles Ereignis wie die Ausweitung politischer Rechte auf alle mündigen Staatsbürgerinnen, dieser Schritt, der die Schweiz überhaupt erst zur Demokratie machte, konnte kaum unbemerkt an jenem Gebäude vorbeigehen, das wie kein anderes für Staatspolitik steht. Würde das Bundeshaus nach 1971 das alte bleiben? Diese Frage erscheint berechtigt angesichts der baulichen Veränderungen, die nach gewichtigen Eingriffen in die Staatsordnung jeweils eingeleitet wurden.

Neue Arrangements

Endlich waren die Politikerinnen im Bundeshaus angekommen. Es galt nun, sich den Raum anzueignen und als politische Wirkungsstätte zu nutzen. Doch wie offen war das Bundeshaus für Neugestaltungen, und wie tief griffen Politikerinnen in die Strukturen des Raums ein? Nicht alle fühlten sich im Parlamentsgebäude gleich wohl oder unwohl. Nicht alle stiessen auf dieselben Markierungen sowie auf sichtbare und unsichtbare Grenzen, und nicht alle bewegten sich darin gleich, wurden gleichermassen zugewiesen, vom Raum bestimmt. Manche bestaunten das, was sich ihnen beim Eintritt präsentierte, andere veränderten das Angetroffene, ärgerten sich darüber, formten den Raum und seine über die Jahrzehnte gefestigte Ordnung um. Keine mass ihm in ihrem politischen Alltag gewichtige Bedeutung zu. Denn die Frauen waren gekommen, um die Politik des Landes mitzugestalten, und nicht, um sich (abermals) um ein Haus zu kümmern. Doch das fällt nun mal leichter, wenn der Ort des Wirkens zumindest einigermassen behagt und wenn er die Bedürfnisse abdeckt, die eine Teilhabe mit sich bringt. Bei einigen der frühen Parlamentarierinnen flackerten denn auch da und dort Veränderungsideen, Gestaltungswünsche und andere räumliche Vorstellungen auf.

Als Erstes sei ihr die Statue der drei Eidgenossen in der Eingangshalle des Bundeshauses aufgefallen, erinnerte sich Judith Stamm. Der beherzten und unerschrockenen Kämpferin[36] für die Gleichberechtigung der Frauen haben bei ihrem Einzug ins Bundeshaus 1983 diese «drei Mannsbilder [...] sehr Eindruck gemacht».[37] Um deren – auch männlichen Politikern – Ehrfurcht einflössende Aura etwas zu besänftigen, schmiedete die CVP-Nationalrätin einen Plan: «Ich hätte diesen immer gerne eine Blumengirlande umgehängt. Und zwar ernsthaft. Aber es ging nicht. Die Abstände [vom angrenzenden Gang, Anm. d. Vf.] sind zu hoch, ich hätte eine Leiter gebraucht. Aber ich dachte, so eine Blumengirlande [...], das wäre doch noch schön.»[38] Angesprochen auf ihre Erinnerungen an den ersten Tag im Bundeshaus, entsann sich die für ihre klaren Standpunkte bekannte Juristin, die während 16 Jahren im Nationalrat politisierte, noch Jahrzehnte später als Allererstes räumlicher Gegebenheiten. Der martialische, graue Steinbrocken, aus dem Werner Stauffacher, Walter Fürst und Arnold von Melchtal geformt sind, die in ihrer kolossalen Grösse den Schweizer Gründungsmythos des Rütlischwurs symbolisieren, erschlug die Neuangekommene geradezu. Durch bunte Blumengirlanden hätte Stamm die strenge und bisweilen einschüchternde Atmosphäre dieser Empfangsszenerie in eine willkommenere, freundlichere, vergnüglichere umwandeln wollen. Das Vorhaben scheiterte. Allerdings, das wird sich noch zeigen, hegte Stamm noch ganz andere Umgestaltungspläne für das Bundeshaus.

Räumlicher Affront

Mochten die drei kuttenbehangenen Gestalten in der Kuppelhalle auch durch ihre ganze Wucht und Grösse den Raum mit symbolischer Männlichkeit erfüllen, so hielten sie dennoch keine Politikerin von der Arbeit ab. Als hinderlicher erwiesen sich unscheinbare und im wahrsten Sinne versteckte räumliche Konstellationen. Die Frage, ob sie sich bei ihrem Amtsantritt im Bundeshaus 1983 willkommen geheissen fühlte, bejahte die freisinnige Politikerin Vreni Spoerry. Doch fügte sie dem grundsätzlich positiven Eindruck die Erinnerung an, dass im Bundeshaus kaum Toiletten für Frauen vorhanden waren.[39] Das störte die Grande Dame der FDP, die 13 Jahre als Nationalrätin und 7 Jahre als Ständerätin die Politik der Schweiz mitprägte: «Wir haben unsere Toiletten suchen müssen, und für die Männer hat es überall und auf jedem Stock welche gegeben.»[40]

Was auf den ersten Blick wie eine Bagatelle anmutet, ist es mitnichten.[41] Wenn in einem derart bedeutsamen Gebäude wie dem eidgenössischen Parlament noch nicht einmal die basale Infrastruktur in Form von Damentoiletten vorhanden ist, kommt das einem räumlichen Affront gegenüber Frauen gleich.[42] Es ist Ausdruck der eigenen Geschlechtervergessenheit von Männern, der Geringachtung gegenüber Frauen, ein materielles Fortschreiben weiblicher Unerwünschtheit und ein eigentliches Ver- oder gar Wegstecken der Tatsache, dass nun auch Frauen diesen Ort frequentieren. Nachdem Frauen sich Zugang zum Bundeshaus verschafft hatten, wurde ihnen durch scheinbare Nebensächlichkeiten wie fehlende oder an der räumlichen Peripherie gelegene Toiletten weiterhin das Gefühl vermittelt, nicht dazuzugehören. Überdies ist es auch eine Behinderung des politischen Alltags der Parlamentarierinnen, geht doch durch das Suchen und den langen Fussweg viel Zeit, ein wichtiges und rares Gut in der Politik, verloren. Nicht zu leugnen ist schliesslich auch die Bedeutung von Toiletten als geschlechterseparierte Räume, in denen gerade in der Politik Brisantes, nicht für die Öffentlichkeit Gedachtes und manchmal auch Geheimes besprochen sowie Vereinbarungen geschlossen werden.[43] Dieser Ort im Bundeshaus, wo sich die Mächtigsten zum Privatesten zurückziehen und wo Politdeals entstehen, ist von einer Aura des Wichtigen und Undurchsichtigen umgeben. Ein solcher Ort stand den Politikerinnen über Jahre nicht im selben Umfang wie ihren Kollegen zur Verfügung. Um ihren körperlichen Bedürfnissen nachzukommen, aber eben auch, um im Bundeshaus unter sich zu sein, hatten sie weite Wege zu gehen. Durch die abgelegenen Damentoiletten sahen sich die Politikerinnen in die räumlichen Randzonen verbannt.

Über 15 Jahre lang mussten sich die Bundespolitikerinnen mit einer einzigen Toilette begnügen, die gemäss den Schilderungen der CVP-Nationalrätin Rosmarie Dormann «mehr einem Putzraum als einer Toilette» glich und «überhaupt nicht den Bedürfnissen der Frauen» entsprach.[44] Besserung versprach auch die Benutzung der Besucherinnentoiletten im Erdgeschoss nicht. Während Politiker die ihnen vorbehaltenen, vom «gemeinen Volk» abgetrennten Aborte aufsuchten, hatten sich ihre Kolleginnen in die immer mal wieder lange Warteschlange aus Touristinnen und Besucherinnen bei den öffentlichen Bundeshaustoiletten einzureihen. Frauen, das zeigt sich an der Toilettensituation geradezu exemplarisch, waren bei der Planung des Bundeshauses schlichtweg nicht vorgesehen. Und noch Jahre nach dem Einzug der Parlamentarierinnen vermittelten die fehlenden sanitären Anlagen den Eindruck, dass Frauen nur vorübergehende Gästinnen seien. Beinahe pünktlich zum vierzigsten Jahrestag des eidgenössischen Frauenstimmrechts erhielten die Politikerinnen aber doch noch ihre Toiletten. Bei der Bundeshaussanierung im Jahre 2008 wurden im Parlamentsgebäude von überall her gut erreichbare Frauen-WCs installiert.[45] Noch immer mangelt es aber an ausreichend Damentoiletten, wie das Bundesamt für Bauten und Logistik 2024 einräumte.[46]

Noch einschneidender auf die Partizipationsmöglichkeiten von Frauen im Bundeshaus wirkt sich aus, wenn benötigte Räume gar nicht vorhanden sind. Weil der eidgenössische Politikbetrieb keine Kinderkrippe anbot, sah sich beispielsweise die Sozialdemokratin Gabrielle Nanchen zum Rücktritt gezwungen.[47] Während der Legislaturperiode wurde sie Mutter ihres dritten Kindes. Anfänglich nahm sie den Säugling noch zur Session mit, was aber bald ihre Kräfte überstieg. Die schwerwiegende Folge davon war, dass die junge Nationalrätin ihr Amt abgeben musste. Eine Betreuungseinrichtung für die Kinder von Parlamentsmitgliedern hätte ihr vieles erleichtert.[48] Während die meisten Bundespolitiker Väter waren – einige sich gar mit ihrer «grossen Kinderschar»[49] brüsteten – und sich der familiäre Status nicht negativ auf ihre Politkarriere auswirkte, führte das mangelnde Angebot an Kinderbetreuung bei Politikerinnen zum Karriereende. Aufgrund der – übrigens bis heute – inexistenten Kinderbetreuungseinrichtung fehlt im Bundeshaus und damit unter jenem Dach, unter dem einerseits schon unzählige Male und besonders gerne von bürgerlichen Männern eine Politik der kinderreichen Familien propagiert wurde und wo man andererseits die Gleichstellung der Geschlechter in die Verfassung aufgenommen hat, einer der für Frauen mit kleinen Kindern hilfreichsten Räume.

Stumme Gebote

Freilich, das Innenleben des Bundeshauses stand den Politikerinnen genauso offen wie ihren Kollegen. Keine Eintrittsverbote prangten an Türen, niemand versperrte ihnen den Weg, und abgesehen von den Toiletten blieb kein Raum explizit einem Geschlecht vorbehalten. Was Politikerinnen einschränkte und behinderte, spielte sich paradoxerweise sowohl laut als auch unhörbar, sowohl offensichtlich als auch unsichtbar ab. So erzählen die Wände, die Bilder, die Statuen, die Glasmalereien und letzten Endes der ganze Raum unter der Bundeshauskuppel Geschichten von männlichen Helden, Knechten, Heiligen, Schwurbrüdern und sonstigen Protagonisten. Während diese unübersehbar und unmissverständlich inszeniert sind, herrscht Schweigen hinsichtlich der Rolle, des Lebens und der Realitäten der Bewohnerinnen im Lande. Nichts oder nur ein äusserst bescheidener Teil davon ist auf den riesigen Gemälden verewigt, in Marmor gemeisselt oder in den Holzverzierungen eingeschnitzt. Der Ort – gebaut als architektonisches Fundament des Schweizer Staats – zeichnet sich geradezu aus durch die grundlegende Abwesenheit der Tatsache, dass auch Frauen das Land bewohnten, belebten und bewegten.

Dieses Schweigen, dieses stille und selbstverständliche Ausgeschlossensein von Frauen, das der Raum sowohl spiegelt als auch vollzieht, geschieht ohne grosses Aufsehen, ist gleichwohl auffallend wie wirksam. Es sedimentiert sich in den Denkstrukturen jener, die sich im Raum bewegen.[50] Und es ist schon längst in die Umgangskultur unter der Bundeshauskuppel gesickert, wo es sich in Form von männlich dominierten Normen, Regeln, Praktiken und eben auch Machtverhältnissen zeigt.

Es sind dies «stumme Gebote»[51] des Raums. Oft richten sich diese unmittelbar an die Körper der Politikerinnen. Denn Raumordnung ist auch Anordnung von Körpern. Sie verleiht gewissen Körpern Sichtbarkeit, während sie andere als Fremdkörper markiert. Wie «stille Ordnungsrufe»[52] mahnen etwa die fehlenden Toiletten oder die Abwesenheit eines Rückzugsraums für stillende Mütter Frauen just über deren Körperlichkeit daran, dass sie nicht in diesen Ort eingedacht sind. Räumlich und handfest zu Materie geformt, wirken Geschlechtervorstellungen und -ordnung dergestalt noch lange nach dem Bau des Bundeshauses weiter.

Manche dieser Ordnungsrufe erschallten mit dem Einzug von Frauen allerdings plötzlich lauter: Etwa schrieb das Reglement schon immer vor, wer sich wie im Raum zu bewegen hat. Über die Jahre und je nach Kammer änderte sich der Wortlaut, stets aber hatten sich die Parlamentsangehörigen «angemessen» oder «schicklich» zu kleiden.[53] Doch wer urteilte darüber, welches Erscheinungsbild, welcher Stil, welche Kleider als opportun für die oberste Legislative des Landes galten? So manche Politikerin sah in den hehren Räumlichkeiten des Bundeshauses über die zerknitterten Hemden, die beschuppten Blazer und mit wachsendem Degout auch über die nach jeder Sessionswoche ungepflegtere Haarpracht ihrer Kollegen hinweg.[54] Sie hingegen hatte peinlich genau auf ihre Garderobe und Erscheinung zu achten. Das Äussere von Politikerinnen war schon immer Thema und ist es bis heute. Wie überall wird auch in der Politik stets ungnädiger über das Auftreten von Frauen geurteilt. So waren es denn auch Politikerinnen, die mit ihrer Kleidung das Geschmacksempfinden im Nationalratssaal störten und gar Ordnungsanträge provozierten. So beispielsweise Barbara Gurtner, Vertreterin der Progressiven Organisationen der Schweiz POCH. Sie mochte es farbig, selbstgemacht und anders, was für einige der an dezente und adrette Garderobe gewöhnte Augen offenbar etwas exzentrisch wirkte. Jedenfalls hatte das Ratsbüro, ein reines Männergremium, nach eingegangener Beschwerde zur Causa Gurtner über «Damenmode, über Schicklichkeit, mit oder ohne BH – kurz – eine peinliche Sache»[55] zu beraten. Keiner der Männer wagte das Gespräch mit der «Unruhestifterin», und so delegierte das Gremium die ehemalige Ratspräsidentin, Elisabeth Blunschy, zu einem Austausch von «Frau zu Frau».[56] Kurz daraufhin traf Blunschys Rückmeldung im Büro ein. Die gut zwanzig Jahre ältere, nicht nur in Kleiderfragen als stilsicher beschriebene Christdemokratin beschied der damals rund vierzigjährigen Linkspolitikerin eine treffliche Verteidigung und zitierte Gurtner mit den Worten: «Meine Kleider nähe ich selber, und meine Jacke habe ich zum Stoff passend gestrickt. Schauen Sie einmal das komplizierte Muster! Gefällt Ihnen die Jacke etwa nicht? Auch die Socken und die Sandalen sind mein eigenes Werk. Darf ich sie deshalb nicht mehr anziehen?»[57] An die Ordnungshüter gerichtet, fuhr Blunschy fort: «Und nun, meine Herren, habe ich meine Arbeit getan. Ihr bekommt ein Frauenbild, helvetisches Hausmütterchen, vorgeführt, das ihr und eure Väter vor 1971 gepflegt habt. Macht nun, was ihr wollt.»[58] In einem Akt der Solidarität parierten zwei Nationalrätinnen unterschiedlicher Generationen, Erscheinungsstile und politischer Lager den Normierungsdruck einiger ihrer Kollegen in kluger und schlagfertiger Manier.

Referenzielle Dekoration

Nachdem Frauen bereits seit Jahrzehnten in der eidgenössischen Politik partizipiert hatten, gab es im Bundeshaus schliesslich doch noch einige Hinweise auf den bedeutsamen Akt von 1971.[59] Nebst der im Ständeratssaal hängenden Tafel zur Einführung des Frauenstimmrechts erinnern nun an den Ratspulten der ersten zwölf Parlamentarierinnen Gedenkschilder der Politpionierinnen.[60] 2019 liess die Sozialdemokratin Marina Carobbio Guscetti in ihrer Funktion als Nationalratspräsidentin kleine Plaketten mit eingraviertem Namen, Amtsdauer und Pultnummer der ersten Bundespolitikerinnen an die Pultdeckel ihrer früheren Sitzplätze schrauben. Carobbio Guscetti verstand die Schilder als eine Ehrerweisung gegenüber der grossen Arbeit und Hartnäckigkeit dieser Frauen, aber auch als «Ansporn, sich zukünftig weiterhin für die Gleichberechtigung und gegen Diskriminierungen aufgrund des Geschlechts zu engagieren. Dort, wo Entscheidungen getroffen werden, benötigen wir mehr Frauen!»[61] Selbst ein derart bescheidener und im riesigen Bundeshaus nahezu verlorener Hinweis auf die ersten Politikerinnen vermochte gewisse Gemüter zu erhitzen. So überklebte ein SVP-Nationalrat kurzerhand die Plakette von Lilian Uchtenhagen mit einem an Christoph Blocher gedenkenden Imitat.[62]

Weitaus gewichtigeren Platz erhielt ein der ersten Schwarzen Nationalrätin, Tilo Frey, gewidmetes Kunstwerk.[63] Am Tympanon, dem dreieckigen Giebelfeld an der Fassade des Bundeshauses, und damit an visuell prominenter Stelle strahlt seit 2023 ein Mosaik aus Keramikkacheln. Die 246 Kacheln entsprechen der Anzahl Parlamentssitze und schillern je nach Lichteinfall in unterschiedlichen Farben. Sie sollen in – allerdings nicht sichtbarer – Anlehnung an Tilo Frey auf die Inklusion von Frauen sowie auf den noch ausstehenden politischen Einschluss weiterer Bevölkerungsgruppen, namentlich Ausländer:innen, hinweisen.[64] Die politischen Referenzen lassen sich allerdings nicht direkt aus dem Werk selbst lesen. Und so ist umstritten, ob es sich bei der jüngsten baulichen Veränderung nicht vor allem um eine Dekoration handelt.[65]

A Room of Our Own

«Ein Zimmer für sich allein» heisst der 1929 publizierte Essay von Virginia Woolf. Längst schon gilt er als Klassiker der feministischen Literatur. Wohl niemand schrieb so eindrücklich wie die britische Schriftstellerin in ihrem Text, was Frauen benötigen, um sich entfalten zu können. Zwei Dinge sind es: Geld und ein Zimmer nur für sich – einen Raum, «den man hinter sich abschliessen kann, für die Möglichkeit, eigenständig zu denken».[66] Woolf dachte in ihrer Anklageschrift an die patriarchale Gesellschaft vor allem an ein Zimmer zum Schreiben, doch reicht sein Nutzen weit darüber hinaus. Es ist ein Raum der Ungestörtheit, ohne Angst, Protest, Belehrung oder Beobachtung, frei von Verantwortung für andere oder von unaufgefordert Zugeflossenem und fern von der Beengtheit durch Männer, die sonst schon immer da sitzen und dort im Weg stehen, wo frau hinschaut. Ein Zimmer für sich steht bei Woolf also als Metapher und als Plädoyer für Ungestörtheit und Unabhängigkeit von Frauen.

Die Frage nach eigenen Zimmern, nach Raum ganz generell, ist stets zu stellen. Denn Räume sind nicht neutral, sie sind ein feministisches Thema.[67] Das gilt nicht nur für einen derart mit Macht besetzten und durch Geschlecht geprägten Ort wie das Bundeshaus, liegt dort aber geradezu auf der Hand.[68] Und so rücken hier nun jene Räume in den Blick, die die Parlamentarierinnen für sich und für weitere Frauen geschaffen haben. Freilich – Raum, auch eigenen, verschafften sich die Politikerinnen mit jedem Schritt im Parlamentsgebäude, mit jeder Rede vor versammeltem Rat, mit jeder politischen Eingabe. Allein mit ihrer körperlichen Präsenz markierten und beanspruchten sie bereits Raum. Gerade im Feld der Politik ist die metaphorische Wendung «sich Raum verschaffen» von doppelter Bedeutung, ist mit ihr doch gemeint, seine politischen Ideen vorzubringen. «Raum verschaffen» ist im Politbetrieb aber nicht nur ein sprachliches Gleichnis, sondern auch aufs Engste mit den dort vorhandenen physischen Räumen verknüpft. Wer wo wann und wie im Ratssaal sitzt, gibt etwas zur Gesinnung und Position der entsprechenden Person preis.[69] Es geht also darum, den Raum des Politbetriebs zu markieren und sich mit eigenen Ideen darin einzuschreiben. Raumeinnahme ist die Zurschaustellung von Macht schlechthin, nicht nur, aber ganz bestimmt im Bundeshaus.[70] Die ersten und frühen Parlamentarierinnen betraten mit dem Bundeshaus einen Raum, der aus einem «Zeitalter reinster selbstgewisser Männlichkeit»[71] stammte. Auf dieser Grundlage versuchten sie, diesen auf vielfältige und unterschiedliche Arten zu besetzen. Etwa, indem Barbara Gurtner im selbstgenähten Leopardenkleid vorne am Redepult gegen die Anschaffung sogenannter Leopard-Panzer protestierte und mit ihrem Kostüm alle Aufmerksamkeit im Raum auf sich zog.[72] Indem Gabrielle Nanchen so lange gegen die männliche Anrede von Politikerinnen als «Madame le Conseiller national»[73] protestierte, bis sie auf sprachlichem Terrain obsiegte. Indem Christiane Brunner und Ruth Dreifuss mit ihren golden glänzenden Sonnenbroschen im Bundeshaus ein Zeichen für die Unterstützung von Frauen in der Politik setzten. Indem Judith Stamm 1996 nach ihrer Wahl zur höchsten Schweizerin über ihrem neuen Büro die weibliche Bezeichnung «Nationalratspräsidentin» anbringen liess, wodurch von der Wandelhalle aus in grossen, goldenen Lettern zu lesen stand, dass sich im repräsentativen Raum hinter der Türe ein Wechsel von Bedeutung vollzogen hatte.[74] Solche Interventionen werden gerne als kleine, unbedeutende Akte abgetan. Das sind sie aber mitnichten. Sie stellen dem nur zu gut bekannten, raumeinnehmenden Verhalten vieler Parlamentskollegen, dem Rauchen,[75] lauten Lachen und der heute unter dem Begriff «Manspreading» bekannten Platzeinnahme eine eigene Raumaneignung entgegen, die mit männlichen Gepflogenheiten bricht.

Derlei Geschichten zur Raumaneignung durch Politikerinnen gäbe es noch viele anzufügen. Doch zurück zu Räumen im engsten Sinne – den von Wänden umfassten, physischen Räumen, die selbstverständlich immer mehr sind als materiell abgesteckte Zonen, zurück zum «Zimmer für sich allein». Solche eigenen Zimmer haben sich Politikerinnen seit 1971 erkämpft – manchmal nur temporär, manchmal für immer. Ein Kampf war es tatsächlich. Stets vergegenwärtigt muss nämlich werden, dass jeder Raum im Bundeshaus bereits benutzt und dass die Ratssäle bis zum letzten Platz besetzt waren, als Frauen zu politisch Gleichberechtigten wurden.

Die Frauensession von 1991

Zwei Jahrzehnte nach dem Einzug von Frauen hatte sich im Parlamentsgebäude räumlich wenig verändert. Kein einziger Raum stand den Politikerinnen zur alleinigen Verfügung. Einen solchen besassen auch die

Männer nicht. Sie aber hatten während Jahrzehnten das ganze Gebäude für sich und dominierten es auch später noch. Dass sich dieses ungleiche Verhältnis einmal umdrehen könnte, klingt utopisch, wurde allerdings am Wochenende des 7. und 8. Februars 1991 und damit auf den Tag genau zwanzig Jahre nach dem positiven Ausgang der Abstimmung über das eidgenössische Frauenstimmrecht, nach zehn Jahren in der Verfassung verankerter Geschlechtergleichstellung sowie als Auftakt der Feierlichkeiten zum 700-jährigen Bestehen der Eidgenossenschaft[76] Realität.[77]

Während dieser Tage behaupteten Politikerinnen nicht nur ein Zimmer für sich allein, sondern erklärten gleich das ganze Bundeshaus zur männerfreien Zone – wenn auch nur temporär. Zur grossen Überraschung des Organisationskomitees[78] genehmigte die «Männerwelt des Parlaments»[79] die benötigten Kredite und überliess den stattlichen Nationalratssaal den Frauen. Erstmals in der Geschichte tauchten im Innern der grossen Kammer ausschliesslich verschiedene Anliegen von genauso verschiedenen Frauen auf. Männer hatten an diesen zwei Tagen nichts zu sagen – so jedenfalls war es vorgesehen. Einer schaffte es dann doch nicht, über seinen Schatten zu springen und das Präsidium der Frauensession der ersten Präsidentin der Bundesversammlung von 1977, Elisabeth Blunschy, zu überlassen. Der freisinnige Ständeratspräsident Max Affolter beharrte nämlich darauf, sich zumindest mit einer Begrüssungsansprache an die versammelten Frauen zu richten. Über seinen freudschen Versprecher, als er von «zwischenmännlicher» statt «zwischenmenschlicher» Politik sprach, sahen die Anwesenden noch hinweg.[80] Als er aber die Parole des für den kommenden Juni angekündigten, landesweiten Frauenstreiks «Wenn Frau will, steht alles still» mit seinem altväterlichen Einschüchterungsversuch «Wenn Frauen stillstehen, steht vielleicht wirklich alles still. Vielleicht auch der Fortgang der Gleichberechtigung»[81] kommentierte, quittierten die Zuhörerinnen Affolters patriarchale Anmassung mit Buhrufen. Abgesehen von der Reviermarkierung des Politikers blieb der Nationalratssaal ansonsten aber ausnahmsweise den Frauen vorbehalten.

Die im Bundeshaus noch nie gesehene Anzahl Frauen rückte all die männlichen Insignien des Raums in den Hintergrund. Unter dem Bild der Rütliwiese mit weitem, blauem Horizont diskutierten 250 Frauen über den Stand der Gleichstellung. Die Nationalrätin Monika Stocker, eine der Hauptinitiantinnen des Anlasses, rief sich die besondere Atmosphäre noch viele Jahre später gerne in Erinnerung: «Als ich von ganz vorne in diesen Saal blickte, musste ich tief ein- und ausatmen. Ich verspürte ein riesiges Glücksgefühl. Da war einfach eine ganz spezielle Energie in diesem Saal.»[82] Als Gastgeberinnen wirkten alle aktiven Parlamentarierinnen, zu diesem Zeitpunkt die überschaubare Zahl von 35.[83]

Unter den Eingeladenen fanden sich Pionierinnen der Frauenbewegung, Vertreterinnen von Frauenorganisationen, Wissenschaftlerinnen, Politikerinnen aus benachbarten Ländern sowie Frauen der jüngeren Generation. Endlich fühlte sich die auf die Frauenversammlung herunterblickende Stauffacherin nicht mehr ganz so ausgestellt und allein. Anders als die sagenumwobene Figur flüsterten die Anwesenden ihre politischen Ideen allerdings nicht irgendwelchen Männern ein und forderten sie zur Tat auf. Vielmehr nahmen die Teilnehmerinnen der Frauensession ihre Anliegen selbst in die Hand. Da wurde referiert, diskutiert, vernetzt, und es fielen im Bundeshaus sonst so selten gehörte oder gerne überhörte Begriffe wie Natur, Umwelt, Gerechtigkeit, Frieden, Chancengleichheit zwischen den Geschlechtern und weltweite Solidarität mit Frauen. Ein Resolutionstext sollte verabschiedet werden. Doch dazu kam es nicht. Zu wenig griffig erschien er vielen, zu wenig Zeit stand für dessen Diskussion zur Verfügung. Sein Scheitern war aber auch ein Zeichen: Solidarität unter Frauen ist nicht automatisch gegeben, denn sie bilden keine homogene Gruppe mit einer einheitlichen Meinung.[84] Auf einen Forderungskatalog, der die Politik in den kommenden Jahren prägen sollte, einigten sich die Teilnehmerinnen aber trotzdem. Dieser liest sich – auch aus heutiger Perspektive – wie eine lange Liste politischer Versäumnisse, sind dort doch Punkte aufgeführt wie eine vom Zivilstand unabhängige Altersvorsorge, Betreuungsgutschriften in der AHV, gleicher Lohn für gleichwertige Arbeit, eine Mutterschaftsversicherung, bessere Vertretung von Frauen in politischen Gremien, friedenserhaltende Massnahmen, Einhaltung der Luftreinhalteverordnung, Schutz von Frauen in Krisen- und Kriegsgebieten vor Gewalt, Ganztagesschulen oder das Selbstbestimmungsrecht von Frauen über ihren Körper.[85] Eindrücklich machte die Aufzählung deutlich, worum sich die meisten Bundespolitiker seit immer schon foutieren und was ohne Frauen im Bundeshaus wohl auf unabsehbare Zeit im Forderungskatalog stehen bleiben würde.[86]

Mochte die Frauensession auch keine sofortigen und konkreten Ergebnisse zeigen, so war sie doch von Bedeutung. Frauen besetzten den männlich dominierten und symbolträchtigen Raum des Bundeshauses mit ihrer Präsenz. Vor dem Hintergrund der Rütliwiese, auf der 700 Jahre zuvor drei Männer die Schweiz gegründet haben sollen, vernetzten sie sich über Partei-, Länder- und Generationengrenzen hinweg. Die Frauensession ermutigte Frauen, sich politisch zu beteiligen. Das war 1991, bei 13 Prozent Frauenanteil im Bundesparlament und beim nach wie vor grossen Unbehagen vieler Frauen gegenüber der männerdominierten Politik, bitter nötig. Nicht zuletzt markierten die beiden Tage den Auftakt zu dem, was sich in den kommenden Jahren noch akzentuieren sollte: die lauter werdenden Forderungen von Frauen und ihr Vordringen in eine der resistentesten Männerbastionen – das Feld der eidgenössischen Politik. Viele der Diskussionspunkte, die an jenen Februartagen noch hinter den dicken Mauern des Bundeshauses besprochen wurden, trug schliesslich wenige Monate später der Frauenstreik auf die Strasse und in die öffentliche Diskussion.[87]

Das Frauenzimmer

Fast scheint es, als hätte Judith Stamm Virginia Woolfs Plädoyer für ein eigenes Zimmer erhört. Jedenfalls erkannte die umtriebige Luzerner Christdemokratin die Bedeutung und Notwendigkeit eines Zimmers, in das sich die Parlamentarierinnen bei Bedarf zurückziehen konnten. Als sie 1996 zur Nationalratspräsidentin und somit höchsten Schweizerin gewählt wurde, setzte sie sich für einen nur Politikerinnen zugänglichen Raum ein.[88] Bemerkenswerterweise lassen sich zu diesem «Frauenzimmer» kaum Informationen finden – leider auch nicht dazu, wie die Diskussionen um die Schaffung des Zimmers verliefen.[89] Während in den Quellen zur räumlichen Gestaltung im und ums Bundeshaus mannigfaltige und detaillierte Angaben nachzulesen sind – von der Installation einiger Veloständer über die Umdispositionen in der parlamentseigenen Handbibliothek bis hin zur Revision der Lüftungsanlagen, der Zentralisierung der Kameraüberwachung, dem Aufstellen einer Vitrine für den FC Nationalrat, dem Umbau einer Kaffeemaschine im Parlamentscafé oder dem Einbau eines Krankenzimmers –, schweigen die archivierten Unterlagen über diesen den Politikerinnen vorbehaltenen Raum.[90] Gewichtiger als Hinweise zur minutiösen Beschaffenheit des Raums, zu Kosten oder zu allfälligen architektonischen Herausforderungen erscheint hier ohnehin die Frage nach der Bedeutung des Frauenzimmers.

Bei diesem «Zimmer für sich allein» ging es auch um das kollektive Erschliessen eines gemeinsamen Raums. Aus ihren Bedürfnissen heraus und für ihren Nutzen nahmen sich Politikerinnen Raum. Auf das Zimmer griffen sie unterschiedlich zurück: Einige waren schlichtweg froh um einen Moment der Ruhe, andere um die Abwesenheit männlicher Präsenz, und wieder andere nutzten es für die Vorbereitung auf die nächste Sitzung oder für den Austausch mit Kolleginnen, und schliesslich gab es Parlamentarierinnen, die den für sie reservierten Raum gar nie aufsuchten. Selbstbestimmt entschied jede für sich, was sie mit diesem Zimmer anzustellen gedachte, ob und wie sie es für ihre individuelle oder politische Handlungsfähigkeit brauchen wollte. Unabhängig davon, wer das Frauenzimmer wie oft und wofür beanspruchte, symbolisierte diese Örtlichkeit im Bundeshaus Entscheidendes: Vertreterinnen einer über viele Jahrzehnte von dem Gebäude ausgeschlossenen und später stets minorisierten Gruppe hatten erfolgreich einen Raum zum exklusiven Eigengebrauch verlangt. Mit diesem Raum okkupierten sie eine kleine Fläche des Territoriums, in das Frauen so spät erst und auch dann eher duldend eingelassen wurden. Indem kein Ratskollege die Schwelle überschreiten durfte, demonstrierte das Frauenzimmer immerhin auf wenigen Quadratmetern Widerstand gegen die im Bundeshaus sonst dominanten Machtverhältnisse zwischen den Geschlechtern.

Das im Ostflügel des Bundeshauses und damit von den Ratssälen etwas abgelegene Frauenzimmer wurde im Zuge von Sanierungsarbeiten am Gebäude während der Jahre 2012 bis 2016 durch einen sogenannten Ruheraum für Frauen ersetzt. Rasch rief das einige Parlamentarier auf den Plan, ebenfalls ein eigenes Zimmer einzufordern. Für einmal hatten gewisse Herren den Gleichstellungsgedanken offenbar sehr präsent, und so erhielten auch sie einen separaten Raum.[91] Nicht ausschliesslich, doch mehrheitlich von weiblichen Parlamentsmitgliedern benutzt, existiert seit 2019 im Hochparterre des Parlamentsgebäudes ausserdem ein Still- und Wickelzimmer.[92]

Ins Haus – ins Bundeshaus!

Es ist eine eigentümliche Gleichzeitigkeit: Das Bundeshaus hat sich seit 1971 wenig und doch stark verändert. Am und im Gebäude, an seiner Architektur, Raumaufteilung, ikonografischen Gestaltung oder an seinen historischen Referenzen zog der für die Schweizer Demokratie so bedeutsame Einschnitt von 1971 grösstenteils vorbei. Nichts weist von aussen eindeutig erkennbar daraufhin, dass im ursprünglich für Männer errichteten Bau Jahrzehnte später die nach langem Kampf politisch mündig gesprochenen Frauen Einlass erhielten. Auch im Innern zeugen nur wenige Zeichen von dieser grundsätzlichen Änderung in der politischen Ordnung der Schweiz. Die Bedeutung der mit der Einführung des Frauenstimmrechts vollzogenen Veränderung prallte an den steinernen Mauern ab. Während die politische Gleichstellung ein neues Zeitalter einläutete, blieben unter der Bundeshauskuppel all die männlichen Markierungen an den Wänden, in den Sälen, auf den Bildern oder den Treppen entlang konserviert.

Auch für die 1971 ins Bundeshaus eintretenden Politikerinnen wurde nichts hergerichtet, keine Gedanken zu deren möglichen Bedürfnissen aufgewendet. Seit Frauen als Politikerinnen die Schwelle des Bundeshauses überschritten haben, sind denn auch nur wenige, kleine – dennoch nicht unbedeutende – Raumveränderungen, oder besser Raumkorrekturen, angestossen worden. Meist jedoch hatten sie sich in das Bestehende einzugeben, sich dessen Vorgaben anzupassen und sich mit dem Vorhandenen wie auch mit dem Fehlenden zu arrangieren. Erst nach etlichen Jahren und meistens dank Anstrengungen von Politikerinnen verbesserte sich im Bundeshaus räumlich einiges, was deren politischer Alltag erleichterte und sie sich willkommener fühlen liess.

Zeigte sich der physische Raum unter der Bundeshauskuppel auch resistent gegenüber der Tatsache, dass er nicht mehr einzig von Männern belebt wurde, so behaupteten Frauen darin doch ihren Platz und stiessen viele Veränderungen an. Indem sie durch die Tore des Bundeshauses traten, nahmen sie sich Raum, um über die Zukunft des Landes mitzubestimmen, um über Visionen zu debattieren und um das Morgen zu gestalten. Politikerinnen haben ihre vielfältigen und unterschiedlichen Ideen in die politische Arena hinter den Sandsteinmauern eingebracht: Neues, Konformistisches, Vergessenes, Opportunistisches, Widerständiges. Sie haben diesen Ort als ihren Handlungsspielraum genutzt. Dass dieser genau der Platz für Frauen ist, hat wohl niemand prägnanter verdeutlicht als die für schlagkräftige und humorvolle Aussagen bekannte Politikerin der ersten Stunde, Josi Meier. An der Frauensession 1991 erklärte sie in ihrer inzwischen legendären Rede: «Vor zwanzig Jahren wollte man uns zurückhalten mit dem Slogan ‹Die Frau gehört ins Haus›. […] Natürlich gehören wir ins Haus: ins Gemeindehaus, ins Bundeshaus!»[93]

Gespräch mit Monika Stocker:

«Das Bundeshaus, das Schweizer Parlament – das waren einfach Männer.»

Monika Stocker in ihrem Büro, 2014.

1987 habe ich etwas gemacht, was ich bis heute nicht verstehe: Ich liess mich auf die Wahlliste für den Nationalrat setzen. Allerdings nur unter einer Bedingung – mein Name musste zuoberst auf der Liste stehen. Wenn ich schon fürs Parlament kandidiere, so sagte ich mir, dann richtig. Im Grunde passte diese Kandidatur aber gar nicht zu meiner politischen Sozialisation.

Politisiert hat mich die Friedens- und Frauenbewegung. 1968, ich war gerade zwanzig Jahre alt, begann ich, an der Uni Fribourg Sozialwissenschaften zu studieren. Als eher braves Mädchen geriet ich dort mitten in eine grosse Aufbruchsstimmung. Weil nämlich die Studiengebühren erhöht worden waren, streikten die Studierenden. Nächtelang sassen wir im Studentenzentrum, diskutierten und *chiffleten* über die Uni, aber auch darüber, was uns sonst beschäftigte. Der Vietnamkrieg war ein grosses Thema, überhaupt Krieg und Frieden, aber auch Ökologie. Es war eine Zeit, in der die Dinge langsam in Bewegung gerieten; die Frauenbewegung kam auf, und 1971 stand schliesslich die Abstimmung zum Frauenstimmrecht an. Dieser Elan im studentischen Umfeld und die aufkommenden sozialen Bewegungen haben mein Bewusstsein für und mein Interesse an Politik geweckt. Allerdings war ich damals noch der klaren Überzeugung: «Ich trete keiner Partei bei, ich gehe nicht in solche Strukturen rein, nein! Die Zeit der Parteien ist vorbei, jetzt kommen die sozialen Bewegungen.»

Mit der Zeit realisierte ich allerdings, dass ich mich mit dem Thema Macht auseinandersetzen musste. Denn als Sozialarbeiterin wurde mir bewusst, dass auch Helfen eine Form von Macht ist. Da wurde mir klar, dass ich mich in die institutionalisierten politischen Strukturen eingeben musste, wenn ich das Thema Macht ernst nehmen und etwas bewegen wollte. Ansonsten bist du zwar nett und interessant, kannst Petitionen und Initiativen unterschreiben, und vielleicht wirst du auf ein Podium eingeladen, aber du bist nicht an der Macht beteiligt.

In den 1970er- und 1980er-Jahren kamen die Grünen auf. Mir gefiel, dass diese Partei noch nicht so strukturiert war. Also nahm ich an deren Versammlungen teil, stand manchmal auch auf und vertrat meine Standpunkte. Jedenfalls nahm man mich schnell wahr. Das war auch der Grund, warum sie mich auf die Wahllisten für den Kantons- und dann für den Gemeinderat setzten. Weil ich gute Resultate erzielte, fragte mich die Partei bei den eidgenössischen Wahlen von 1987 schliesslich an, ob ich kandidieren würde. Ich verfügte über ein breites Netzwerk, war also schon eine einigermassen bekannte Figur. Die Grünen waren aber einfach auch froh, dass es jemanden gab, die sprachlich mit den anderen mithalten konnte – also jemanden, die es mit diesen Koryphäen, die seit zehn oder fünfzehn Jahren in Bern sassen, aufnehmen konnte.

Tatsächlich wurde ich dann in den Nationalrat gewählt. Als ich Ende November 1987 meinen ersten Amtstag in Bern antrat, begleitete mich das Schweizer Fernsehen. Beim Eintritt ins Bundeshaus fragte mich die Reporterin, was ich hier drinnen machen wolle. Daraufhin erwiderte ich, dass ich jedes Thema, jedes Geschäft nach drei ganz klaren Kriterien beurteilen würde: Erstens, was macht es mit den Frauen? Zweitens, was macht es mit den sozial Schwachen? Und drittens, wie wirkt es sich langfristig aus? Diese drei Punkte bildeten in der kommenden Zeit eine Art Leitplanke für meine Politik.

Wenn ich an die Zeit im Bundeshaus denke, sehe ich als Erstes den beeindruckenden Nationalratssaal vor mir. Man kennt diesen Ort ja aus dem Fernsehen, aber wenn man dann plötzlich dort drinsteht, ist es etwas ganz anderes. Schon um überhaupt dorthin zu gelangen, musst du zuerst die breiten Treppen hinaufsteigen und an den drei Eidgenossen entlanggehen. Das hat etwas unglaublich Beeindruckendes, etwas Ehrfürchtiges! Dieser Bau mit seiner Atmosphäre geht einem direkt unter die Haut. Unser Fraktionschef, Laurent Rebeaud, hatte uns Neue vor dem ersten Amtstag im Bundeshaus herumgeführt und den Nationalratssaal gezeigt. Wir waren froh, dass wir untereinander und mit dem Raum selbst schon mal ein bisschen warm werden konnten. Irgendwie schaffte ich es aber, mich von der dort herrschenden Stimmung abzugrenzen. Mir war bewusst, dass ich Teil der neuen Frauenbewegung war und ich mich auf eine politische Kultur ausserhalb des Bundeshauses beziehen konnte. Das war den ersten Frauen, die 1971 gewählt worden waren, noch nicht möglich gewesen. Trotzdem überlegte ich beispielsweise immer ganz genau, was ich anzog. Das gehörte normalerweise wirklich nicht zu meinen Hauptproblemen. Doch ich versuchte immer, nicht auch noch wegen der Kleidung angreifbar zu sein. Denn uns Grüne setzte man sowieso schon mit «Kupfer, Wolle, Bast und Heilandsandalen» gleich. Deswegen trug ich jeweils einen Hosenanzug oder einen Blazer, halt einfach etwas Gediegenes. Das schützte mich auf eine gewisse Weise und diente als eine Art Uniform.

An einem Montagnachmittag im November 1987 trudelten wir Neuen also im Nationalratssaal ein und am nächsten Morgen stand die Ratifizierung der europäischen Sozialcharta auf der Traktandenliste. Die Fraktion hatte mich zur Sprecherin für das Soziale auserkoren, und so kam es, dass ich bereits an meinem zweiten Amtstag vor dem Parlament das Wort ergreifen musste. Nach einer etwas schlaflosen Nacht steuerte ich dieses Pult vorne im Raum an und begann meine Rede mit «Herr Bundesrat, blablabla ..., blablabla ...» Ich wusste, was ich sagen wollte, und hatte mich auch gut vorbereitet. Aber da war trotzdem so ein *Buuchgrümschele.* Es ging dann alles gut über die Bühne. Zurück an meinem Platz empfing mich Laurent Rebeaud mit den Worten: «J'étais tous fier, hein!» Hingegen meinte Lilian Uchtenhagen: «Ihr sollt schweigen, ihr Grünen, wenn ihr nicht drauskommt.» Anders als die SP knüpfte die Partei der Grünen die Ratifizierung nämlich an gewisse Bedingungen, und das störte Uchtenhagen. Es kam ab und zu vor, dass wir jüngeren Frauen von den eingesessenen Politikerinnen etwas geschulmeistert wurden. Mir kam das manchmal vor, als ob sie uns beibringen wollten: «Mädchen, wenn du schon hier sein darfst, dann sei mal nicht so vorlaut!» Diese Frauen waren irgendwie anders als wir. Sie hatten – falls man das überhaupt von Frauen sagen kann – fast etwas Staatsmännisches. Wir Frauen bei den Grünen waren das nicht und wollten es auch nicht sein.

Zu meiner Zeit sassen nur wenige Frauen im Parlament. Im Nationalratssaal sahst du einfach ein graues Heer von Männern. Und ein paar Farbtupfer: die Frauen. Das ist so das Bild, das ich noch vor mir habe. Mich machte das schon ein bisschen «hässig». Es kam mir auch so lähmend vor. Zudem merkte ich rasch, dass es da nicht nur um Politik ging. Diese Männerbünde gingen weit darüber hinaus. Anfangs glaubte ich nicht wirklich, was man sich über diese erzählte. Also, dass die halbe Nächte lang saufen gingen, dass sie Dirnen holten. Ich dachte immer, das sei bloss Journalistengeschwätz. Aber mit der Zeit bekam auch ich mit, was da ablief. Das machte mich wütend, und ich fand selbstverständlich, dass wir nicht dafür im Bundeshaus waren. Manchmal beschlich mich auch das Gefühl, dass einige Männer dabei waren, zu verwahrlosen. Diese dreiwöchige Session ist ja fast wie ein Wiederholungskurs im Militär. Man sagte damals, dass die Männer am ersten Tag geputzt und gekämmt antraten, weil «ds Mami» noch alles in das Köfferchen gepackt hatte. So wie halt in einem Ferienlager, oder? Und am Schluss trugen sie nur noch dreckige Kleider. Das regte mich manchmal schon auf. Niemand sagte etwas zu ihrem Auftreten, wohingegen bei Frauen auf alles peinlich genau geachtet wurde.

Mit unserem Verhalten im Parlament sorgten wir jüngeren und linken Frauen gelegentlich bewusst für Aufsehen. 1984 beispielsweise, also noch vor meiner Zeit, stimmte das Parlament über die Anschaffung der Leopard-Panzer für die Armee ab. Damals trat Barbara Gurtner von der POCH, einer ganz links politisierenden Partei, in einem Leopardenanzug ans Redepult, um gegen diesen Kauf zu votieren. Sie bewies in dieser Situation so viel Mut! Bei mir hat allein schon für Furore gesorgt, als ich es in meiner ersten Session wagte, zu den Bundesratswahlen zu sprechen. Nachdem im Dezember 1987 die Bundesversammlung Adolf Ogi von der SVP zum Bundesrat gewählt hatte, ging ich nach vorne und sagte, dass es für das Bundesratsgremium verschiedene Proporzsysteme gebe – es werde auf die Verteilung der Parteien und der Kantone geachtet, nicht aber auf das Geschlecht. Tatsächlich gab es für den vakanten Sitz keine einzige Kandidatin. Als frisch gewählte Nationalrätin das Wort bereits in der ersten Session zu ergreifen und dann auch noch zu einer Bundesratswahl, das war ein Tabubruch. Am nächsten Tag berichtete der *Tages-Anzeiger* unter dem Titel «Störung im Ritual» denn auch von meiner Intervention. Auch gewisse Ratskollegen liessen mich ihr Missfallen spüren. Beispielsweise äusserte ich mich einmal zu einem anderen Thema, ich weiss gar nicht mehr, wozu, und lief dann zu meinem Sitzplatz zurück. Da sagte einer: «Ah, jetzt können auch die Mädchen reden.» Ich war immerhin bald vierzig Jahre alt, Mutter von zwei Kindern, und überhaupt! Aber so war die Stimmung. Man wurde toleriert, aber nicht ganz ernst genommen. Auch war da so ein latenter Sexismus vorhanden. Es fielen zwar nicht gleich die ganz plumpen Sprüche. Aber doch Äusserungen, die im Bundeshaus nichts zu suchen hatten. Einmal lud mich ein Journalist zu einem mitternächtlichen Spaghettiessen ein. Mir war natürlich klar, dass ich dort nicht hingehen würde. Der machte das ja nicht, um mit mir über die Traktandenliste zu sprechen! Bei mir kam zusätzlich hinzu, dass ich Sozialarbeiterin war. Das merkte ich vor allem bei den Zusammenkünften ausserhalb der Parlamentssitzungen, etwa bei jenen von parlamentarischen Gruppen oder bei Empfängen von politischen Gästen. Die wenigen Frauen wurden jeweils zwischen die Männer gesetzt. So beim dritten Glas Rotwein heulten dir einige dann ins Gilet. Die erzählten mir, dass die Frau dieses und dass der Sohn jenes und dass überhaupt alles so schwierig sei. Manchmal dachte ich einfach, ich will das alles gar nicht wissen. Vreni Spoerry meinte einmal zu mir: «Hör mal, ich sage dir jetzt etwas: Du musst um zehn Uhr nach Hause gehen.» Zuerst wunderte ich mich, dass sie mir quasi vorschrieb, wann ich zu Hause sein sollte. Aber ich merkte rasch, dass sie recht hatte. Frauen müssen gehen, wenn der offizielle Teil einer Veranstaltung durch ist, denn nachher geht es los mit all dem anderen. Auf uns Feministinnen blickten einige Männer nochmals anders. Etwas pauschal ausgedrückt, würde ich sagen, dass sie uns nicht ernst nahmen, uns ein bisschen als Luder, als dumm und giftig einstuften. Jedenfalls betrachteten sie uns ganz anders als ältere Politikerinnen wie Vreni Spoerry oder Emilie Lieberherr. Diese waren eher so Mutterfiguren. Aber bei uns dachten sie: «Jetzt kommt auch noch die Schwester!» Oder vielleicht waren wir sogar die Töchter? Politikerinnen gingen mit all dem unterschiedlich um. Einige nahmen an vielen Treffen ausserhalb des Bundeshauses teil. Manchmal fand eine von ihnen dann am Morgen eine Rose auf ihrem Pult oder ein Schoggiherzli. Bei mir lagen da immer nur Akten.

In meiner Zeit als Parlamentarierin stellten Frauen eine klare Minderheit dar. Das Bundeshaus, das Schweizer Parlament – das waren einfach Männer, Punkt. Ein Stillzimmer beispielsweise? Undenkbar! In den Kommissionen wurde noch geraucht, und so hingst du manchmal morgens um acht schon neben einem Stumpen. Das war damals einfach kein Ort für Frauen. Die Kultur, die dort herrschte, kann ich fast nicht beschreiben. Sie blieb mir fremd. Manchmal, am Ende einer Session oder auch schon nur nach einer Woche, dachte ich: «*Läck,* warum bin ich so k.o.? Ich musste doch eigentlich nur sitzen.» Das kam daher, dass ich ständig auf der Hut sein musste. Das war etwas ganz Eigenartiges, und es hat mir viel abverlangt. Es war aber auch eine Zeit, in der Solidarisierung aufgrund der überschaubaren Anzahl von Politikerinnen noch möglich war. In jeder Session trafen wir uns einmal zu einem Frauenlunch im «Du Théâtre». Von links bis rechts kamen Parlamentarierinnen. An diesen Treffen – ich habe die immer «Dissidentenkontingent» genannt – loteten wir aus, welche Anliegen auch bürgerliche Frauen unterstützten und inwiefern wir linken Frauen konzessionsbereit waren. So wurde beispielsweise die 10. AHV-Revision vorbereitet. Wir Grünen fanden, dass Kindererziehung Arbeit sei. Daraufhin mussten die Sozialdemokratinnen mit ihrem Primat der Lohnarbeit etwas schlucken, während es vor allem den Christdemokratinnen einleuchtete. Man musste also die Gewerkschafterinnen in die Mitte und die Bürgerlichen nach links schieben, und so fanden wir uns. Ein anderes Beispiel war die Diamantfeier von 1989. Zum fünfzigsten Jahrestag des Kriegsbeginns zelebrierte die offizielle Schweiz die damaligen Wehrmänner und die Kriegsgeneration. Das fand ich wirklich unerhört, also eigentlich wir Frauen insgesamt. Da sagten wir: «Hey, es waren die Frauen, die in dieser Zeit den Laden geführt haben! Deswegen verlangen wir für die Frauen dieser Generation eine ausserordentliche Anerkennung in Form einer AHV.» Unser Vorstoss kam zwar nicht durch. Aber ich glaube, das war ein Schlüsselmoment. Wir konnten den Männern zumindest ein schlechtes Gewissen machen. Und dann kam ja schon 1991 mit der 700-Jahr-Feier der Eidgenossenschaft und abermals mit Militär, dem Rütli und all dem. Irgendwie spürte man schon, dass diese Feier nicht mehr in die Welt von heute passte und es damit vorbei war. Es wurde dann zwar doch eine Kommission gegründet, die diese Feierlichkeiten planen sollte. Von den Grünen wollte niemand mitmachen. Ich aber sagte: «Ich gehe da rein und hole etwas für uns raus.» In dieser Kommission stellte ich die Idee einer Frauensession vor. Während zwei Tagen sollte das Bundeshaus Frauen vorbehalten sein, wobei inhaltlich die zwanzig Jahre Frauenstimmrecht und zehn Jahre Gleichstellungsartikel im Zentrum zu stehen hatten. Natürlich drückte ich auch ein wenig auf die Tränendrüse und erklärte, dass auch wir Frauen unsere Vorfahrinnen würdigen wollten, so wie die Männer die Kriegsgänger. Die konnten dann kaum anders, als die Idee einer Frauensession gutzuheissen. Auch auf zwischenmenschlicher Ebene erfuhr ich von Parlamentarierinnen immer wieder so etwas wie Solidarität. Etwa stupste mich die Freisinnige Lili Nabholz, die hinter mir sass, einmal an und sagte: «Heute ist doch Mittwoch. Wie geht es wohl unseren Kindern?» Das ist mir geblieben. Denn welcher Mann in diesem Ratssaal dachte: «*Jesses,* es ist schulfrei. Was machen denn die Kinder jetzt?»

Selbstverständlich erlebte ich im Parlament auch schwierige Momente. Einmal brach ich im Nationalratssaal sogar in Tränen aus. Es ging um die Frage des Boykotts gegenüber dem südafrikanischen Apartheidregime. Im Saal herrschte eine furchtbare Stimmung, und Christoph Blocher warf mir vor: «Frau Stocker, was Sie da wollen, ist eine Brotsperre für die armen Leute.» Als ich zu meiner Rede ansetzte, fielen mir plötzlich all diese schlimmen Bilder von Folteropfern und Schwarzen Kindern ein, die von Polizeihunden gebissen worden waren. Da konnte ich einfach nicht mehr, entschuldigte mich und verliess den Saal. Anschliessend hagelte es anonyme Anrufe in der Nacht und Beleidigungen auf unterstem Niveau. Ich fühlte mich in dieser Situation sehr verletzlich; der *Blick* titelte «Frau Stocker, wann treten Sie zurück?». Lilian Uchtenhagen schrieb daraufhin in einem Leserinnenbrief: «Monika, deine Tränen ehren dich.» Schliesslich kam mir von ganz unerwarteter Seite Hilfe zu: Prinz Charles geriet an diesem Tag in den Schweizer Alpen in eine Lawine. Die Medien konzentrierten sich nun voll auf diese Geschichte, und Frau Stocker war nicht mehr wichtig. Ich sage immer, ich bin eine Feministin, die von einem Prinzen gerettet worden ist! Jetzt lache ich darüber, aber das war ein wirklich grässlicher Moment. Schwierig war es auch, als die Initiative zur Abschaffung der Schweizer Armee anstand. Im Nationalrat waren wir 13 Personen, die diese Initiative unterstützten. Da die Abstimmung mittels Namensaufruf lief, standen wir danach in allen Zeitungen. Bei so was wird man natürlich zu Hackfleisch gemacht. Allerdings ahnte ich, was auf mich zukam. Eine Ratskollegin riet mir vorgängig, dass ich die Abstimmung auslassen solle: «Sei doch krank oder geh auf die Toilette. Denn nach dieser Abstimmung ist deine Karriere fertig.» In diesem Moment wusste ich: Wenn ich bei dieser Frage nicht zu meiner Überzeugung stehe, kann ich auch gleich mit der Politik aufhören. Auf die Abstimmung folgte nicht nur viel anonyme Post, sondern auch ein persönliches Nachspiel: Mein Sohn musste etwas später, ich war damals schon im Zürcher Stadtrat, die Rekrutenschule absolvieren. Er beantragte, den waffenlosen Dienst zu leisten, was ihm jedoch nicht gewährt wurde. Es hiess, seine Argumente seien politisch und nicht ethisch. Ich war mir fast sicher, dass dieser Entscheid einer Sippenhaft gleichkam. Er musste schliesslich eine Gefängnisstrafe absitzen, und ich begleitete ihn dorthin. Am Tor klingelte ich und sagte: «Ich bin Monika Stocker, Stadträtin, und ich bringe meinen Sohn in die Kiste.» Ich weiss noch, wie ich nach Hause fuhr und fluchte: «Da ist also ein junger Mann, der keinen Militärdienst machen und nicht schiessen will. Stattdessen möchte er im Altersheim oder im Spital helfen. Er kommt deswegen ins Gefängnis, während ein anderer zu Hause 27 Waffen horten darf!»

Doch zurück zum Nationalrat. Bei den Wahlen von 1991, nach vier Jahren im Bundeshaus, wurde ich nicht wiedergewählt. Damit hatte ich nicht gerechnet. Schliesslich war ich Vizepräsidentin der Grünen und durch die halbe Schweiz gereist, um die Partei zu promoten. Letztlich unterlief der Partei aber ein strategischer Fehler, weil wir mit einer Stadt- und einer Landliste antraten. Obschon ich eine hohe Zahl an Stimmen erhielt, verloren die Grünen einen Sitz an die feministische FraP!-Liste, also an jene von «Frauen macht Politik!». Im Moment, in dem die Wahlresultate verkündet wurden, zog es mir den Boden unter den Füssen weg. Während vier Jahren hatte ich mich derart engagiert und fiel an diesem Wahlsonntag einfach von hundert auf null runter. Bereits zwei Tage später kam eine Bundesbeamtin zu uns nach Hause und holte meinen Computer ab, auch das GA musste ich wenig später zurückgeben. Damals besass man als Parlamentarierin keine soziale Absicherung, nichts. Ich arbeitete halbtags bei der Frauenfachstelle und musste mir überlegen, wie es jetzt weitergehen sollte. Am Ende sagte ich mir: «Das ist jetzt einfach so.» Inmitten von all den Problemen und Ängsten kochte ich dann ja immer noch Spaghetti und machte Wäsche – dieses Bodenständige, das mir die Familie gab, zeigte mir, dass es trotzdem weiterging. Und es ging dann weiter: mit dem Stadtrat, in den ich kurze Zeit später als erste Grüne gewählt wurde.

Warum ich einen so grossen Teil meines Lebens in die Politik gesteckt habe? Ich glaube, Politik hat auch etwas Lustvolles. Du kannst gestalten oder kannst dich zumindest in die Gestaltung eingeben. Wahrscheinlich wäre ich depressiv geworden, wenn ich das Gefühl gehabt hätte, ich könne nichts machen. Noch jetzt kann ich mich bodenlos aufregen über Umweltzerstörung oder sozialpolitische Fragen. Wie oft denke ich: «So darf die Welt doch nicht sein!» In mir ist so eine Energie, so eine Wut – ja, manchmal ist es eine Wut. Vielleicht ist das eine Lebensenergie? In meiner Generation von Frauen gab es zudem dieses Gefühl: Wir haben jetzt das Stimmrecht, wir sind gut ausgebildet, wer, wenn nicht wir? Sicherlich, für die Politik darf man nicht allzu ängstlich sein. Doch eigentlich bin ich keine wahnsinnig mutige Frau. Manchmal habe ich tausend Ängste, aber irgendwie gibt es da eine Kraft, und die ist nicht beschädigt.

Inzwischen sind zwar einige Dellen drin, doch ich hoffe, dass ich etwas davon weitergeben konnte, sei das in der Politik oder sonst beruflich. Rückblickend kann ich sagen, dass es sich gelohnt hat. Es hat sich doch einiges bewegt. Manchmal schaue ich die «Tagesschau», fluche und schimpfe. Doch dann denke ich auch, wo wir wären, wenn wir nicht gekämpft hätten. Also nicht nur wir hier, auch die Frauen in Deutschland, Asien, Afrika, überall. Die haben doch dafür gesorgt, dass die Welt noch da ist. Nebst der ganzen Verzweiflung gibt mir das ein Gefühl, dass es Widerstand gibt. Wenn ich also auf mein jahrzehntelanges politisches Engagement zurückschaue, glaube ich: Es war richtig.

Das Gespräch mit Monika Stocker fand am 1. Dezember 2021 in ihrem Büro in Zürich statt.

Monika Stocker (*1948) engagierte sich als junge Frau in der Frauen- und Friedensbewegung, die ihre weitere politische Arbeit prägte und begleitete. Als Mitglied der Grünen stieg sie in die institutionalisierte Politik ein, wo sie in verschiedenen Funktionen arbeitete: als Schulpflegerin, Nationalrätin, Verfassungsrätin und Stadträtin von Zürich. Während 14 Jahren war sie Vorsteherin des Zürcher Sozialdepartements.
Mit sechzig Jahren studierte Stocker angewandte Ethik und arbeitet seit der Pensionierung als selbstständige Fachfrau. Zugleich geht sie ihrer Leidenschaft, dem Schreiben, nach und veröffentlicht Geschichten und Gedichte.

Drama

Die eine galt als zu emotional, die andere als technokratisch, eine als schlicht untragbar, eine weitere als bieder, eine als unterkühlt und nochmals eine andere als kapriziös. Und wenn sich bei einer keine Kritik (er)finden liess, dann störte doch zumindest der Ehemann. Die Rede ist von den Schweizer Bundesrätinnen. Elisabeth Kopp, Ruth Dreifuss, Ruth Metzler, Micheline Calmy-Rey, Doris Leuthard, Eveline Widmer-Schlumpf, Simonetta Sommaruga, Viola Amherd, Karin Keller-Sutter und Elisabeth Baume-Schneider sind die Protagonistinnen in der bisherigen Geschichte der Landesregierung. Zehn weibliche Mitglieder zählt dieses bald 180-jährige Gremium bis heute. Ihnen gegenüber stehen 112 männliche Bundesräte.[1]

Bundesratswahlen sind Höhepunkte im sonst eher gemächlichen Tagesgeschäft der eidgenössischen Politik. Besonders hohe Wellen warfen sie, wenn Frauen beteiligt waren. Strebte eine Politikerin den höchsten Regierungsposten der Schweiz an, verlief die Zeit bis zum Wahltag und die Wahl selbst aussergewöhnlich oft turbulent, manchmal skandalös, zuweilen dramatisch. «Die Wahl unserer Bundesrätinnen war eine ABSOLUTE Holtertipolter-Geschichte»,[2] brachte es die langjährige Bundesparlamentarierin Judith Stamm treffend auf den Punkt. Tatsächlich liest sich diese Geschichte wie ein Drama: Intrigen, Machtspiele, Skandale, aber auch überraschende Wendungen – das sind ihre Bestandteile.

Kandidierten Frauen für einen Sitz in der eidgenössischen Regierung, gestalteten sich die Wahlen meist aufsehenerregend. Es waren Wahlen, die «Geschichte schrieben», wie gemeinhin gesagt wird. Umso verwunderlicher, dass die Geschichte der durchaus überschaubaren Zahl von Bundesratskandidatinnen noch nie systematisch aufgegriffen worden ist.[3] Diesem Manko zu begegnen, ist Absicht dieses Essays.

Von Heldinnen und Pionierinnen

Lange Jahre regierten Männer allein über das Land. Seit der Gründung des modernen Bundesstaates 1848 zeigte sich die helvetische Exekutive auffällig einheitlich: männlich, weiss und in fortgeschrittenem Alter. Dieses Bild änderte sich auch nach der Einführung des Frauenstimmrechts nicht unmittelbar.[4] Mit dem Bundesrat als Männerclub war erst 1984 Schluss – zumindest vorübergehend.

Elisabeth Kopp – die Pionierin

2. Oktober 1984, Bundeshaus Bern, Nationalratssaal: Die Kamera des Schweizer Fernsehens fokussierte auf den freisinnigen Parteipräsidenten und Bundesratskandidaten Bruno Hunziker, als Nationalratspräsident André Gautier die Wahl des neuen Regierungsmitglieds bekanntgab: «Est élue par 124 voix – Madame Kopp!»[5] Unverzüglich versuchte das Fernsehteam, das genauso überrascht schien wie etliche Anwesende, die soeben zur ersten Bundesrätin der Schweiz Erkorene ins Bild zu bekommen.[6] Dementsprechend ruckelnd schwenkte die Kamera durch die Reihen des Nationalratssaals, bis sie die augenscheinlich über das Resultat erfreute Elisabeth Kopp einfing. Endlich, nach 146 Jahren, gab es ein weibliches Regierungsmitglied zu präsentieren, ein historischer Augenblick! Im Saal entflammte tosender Applaus. Nachdem dieser ein Ende fand, wandte sich Elisabeth Kopp leicht schmunzelnd an die Bundesversammlung: «Meine Damen und Herren, ich kann Ihnen aus naheliegenden Gründen nicht versprechen, im Bundesrat meinen Mann zu stehen. Was ich Ihnen jedoch zusagen kann, ist, dass ich alles tun werde, um das, was als Frau und als Mensch in mir steckt, aufzubieten.»[7]

Viel aufzubieten hatte die seit einer Legislatur für den Zürcher Freisinn im Nationalrat sitzende Juristin bereits nach Bekanntgabe ihrer Kandidatur. Dass Kandidierende für den Bundesrat eingehend, bisweilen ungnädig und unfair begutachtet und beurteilt werden, war ihr bewusst. Doch Politiker, Medien und Teile der Bevölkerung gingen bei der weiblichen Kandidatin unerbittlicher vor als sonst. In der medial losgetretenen Schlammschlacht um Kopps Bundesratsambitionen stand allerdings nicht sie, sondern ihr Ehemann im Mittelpunkt. Geschichten über dubiose Geschäfte, Steuerbetrug und sexuelle Übergriffe gegenüber Mitarbeiterinnen machten die Runde.[8] Schwieriger zu attackieren war die politisch erfahrene Kandidatin selbst.[9] Zwar stiess ihr Einsatz für Geschlechtergleichstellung und Umweltschutz in ihrer Partei, der bürgerlich-wirtschaftsliberalen FDP, und in den verschiedenen Gremien, in denen sie politisierte, selten auf Wohlwollen. Doch weder in ihrem politischen Ausweis noch in ihrer Biografie fanden die Gegner etwas, das sie gegen die Kandidatin hätten vorbringen können. Wer die Wahl Kopps zur ersten Bundesrätin verhindern wollte, musste folglich eine andere Zielscheibe finden: ihren Ehemann. Dieser bot sich als solche geradezu an. Anders als bei Bundesräten üblich stand bei Kopp nicht eine von den meisten Bürger:innen unbeachtete, selten in der Öffentlichkeit auftauchende Gemahlin im Hintergrund. An Kopps Seite fand sich vielmehr der umtriebige Rechtsanwalt, Fernsehmoderator, Universitätsdozent und in politischen sowie militärischen Kreisen bekannte Hans Werner. Für einige eine zwielichtige Gestalt, für andere ein durch Seilschaften Verbündeter, gab dieser in den Monaten vor der Bundesratswahl denn auch schier mehr zu reden als die Kandidatin selbst. «Ich muss eine sagenhaft gute Politikerin sein, wenn meine Gegner nichts an mir entdecken, sondern auf meinen Mann zielen», kommentierte Elisabeth Kopp die Angriffe auf ihren Gatten lakonisch und bezeichnete diese als «etwas vom Allerperfidesten, was man tun kann».[10] Waren es nun also ihre politischen Positionen, das mangelnde Vertrauen in die politischen Fähigkeiten einer Frau oder die Angst vor Einflüsterungsversuchen eines hinter den Kulissen agierenden Ehemanns, die dazu führten, dass Gegner Kopp als Bundesrätin verhindern wollten? Nicht immer liess sich das genau ausmachen.

Trotz diesen Angriffen und negativen Schlagzeilen gelang es Elisabeth Kopp im Herbst 1984, als erste Bundesrätin der Schweiz in die Geschichte einzugehen. Ihre Wahl betrachtete die Pionierin weniger als persönlichen Erfolg denn als «eine Anerkennung der Leistung aller Frauen auf politischem Gebiet auf den verschiedensten Stufen unseres Staatswesens».[11] Kopp bedankte sich explizit bei den Frauen, die sie unterstützten und sich mit ihr solidarisierten. Ihre Sätze waren wichtig. So mancher Bürgerin öffnete sich im Moment dieser Wahl das Gefühlsarchiv der Geschichte, so manche wurde sich des langjährigen und noch immer andauernden demütigenden Ausschlusses, der Geringachtung, der Unterdrückung von Frauen bewusst. Davon zeugen die Fernsehbilder, die emotional berührte Zuschauerinnen zeigen.[12] Viele unter ihnen hofften, dass die Wahl von Elisabeth Kopp einen Wendepunkt darstellen und Anliegen von Frauen nun auf höchster politischer Ebene berücksichtigt würden.

Nicht zufällig stammte die erste Bundesrätin aus der FDP. Der sich seit der Gründung des Bundesstaates als staatstragende Partei verstehende Freisinn trat bei dieser Wahl, quasi in einem «Gnadenakt»,[13] als Türöffnerin einer bislang ausgeschlossenen Gruppe – der Frauen – in Erscheinung. Unter der Bedingung jedoch, dass das erste weibliche Exekutivmitglied aus den eigenen Reihen komme. Nur wenige Monate zuvor verhinderte nämlich dieselbe Partei den ersten Versuch einer Politikerin, als Teil der Schweizer Regierung die Geschicke des Landes mitzulenken.

Lilian Uchtenhagen – die Heldin

7. Dezember 1983, Bundeshaus Bern, Nationalratssaal: Die Kamera des Schweizer Fernsehens zoomte Lilian Uchtenhagen gross ins Bild. In wenigen Sekunden sollte der Nationalratspräsident André Gautier sie als erste Bundesrätin der Schweiz ausrufen: «Est élu» – angespannte Ruhe unter der Bundeshauskuppel – «Monsieur Otto Stich, par 124 voix!»[14] Äusserlich gefasst, schüttelte Lilian Uchtenhagen kurz den Kopf und flüsterte einige Worte vor sich hin, die zum Bedauern der Nachwelt akustisch nicht festgehalten wurden. Gleichzeitig ertönte aus den Sitzreihen des Nationalratssaals nicht das zu erwartende, überraschte Raunen, sondern einzelne Lacher und grosser Applaus. In diesem Moment wurde sich Lilian Uchtenhagen der Politintrigen bewusst, die hinter ihrem Rücken gesponnen worden waren. Von Journalist:innen belagert, verweigerte die dem bürgerlich-männlichen Komplott zum Opfer Gefallene die Auskunft und verliess den Saal.

Draussen vor dem Bundeshaus wäre schon alles vorbereitet gewesen, um das historische Ereignis der ersten Frau in der Landesregierung gebührend zu feiern. Spalierstehende Anhänger:innen von Uchtenhagen hatten in der anbrechenden Morgendämmerung den ins Bundeshaus schreitenden Politiker:innen Rosen verteilt – eine Geste der Ermutigung und des vorzeitigen Danks für die Wahl der ersten Bundesrätin.[15] Zu diesem Zeitpunkt war das abgekartete Spiel aber schon entschieden. Mit der ersten Bundesratskandidatin machte das Parlament kurzen Prozess. Im ersten Wahlgang erhielt die alleinige, offizielle Kandidatin nur gerade 96 der 220 eingegangenen Stimmen.[16] Vor allem bei Bürgerlichen kam die Finanzexpertin nicht gut an. Intellektuell überheblich sei sie, es fehle ihr an emotionaler Kontrolle, und sie halte dem Regierungsamt nervlich nicht stand, lautete das Verdikt. Als intelligent und engagiert, beschrieben sie hingegen ihre Anhänger:innen. Dass eine solche Frau, eine bedeutende Exponentin des linken SP-Flügels und versierte Wirtschaftskennerin, als erstes weibliches Bundesratsmitglied die Schweiz mitregierte, wussten bürgerliche Politiker mit ihren geschlechterstereotypen Diffamierungsversuchen und persönlichen Angriffen gegenüber Uchtenhagen schliesslich erfolgreich zu vereiteln.

Lilian Uchtenhagen erfuhr in jenen Stunden eine ihrer schmerzlichsten Niederlagen. Die seit 1971 als Nationalrätin politisierende Zürcherin zählte zu den einflussreichen Stimmen im Bundeshaus, war innerhalb der sozialdemokratischen Partei tonangebend und scheute nicht davor zurück, mit ihren Überzeugungen anzuecken. Bekannt war die promovierte Staatswissenschaftlerin und Ökonomin für ihr Engagement für sozial Benachteiligte, für von der Gesellschaft Ausgestossene und für ihre feministischen Standpunkte. Mit der Kandidatur meldete sie den Anspruch von Frauen auf Teilhabe am männlichen Machtzentrum des Bundesrats an: «Ich glaube, dass es eben wichtig ist, in diese Zauberformel nicht nur die Regionen einzubringen, sondern auch einen so grossen Anteil der Bevölkerung, wie wir Frauen ihn repräsentieren.»[17] Ihre Nichtwahl sah sie selbst als einen der vielen Schritte hin zu einer Frauenvertretung in der Landesregierung und deutete diese als «eine kleine Niederlage in einem grossen Kampf».[18]

Jahre nach der Nichtwahl von Uchtenhagen berichteten die Akteure von damals bereitwillig, wie sie Otto Stich gezielt als Sprengkandidaten aufgebaut hatten. Einige freisinnige Männer kannten den als markig, aber auch gemütlich geltenden Solothurner bestens, sassen sie doch an der Uni neben oder im Nationalratssaal hinter ihm. Beihilfe kam allerdings auch von linker Seite. So setzten sich einige Gewerkschaftler dafür ein, dass sie mit ihrem früheren Jasskumpan einen Vertrauten in der Landesregierung vertreten hatten.[19] In der Nacht vor der Bundesratswahl wurden die letzten Schritte für Uchtenhagens Niederlage eingefädelt. Seither werden die abendlichen Stunden vor dem Wahltag «Nacht der langen Messer» genannt.[20] Der martialische Name war denn auch Programm. Am nächsten Morgen mussten einzig die letzten zwei noch nicht informierten bürgerlichen Parlamentarier vom Politmanöver überzeugt werden. Laut Überlieferung gelang der finale Schritt des Coups auf der Herrentoilette des Bundeshauses bei einem Gespräch unter Männern.[21]

Mit Otto Stich wählte die Bundesversammlung einen Mann, der weder für die Landesregierung kandidierte, noch dem Wahlgeschehen beiwohnte. Vielmehr hatte Uchtenhagens Parteikollege kurz zuvor den Rücktritt als Nationalrat verkündet. Von dem ihm zugefallenen Posten erfuhr er daher in seinem Büro in Basel, wo er als Vizedirektor von Coop waltete. Für die Frage, ob er diesen politischen Karriereschritt machen wolle, benötigte er keine Bedenkzeit. Genauso wenig foutierte er sich darum, dass er damit die bürgerlich-konservativen, männlichen Ränkespiele zwecks Verhinderung der ersten Bundesrätin bereitwillig unterstützte. In einer rasanten Fahrt mit Blaulicht liess er sich von Basel nach Bern chauffieren, um wenige Stunden später im Bundeshaus als Regierungsmitglied vereidigt zu werden. Dort richtete er in ungelenkem, einem eidgenössischen Magistraten schlecht anstehenden Französisch einige Worte an die Bundesversammlung, ohne auch nur eine Silbe darüber zu verlieren, dass er mit der Annahme seines Amtes der Hälfte der Bevölkerung die Aussicht auf Repräsentation in der Landesregierung nahm.[22]

Unmittelbar nach der Wahlverkündigung konnten einige Parlamentarierinnen ihre Tränen nicht zurückhalten, und Anhängerinnen Uchtenhagens blieben wie erstarrt auf der Tribüne sitzen, von der aus sie die Wahl verfolgt hatten. Uchtenhagens Fraktionskollegin Amélia Christinat, die als Tochter einer Bergbäuerin und eines Kesselmachers grosse Hoffnung in die Zukunft mit einer sozialdemokratischen Bundesrätin gesteckt hatte, wandte sich am Radio mit vor Erschütterung erstickter Stimme an die Bürgerinnen: «Ich appelliere an die Frauen dieses Landes, damit sie sehen, was es heisst, Politik zu machen und Männer sowie bürgerliche Mehrheiten zu haben, die sie nicht unterstützen wollten.»[23] Auch ausserhalb des Bundeshauses, zu Hause, im Büro und in der Schule vor dem Fernseher oder dem Radio reagierten Menschen heftig auf das Geschehene. Etwa verfolgte Gabrielle Nanchen, die 1971 zu den erstgewählten Nationalrätinnen gehört hatte, zusammen mit einer Gymnasialklasse die Bundesratswahl. Im Moment der Resultatverkündung liess sie vor Schreck, Wut und Enttäuschung ihren Kugelschreiber fallen, weinte und interpretierte die Nichtwahl Uchtenhagens als generelle Ablehnung von Frauen in der Politik.[24] Christinat, Nanchen und mit ihnen unzählige Bürgerinnen hatten gehofft, dass nach dem langen Kampf um die politische Gleichberechtigung und angesichts der immer noch vielfältigen, eklatanten Diskriminierung der weiblichen Bevölkerung nun endlich auch eine Frau an den Schalthebeln der politischen Macht sitzen würde.[25] Zur Erinnerung: Zu diesem Zeitpunkt, ein Dutzend Jahre nach Einführung des eidgenössischen Frauenstimmrechts, sassen im Nationalrat 11 Prozent Frauen, und der 46-köpfige Ständerat wies gerade mal 3 Frauen auf.[26]

Eine Welle der Empörung durchströmte nach dem Wahltag das Land. Vor allem Frauen zeigten sich von den Geschehnissen masslos enttäuscht, vielen brannte es sich als niederschmetterndes und entmutigendes Ereignis in die Erinnerung ein. Die Weigerung des Parlaments, Uchtenhagen in die oberste Exekutive der Nation zu wählen, machte Frauen nicht nur wütend, sie politisierte auch viele.[27] Diese waren nicht länger bereit, den Ausschluss der Frauen hinzunehmen. Auch die Sozialdemokratische Partei fühlte sich von den bürgerlichen Machtintrigen gedemütigt und drohte, gänzlich aus der Bundesregierung auszutreten und in Opposition zu gehen. Von Letzterem sah der ausserordentliche SP-Parteitag dann aber doch ab und stellte sich hinter Stich als Bundesrat.[28] Nach den turbulenten Ereignissen nahm die Bundespolitik schliesslich bald wieder ihren gewohnten Gang. Lilian Uchtenhagen politisierte bis 1991 im Nationalrat, bevor sie nach zwanzigjähriger Amtszeit zurücktrat. Die Nichtwahl der ersten Bundesratskandidatin hinterliess jedoch sowohl im Bundeshaus als auch in der Partei und bei Teilen der Bevölkerung einen bitteren Nachgeschmack. Wie sich noch zeigen wird, kochten die Geschehnisse rund um die Nichtwahl von Lilian Uchtenhagen zehn Jahre später nochmals hoch und entfalteten dann eine wesentlich folgenreichere Wirkung als im Winter 1983.

Warum aber wählte das Parlament nicht Lilian Uchtenhagen, sondern wenige Monate später Elisabeth Kopp zur ersten Bundesrätin? Kopp erklärte sich das Jahrzehnte später so: «Also sagen wir es deutsch und deutlich: Diese Männer hatten Angst vor ihr gehabt. Sie haben immer gesagt: ‹Wir wollen eine Frau, aber nicht die!› […] Ich glaube, es gab zu viele Männer, die sich ihr nicht gewachsen fühlten.»[29] Wie müsste demnach eine Frau sein, um als Bundesratsmitglied genehm zu erscheinen? Uchtenhagen beantwortete diese Frage ein Jahrzehnt nach ihrer Nichtwahl folgendermassen: «Sie müsste gescheit sein, aber sie soll es nicht zeigen. Sie muss gut aussehen, aber sie sollte auch nicht zu hübsch sein. Sie muss einfach alles haben und doch nicht haben. Also ich kann mir überhaupt nicht mehr vorstellen, wie eine Bundesrätin aussehen sollte.»[30]

Aufstieg und Fall von Elisabeth Kopp

Ruhe in die Angelegenheit rund um die Regierungsbeteiligung von Frauen kehrte wenige Monate später ein, als es Elisabeth Kopp gelang, als erste Politikerin in die oberste Landesbehörde einzuziehen. Für die Gewählte begann hingegen eine Zeit grosser Herausforderungen. Sich des langen und harten Kampfes von Frauen für politische Rechte bewusst, verspürte Kopp gegenüber der weiblichen Bevölkerung eine besondere Verantwortung und zugleich den Druck, keine Fehler zu begehen.[31] Zusätzlich belastend empfand die erste Bundesrätin, dass sie als einzige Frau in einem bislang exklusiven Männergremium auffiel und mitunter das politische Protokoll durcheinanderbrachte.[32] Konfusionen löste allein schon ihre korrekte Anrede aus. Der heute gängige Titel «Frau Bundesrätin» existierte zu diesem Zeitpunkt nicht, und «Frau Bundesrat» war den Ehefrauen der Bundesräte vorbehalten. Gewichtiger wog allerdings der Umstand, dass Kopp unter besonderer Beobachtung stand. Sie musste, erinnerte sie sich, «dossiersicher sein. [...] Aber es ist nicht nur das gewesen. Ich musste gut gekleidet sein, ich musste halbwegs anständig – im Rahmen des Möglichen – aussehen. Sonst wäre deswegen Kritik losgegangen. [...] Es musste alles optimal sein.»[33] Die erste Bundesrätin zog Aufmerksamkeit auf sich, und es erstaunt wenig, dass Kopp sich eine Kollegin im Siebnergremium wünschte, um nicht ständig als einzige Frau hervorzustechen und sich alleine unter sechs Kollegen zu wissen: «Ich hätte sehr viel dafür gegeben, im Bundesrat wenigstens eine Kollegin, lieber noch zwei Kolleginnen zu haben. In jeder Spitzenposition ist man einsam. Die Einsamkeit wird aber noch grösser, wenn man in einem Gremium die einzige Frau ist.»[34] Auch für ihre sechs Kollegen war der Einzug der ersten Frau gewöhnungsbedürftig. Beispielsweise wurde früher im Männerbund geraucht und auch mal ein Grappa herumgereicht. Damit war nun Schluss.[35] Er habe seine Pfeife ausgeklopft, lange geschwiegen und dann gemeint: «Heute war alles anders als bisher», erinnert sich ein Begleiter an Otto Stichs Reaktion nach der ersten Bundesratssitzung mit Elisabeth Kopp.[36] Ihre Anwesenheit störte den normalen Betriebsablauf, hemmte die männlichen Rituale, veränderte die erprobten Routinen. Von ihrem Sonderstatus liess sich Kopp indes nicht beirren und widmete sich als Vorsteherin des Eidgenössischen Justiz- und Polizeidepartements (EJPD) den dort anfallenden Geschäften.[37]

Im Sommer 1988 kursierten in den Medien abermals Gerüchte zu zweifelhaften Geschäften des Bundesratsgatten. Während sich einige nicht erhärten liessen, geriet hingegen eine Firma in den Fokus, die der Geldwäscherei verdächtigt wurde und in der Hans Werner Kopp als Vizepräsident des Verwaltungsrates amtete. In der Folge brach eine Debatte zur Frage nach der Unabhängigkeit der Bundesrätin aus. Diese wiederum betonte stets ihre Unbefangenheit und verwies darauf, dass sie als Justizministerin just an einer Verschärfung der Gesetzgebung zur Geldwäscherei arbeite – einer Vorlage, die auf dem Finanzplatz Schweiz wenig Freude auslöste. Noch während das Drama, das zum Fall der ersten Bundesrätin führen sollte, Fahrt aufnahm, wählte die Vereinigte Bundesversammlung Elisabeth Kopp am 7. Dezember 1988 zur Vizepräsidentin des Bundesrats. Nur zwei Tage später kam es aber zum Eklat. Die Tageszeitung *Le Matin* berichtete von vertraulichen Informationen, die Kopps Ehemann aus dem EJPD erhalten habe. Daraufhin bestätigte die Bundesrätin am 9. Dezember nach einer ausserordentlichen Sitzung der Landesregierung offiziell, dass sie von ihrem Büro aus ihren Mann gebeten habe, das Vizepräsidium der verdächtigen Firma abzugeben.[38] Hatte die Bundesrätin also unerlaubte Informationen weitergegeben und sich der Amtsgeheimnisverletzung schuldig gemacht? Die Stimmen, die Kopps Verhalten und vor allem den Umstand verurteilten, dass sie wochenlang den Anruf an ihren Mann verheimlicht hatte, gewannen Oberhand.

In dieser Situation litt die Integrität der Bundesrätin stark. Ihre Amtskollegen verweigerten ihr die Rückendeckung, und vergessen schienen die schönen Worte «Sie dürfen versichert sein, dass die männlichen Mitglieder des Bundesrates Sie mit Freude und rückhaltlos aufnehmen und auch integrieren werden»,[39] die Bundespräsident Leon Schlumpf vier Jahre zuvor an Kopp gerichtet hatte. Die Medien forderten ihren Rücktritt, und die FDP, die in den vergangenen Jahren stets stolz auf ihre Bundesrätin verwiesen hatte, entzog ihr die Unterstützung.[40] Angesichts des medialen Drucks und nachdem die Staatsanwaltschaft die Aufhebung von Kopps Immunität beantragt hatte, um ein Strafverfahren gegen sie einzuleiten, legte die erste Bundesrätin der Schweiz am 12. Januar 1989 mit sofortiger Wirkung ihr Amt nieder.[41] Die Frage nach Schuld und Unschuld von Elisabeth Kopp erhitzte noch jahrzehntelang die Gemüter. Umstritten bleibt bis heute zudem, ob ein solches Verhalten bei einem männlichen Bundesrat gleich geahndet worden wäre und zum Rücktritt geführt hätte. Fakt ist, dass der Fall vor dem Bundesgericht endete, wo das angeklagte Ehepaar im Februar 1990 in allen Punkten freigesprochen wurde.[42] Tatsache ist überdies, dass sich der Bundesrat nach dem Ausscheiden von Elisabeth Kopp erneut in männerbündischer Eintracht präsentierte. Degradiert als Persona non grata und als gescheiterte historische Figur betrachtet, entzog sich Elisabeth Kopp nach ihrem Rücktritt viele Jahre der Öffentlichkeit.[43]

An Lilian Uchtenhagen und Elisabeth Kopp hatte sich in aller Deutlichkeit manifestiert, womit Politikerinnen mit Aspirationen auf höchste, mächtige und prestigeträchtige Positionen rechnen mussten: mediale Diffamierungskampagnen, Politintrigen, Druck von allen Seiten, fehlende Unterstützung, unsachliche Angriffe und heftige Anfeindungen. Welche Frau, das fragten sich besorgte Stimmen, würde künftig eine Bundesratskandidatur auf sich nehmen, wo doch so offensichtlich war, wie hart, ja gewaltförmig mit ihnen umgegangen werden würde?[44] Vier Jahre dauerte es, bis eine nächste Unerschrockene den Weg in die Landesregierung zu bestreiten wagte. Was dabei passierte, erschütterte die Schweiz mit einer bislang unbekannten Heftigkeit und leitete eine bedeutsame Wende in der Geschichte der weiblichen Regierungsbeteiligung ein.

Der Brunner-Skandal

Wüste Szenen spielten sich am 3. März 1993 vor dem Bundeshaus ab. Farbbeutel und Schneebälle klatschten ans Regierungsgebäude, Tränengas und Gummischrott kamen zurück. Soeben fand ein Wahldebakel sein Ende – vorläufig zumindest. Der von wütenden Demonstrant:innen angeführte Protest lieferte einen Vorgeschmack auf das, was in den folgenden Tagen über die Schweiz hereinbrechen sollte. Was war geschehen?[45]

Christiane Brunner – die skandalisierte Kandidatin

Anfang 1993 erklärte der sozialdemokratische Bundesrat René Felber seinen Rücktritt, woraufhin seine Partei die Genfer Nationalrätin und Juristin Christiane Brunner zur Nachfolgerin erkor. Ab diesem Zeitpunkt machten sich einige daran, die Wahl der Anwärterin auf den vakanten Bundesratssitz zu verhindern. Möglicherweise von der durchschlagenden Wirkungskraft früherer medialer Schlammschlachten um Lilian Uchtenhagen und Elisabeth Kopp überzeugt, sandte ein anonymes Komitee mit dem für sich sprechenden Namen «Komitee für die Rettung der Moral unserer Institutionen» den Medien ein Schreiben zu. Brunner, so stand darin, habe einen Schwangerschaftsabbruch vorgenommen, und überdies besitze das Komitee ein Nacktfoto der Bundesratskandidatin. Darauf sei sie an einer Orgie im Genfer Frauenhaus abgelichtet.[46] Die auflagenstärkste Zeitung des Landes, der *Blick,* veröffentlichte die Anschuldigungen, woraufhin andere Medienblätter die Gerüchte kolportierten. Von beiden geschlechtsspezifischen Vorwürfen erhoffte sich der Verfasser[47] des Anschuldigungsbriefes wohl, dass sie als moralisch verwerflich verurteilt und einer Bundesratskandidatin nicht verziehen würden.[48] Tatsächlich sah sich Brunner gezwungen, im Rahmen einer Pressekonferenz auf die Beschuldigungen einzugehen. Die demütigende Szene einen Monat vor der angekündigten Bundesratswahl vergass Brunner zeitlebens nicht: «Das hat mich wirklich erstaunt, und es tat mir weh. [...] Der Saal war zum Bersten voll mit Journalisten, Fernsehen und so weiter. Für eine Pressekonferenz über nichts!»[49] Absurd sei das gewesen, denn «da war ja nichts. Es war ein anonymer Brief. Dann musste ich vor der Wahl eine Pressekonferenz geben und sagen: ‹Nein, es gibt kein Nacktfoto von mir, und die Frage zum Schwangerschaftsabbruch beantworte ich nicht, weil diese Fragen einem Mann nicht gestellt würden. Sie ist für mich nicht beantwortbar.›»[50] Mit ihrem Statement deckte Brunner die geschlechtsspezifische, frauenfeindliche Grundnote der gegen sie erhobenen Anschuldigung auf. Etliche Kommentator:innen beurteilten Brunners Auftritt bei dieser «Prüfung bis in die Eingeweide»,[51] wie die Medienkonferenz in der «Tagesschau» so abstossend wie trefflich benannt wurde, denn auch als mutig und souverän.

Indem Brunner die Attacken unerschrocken parierte, gewann sie viele Sympathien. Dennoch verfing die medial inszenierte Skandalisierung der Bundesratsanwärterin. Vor allem bei bürgerlichen Politikern, die Brunners angebliche Taten verurteilten und die Sozialdemokratin als unwählbar deklarierten. Fraglich blieb, ob sich die Empörten wirklich über die angeblichen Handlungen Brunners entrüsteten oder ob ihnen die Anschuldigungen gelegen kamen, um eine ihnen unliebsame Bundesrätin zu verhindern. Denn Brunner eckte an. Die Feministin und Gewerkschafterin pflegte ein unkonventionelles, nicht von allen als bundeshauskonform erachtetes Auftreten, einen direkten Stil und verkörperte so gar nicht das Bild einer zurückhaltenden, angepassten Weiblichkeit. Nicht vergessen war zudem, dass sie zwei Jahre zuvor den ersten schweizerischen Frauenstreik initiiert hatte. Beim grössten feministischen Massenmobilisierungsereignis in der Geschichte der Schweiz protestierten 1991 über eine halbe Million Frauen gegen die nach wie vor existierenden Gleichstellungsdefizite und vielfältigen Diskriminierungen, denen sie ausgesetzt waren. Dass just diese Frau sich nun anschickte, die Schweiz mitzuregieren, liess so manchen Herrn im Bundeshaus Unerfreuliches ahnen.

Das Parlament strafte Christiane Brunner am Wahltag, dem 3. März 1993, ab. In einer männlichen Machtdemonstration hievte die Bundesversammlung den Neuenburger Nationalrat Francis Matthey, einen nichtkandidierenden Parteikollegen Brunners, in die oberste Landesbehörde und liess der Kandidatin nicht den Hauch einer Chance. Noch während Matthey Bedenkzeit einforderte und bürgerliche Politiker das erfolgreiche Komplott gegen Brunner feierten, machten auf dem Bundesplatz rund tausend Demonstrant:innen ihrem Ärger über das Wahlergebnis Luft. Selbst das deutsche Fernsehen berichtete von der 100. Bundesratswahl, bei der zum 99. Mal ein Mann gewählt worden war, und sprach vom «pechschwarzen Patriarchat im Berner Bundeshaus».[52] Doch Brunner liess sich vom Parlamentsentscheid nicht entmutigen. Unmittelbar nach der Niederlage rief sie vor dem Bundeshaus ihren Anhänger:innen die kämpferische Parole zu: «Nous avons perdu la première bataille – seulement la première bataille!»[53] Tatsächlich sollte die «Schlacht» in eine weitere Runde gehen.

Die Wahl von Ruth Dreifuss

An jenem eisigkalten Mittwochmorgen im März 1993 erreichte der chronische Sexismus in der Schweizer Politik mit seinem traditionellen Ausschluss von Frauen den Höhepunkt. Für viele, vor allem Frauen, war es nicht mehr länger haltbar, dass die männlich dominierte Politik die weibliche Machtteilhabe permanent verweigerte. In den folgenden Tagen zeigte sich in aller Deutlichkeit, wie satt die Bevölkerung die Intrigen männlicher Politiker gegenüber Frauen und deren ständige Desavouierung hatte. Tausende von Menschen schlossen sich zu Kundgebungen für die Wahl von Christiane Brunner zusammen, Bürger:innen drohten mit Steuerboykott, und während bürgerliche Parteien massenhaft Mitgliederaustritte zu beklagen hatten, konnte sich die SP des Ansturms von Neumitgliedern kaum erwehren. Die wütenden und enttäuschten Unterstützer:innen Brunners proklamierten nun ihrerseits das Wahlgeschehen als skandalös und liessen den sonst so routinierten Verlauf der Schweizer Politik kopfstehen. Gestärkt vom Druck der Strasse und unwillig, sich nach der vereitelten Wahl von Lilian Uchtenhagen genau zehn Jahre zuvor abermals dem bürgerlichen Diktat zu beugen, akzeptierte die SP den Parlamentsentscheid nicht. Der an Brunners Stelle gewählte Francis Matthey musste auf sein Amt verzichten, wodurch es eine Woche später erneut zu einer Wahl kam.

Matthey trat allerdings nicht von der Bühne ab, ohne der nun wieder möglichen Wahl Brunners eine Hürde in den Weg zu stellen. Er bedingte sich aus, dass nebst Brunner eine zweite Person zu kandidieren hatte. Neben der ursprünglichen Kandidatin stand am 10. März 1993 daher die weniger bekannte Genferin Ruth Dreifuss, ebenfalls Gewerkschafterin und Feministin, zur Wahl.[54] Von den 10 000 Menschen, die hinter Gittern eingepfercht vor dem Bundeshaus für Christiane Brunner demonstrierten, liessen sich die bürgerlichen Politiker am zweiten Wahltag jedoch wenig beeindrucken. Auch Judith Stamms Appell «Vor der Türe des Bundeshauses steht nicht die Strasse, vor der Türe des Bundeshauses steht der Souverän, Männer und Frauen, welche für die Teilnahme der Frauen an der Landesregierung demonstrieren»[55] verhallte wirkungslos innerhalb der Bundeshausmauern. Schon im ersten

Wahlgang zeigte sich das Parlament nicht willens, Brunner zu unterstützen. Etliche Parlamentsmitglieder notierten auf ihrem Wahlzettel den Namen der FDP-Nationalrätin Vreni Spoerry. Diese wiederum erklärte nach dem ersten Wahlgang, aus dem noch keine Siegerin resultierte, dass sie nicht zur Wahl stehe. Damit verhinderte die Grande Dame des Zürcher Freisinns einen weiteren Coup der Bürgerlichen. Nachdem Dreifuss im zweiten Wahlgang deutlich an Brunner vorbeigezogen war, nahm Letztere ihre Kandidatur zurück und forderte das Parlament auf, ihre Mitkandidatin Ruth Dreifuss zu wählen. Mit deutlichen Worten richtete sich Christiane Brunner ein letztes Mal an die Herren Politiker: «Wir befinden uns hier in einer politischen Welt, die unter der Kuppel des Bundeshauses eingeschlossen ist, in die keine Sonnenstrahlen eindringen können. Sie, meine Herren Politiker, spinnen Intrigen, die die Politik so undurchsichtig machen, dass diese niemanden mehr interessiert, und in der Frauen nur verlieren können. Frauen kennen ihrerseits andere Spielregeln als die dieser Welt, die immer noch eine Männerwelt ist [...].»[56] Brunner prangerte vor dem gesamten Bundesparlament an, dass noch immer Männer die Politik nach ihren Interessen lenkten – durchaus auch mit unlauteren Methoden. Frauen gingen dabei als Verliererinnen hervor. Doch, das zeigte die vergangene Woche, besässen sie sehr wohl Handlungs- und Veränderungsmacht und könnten ihre eigenen Spielregeln setzen. In der Tat führte die «politische Verschwesterung» zwischen Brunner und Dreifuss sowie der feministische Protest in den Parteien, in der Bevölkerung und auf der Strasse doch noch zur Wahl der zweiten Bundesrätin der Schweiz: Ruth Dreifuss.

Dass Politikerinnen die Spielregeln der Politik anders zu gestalten wissen, haben Brunner und Dreifuss bei dieser zukunftsweisenden Bundesratswahl bewiesen und dabei die männlichen Ränkespiele ausgebootet. So inszenierten sich Christiane Brunner und Ruth Dreifuss stets solidarisch als «politische Zwillingsschwestern» und zerstörten damit die Hoffnung ihrer Gegner, dass sich zwei konkurrierende Frauen gegenseitig bekämpfen würden. In ihrem politischen Profil unterschieden sich die beiden nicht sonderlich. Warum, fragt sich folglich, entschied sich die Mehrheit des Parlaments gegen Brunner und für Dreifuss, zumal Letztere über keine politische Erfahrung im Bundeshaus verfügte? «Ich behaupte», erklärte Ruth Dreifuss die Nichtwahl von Brunner rückblickend, «dass Christiane bei vielen Männern seltsame Fantasien weckte. Sie war hübsch, sie war lebhaft, sie hatte mehrere Ehemänner und Liebhaber gehabt. Ich glaube, für die Männer war sie begehrenswert, aber nicht als Kandidatin für den Bundesrat.»[57] Christiane Brunner pflichtete der Analyse bei, wonach Dreifuss «mehr dem [entspricht], was das Parlament erwartet, was die Männer im Parlament erwarten».[58] Was das genau war, nannte Dreifuss bereits mitten im politischen Erdbeben, das im Frühling 1993 die Schweiz erschütterte: «Ich fürchte, dass es eben zwei Gründe sind, und beide sind unannehmbar. [...] Ich beruhige die Leute, weil ich ein wenig bieder aussehe. [...] Das Zweite ist vielleicht, weil ich genau dem entspreche, was man von einer Frau in der Politik erwartet: ledig, keine Familie, so etwas zwischen Mann und Frau, die alles geopfert hat und dadurch vielleicht Anspruch hat auf Anerkennung. Und beides ist für mich sehr schockierend.»[59] Die zweite Bundesrätin in der Schweizer Geschichte erfasste genau, welche Frauen dem Parlament für eine Machtposition als geeignet erschienen: solche, die Harmlosigkeit, Verzicht und Selbstaufopferung ausstrahlten, bestimmt nichts Unbeschwertes, Lustvolles oder gar eine Freude an der Macht.

Das Drama um die Wahl von Bundesrätinnen erreichte mit dem sogenannten Brunner-Skandal[60] den Gipfel. Nach Lilian Uchtenhagen blieb erneut der eigentlichen Kandidatin, Christiane Brunner, der Zutritt in die Landesexekutive verwehrt.[61] Die Wut über diese männliche Machtdemonstration mobilisierte nun aber eine Bewegung von Frauen – auf der Strasse, in den Parteien und im Privaten. Mit ihrem Protest schafften sie es, dass sich mit der Wahl von Ruth Dreifuss der «zappendustere» 3. März 1993 eine Woche später zu einem Tag wandelte, «an dem das Patriarchat glaubte, Urstände zu feiern – und Frauenpower erntete».[62] Für die Frauenbewegung, für die Gleichstellung und auch für die Zusammensetzung des Bundesrats bedeutete der Wahlskandal einen Meilenstein.[63] Seit den turbulenten Tagen im März 1993 hat es keine frauenlose Regierung mehr gegeben. Wer aber dachte, dass von nun an bei Wahlen von Bundesratskandidatinnen alles reibungslos verlaufen würde, hatte sich getäuscht.

Den Frauen die Türen öffnen

Ruth Dreifuss verdankte ihre Wahl in den Bundesrat der feministischen Welle, die im Zuge der Geschehnisse rund um Christiane Brunner ausgelöst worden war. Aus diesem Umstand zog sie «eine besondere Verpflichtung. Insbesondere, den Frauen die Türen zu öffnen [...]. Die Türen zu öffnen, das war das Wichtigste.»[64] Dreifuss trat als «Bundesrätin der Frauen für die Frauen»[65] und als hartnäckige soziale Kämpferin in die Landesregierung ein. Dort stach sie nicht nur mit ihren feministischen Positionen immer mal wieder aus dem Kollegiatsgremium heraus.[66] Auch visuell gab der Bundesrat nun ein «Gruppenbild mit Dame» ab, auf dem die Magistratin im «Krawattenkabinett»[67] zwischen den sechs grauen Anzugsträgern alleine aufgrund ihrer Kleidung herausstach, mochten deren Farben noch so dezent gewesen sein. Ihre Kollegen, so erinnerte sich Dreifuss, «waren es nicht gewohnt, nicht ausschliesslich unter Männern zu sein».[68] Zwar sei sie als einzige Frau im Gremium nicht anders behandelt worden – und doch: «Sie sahen mich an... Ich hatte das Gefühl, Fragezeichen in ihren Augen zu sehen.»[69] Erst 1999, nach sechs Jahren als einziges weibliches Regierungsmitglied, erhielt Dreifuss mit Ruth Metzler eine Kollegin.[70] Für Dreifuss war der Einzug einer bürgerlichen Bundesrätin eine «grosse Freude [...]. Denn dann haben auch unsere Kollegen gesehen, dass Frauen sehr verschieden sein können und dass es DIE Frau nicht gibt.»[71]

Die «unspektakuläre» Wahl von Ruth Metzler

Die Wahl der Christdemokratin Ruth Metzler verlief bemerkenswert unspektakulär – ganz im Gegensatz zu ihrem unfreiwilligen Abgang nach nur einer Amtsperiode. Doch der Reihe nach: Dem Einzug einer zweiten Frau in die Landesregierung ging ein geschicktes Politmanöver voraus. Als im Frühling 1999 die beiden CVP-Bundesräte Flavio Cotti und Arnold Koller gleichzeitig zurücktraten, sah die parteiinterne Frauenorganisation[72] die Chance gekommen, die schon lange beanspruchte bessere Vertretung von Frauen in politischen Gremien umzusetzen.[73] Als Mittel zum Zweck forderte sie ein sogenanntes Zweierticket, woraufhin die Partei für beide vakanten Regierungssitze je zwei Kandidierende vorschlug.[74] Auf einer der Wahllisten standen zwei Politiker, auf der anderen zwei Politikerinnen zur Auswahl. Für viele überraschend, obsiegte in der knappen und sich über vier Runden hinziehenden «Damenwahl» die gerade mal 34-jährige Juristin und Regierungsrätin von Appenzell-Innerrhoden, Ruth Metzler, über die als Favoritin geltende St. Galler Regierungsrätin Rita Roos. Unter den zu öffnenden Türen, von denen Dreifuss sprach, befand sich also auch jene des Bundesratszimmers. Durch diese schritt am 11. März 1999 erstmals mehr als nur eine Magistratin.[75] Mit der Wahl von Ruth Metzler wies der Bundesrat nicht nur zwei Frauen auf, sondern erhielt auch eine erfrischende Verjüngung im Kreis der älteren Semester.

Die Patriarchenwahl von 2003

Am 10. Dezember 2003 trat Ruth Metzler im Nationalratssaal ans Rednerpult – zum letzten Mal. Eigentlich hätte sie an diesem Tag turnusgemäss Bundespräsidentin werden sollen. Unzählige Fernsehzuschauende lauschten gebannt ihren Worten, nachdem das Parlament sie soeben des Amtes enthoben und erstmals seit 1872 einem Regierungsmitglied die Wiederwahl verweigert hatte. Äusserlich ruhig und gefasst wandte Metzler sich an die Anwesenden: «Vor fast fünf Jahren haben Sie mir die Chance gegeben, eine der höchsten Aufgaben in unserem Staat wahrzunehmen. [...] Es schmerzt mich, dass dies nun nach fast fünf Jahren zu Ende geht; allzu gerne hätte ich meine Aufgabe weiter wahrgenommen [...]. Sie haben heute anders entschieden. [...] Ich habe immer gewusst: Es gibt ein Leben nach dem Bundesrat. Dass es bereits jetzt beginnt, hätte ich mir nicht gewünscht.»[76] Metzler verabschiedete sich mit einer würdevollen, starken Rede aus dem Bundeshaus, wo ihr in den vergangenen Wochen übel mitgespielt worden war. Gerade mal eine Amtsperiode war der dritten Bundesrätin der Schweiz beschieden, bevor ihre Partei sie fallen liess oder – in andere Worte gefasst – opferte. Was führte zu diesem aussergewöhnlichen Szenario der Nichtwiederwahl, und weshalb traf es Ruth Metzler?

Den Anfang von Metzlers Ende leiteten die Parlamentswahlen einige Wochen zuvor ein. Die inzwischen rechtspopulistisch politisierende SVP ging als Siegerin hervor und erhob daraufhin den Anspruch auf einen zweiten Bundesratssitz. Sollte ihr dieser verwehrt bleiben, trete sie in die Opposition. Mit dieser Drohung stellte die SVP die seit 1959 existierende «Zauberformel» infrage, welche besagte, dass die drei wähler:innenstärksten Parteien mit je zwei und die viertstärkste mit einer Person in der Landesregierung vertreten sein müssen. Da die CVP die Gunst der Wähler:innen verloren habe, müsse sie einen ihrer beiden Plätze räumen. So sahen das jedenfalls jene, die die geltende Konkordanzregel rein arithmetisch und in ihrer patriarchalen Logik auslegten. Denn nur so lässt sich mit der Konkordanzfloskel «Einbindung aller wichtiger Kräfte in die Regierung» aus einem Wähler:innenanteil von knapp einem Drittel der Anspruch auf einen zweiten Bundesratssitz ableiten – nicht aber aus einem Bevölkerungsanteil von über fünfzig Prozent Frauen auf vier Bundesrätinnen schliessen. Am Wahlmorgen präsentierte die grüne Nationalrätin Cécile Bühlmann dem Parlament ein alternatives Verständnis der Konkordanzregel. Mit Blick auf die SVP, die mit dem «stärksten Mann der stärksten Partei»,[77] Christoph Blocher, einen Bundesratssitz anzugreifen beabsichtigte, fragte sie: «Ist eine Partei, die die Schweiz systematisch mit Hassparolen, mit Hetze und Diffamierung überzieht, die alle Andersdenkenden verhöhnt und ihnen unlautere Motive unterstellt, konkordanztauglich? […] Ist eine Partei, die Menschen am Rande der Gesellschaft – Sozialhilfebezüger, IV-Rentner und -Rentnerinnen, Arbeitslose – unter generellen Missbrauchs- und Schmarotzerverdacht stellt, regierungstauglich?»[78] Bühlmann stellte damit die Massstäbe für die Teilhabe an der Regierungsmacht und das offenbar als gesetzt vorausgeschickte Konkordanzverständnis zur Diskussion. Doch so kurz vor dem allseits nervös erwarteten Wahlgang liess sich keine ernsthafte Grundsatzdiskussion führen, und die als Wahlappell zu verstehende Wortmeldung der Grünen verhallte folgenlos.

Die Spannung unter der Bundeshauskuppel erreichte kurz vor 10.30 Uhr ihren Höhepunkt. Freiwillig auf das Amt verzichten wollten weder Ruth Metzler noch der zweite CVP-Bundesrat, Joseph Deiss, und so traten beide zur Wiederwahl an. Als schliesslich Metzler als erste der beiden CVP-Bundesratsmitglieder ihr Amt zu verteidigen hatte, griff die SVP den Sitz frontal an. Nach drei äusserst knappen und entsprechend nervenaufreibenden Wahlgängen brachte Blocher mit fünf Stimmen Vorsprung die amtierende Bundesrätin zu Fall.[79] Diese war aber nicht bereit, ihren Regierungssitz kampflos abzugeben. Bei der anschliessenden Bestätigungswahl von Joseph Deiss verwehrte ihr die CVP-Leitung jedoch die Möglichkeit, zu einer direkten Gegenüberstellung anzutreten. Metzlers letzte Chance, doch noch in der Landesregierung zu verbleiben, war vernichtet. Als Sieger gingen jene SVP-Vertreter hervor, die unter dem Decknamen «Hannibal»[80] – benannt nach dem grössten Feldherrn der Antike – einen bis heute nicht durchschauten Geheimplan eingefädelt hatten, um Blocher an Metzlers Stelle zu setzen.

Die Wahl Blochers – «Chefideologe» des seit den 1990er-Jahren einflussreich gewordenen rechtspopulistischen Kurses der SVP – auf Kosten der jungen Bundesrätin sandte bezüglich Geschlechtergleichstellung ein vernichtendes Signal. Es sollte an diesem Morgen nicht das einzige bleiben. Gemessen an den aufsehenerregenden Stunden zuvor, vollzog sich das folgende Drama auf der Nebenbühne: Kurz vor Mittag hatte die Bundesversammlung den siebten und letzten Bundesratssitz zu besetzen. Für die Nachfolge des zurückgetretenen FDP-Bundesrats Kaspar Villiger kandidierten Hans-Rudolf Merz und Christine Beerli. Die freisinnige Bernerin gehörte seit zwölf Jahren dem Ständerat an und wurde schon lange als potenzielle Bundesrätin gehandelt. Im zweiten Wahlgang musste sie sich allerdings geschlagen geben.[81] Wer damit gerechnet hatte, dass die Mehrheit der Parlamentarier:innen die Abwahl der CVP-Bundesrätin mit der Wahl einer anderen Frau wettzumachen bereit war, täuschte sich. Indem das Parlament den als rechtsfreisinnig bekannten Appenzeller Merz, der früher als Unternehmensberater mit dem Apartheidregime in Südafrika verstrickt gewesen war, zum Bundesrat kürte, endeten die Gesamterneuerungswahlen der Landesregierung aus gleichstellungspolitischer Perspektive desaströs: Mit Ruth Metzler, die aufgrund ihres Einsatzes für die Fristenlösung beim Schwangerschaftsabbruch oder für die eingetragene Partner:innenschaft von homosexuellen Paaren in wertkonservativen Kreisen heftig anstiess, verlor der Bundesrat nicht nur eine in gesellschaftspolitischen Fragen liberale Position. Mit Hans-Rudolf Merz und Christoph Blocher rückten auch zwei frühere Gegner des Frauenstimmrechts in die höchste Exekutive des Landes vor.[82]

Nach nur vier Jahren war es mit der Zweiervertretung der Frauen im Bundesrat wieder vorbei.[83] Von der Aufbruchsstimmung unter Frauen, die der Brunner-Skandal zehn Jahre zuvor eingeleitet hatte, war nach diesem Wahltag nichts mehr zu spüren. «Ich kann auch die Frauen vertreten»,[84] liess Merz auf das abrupte Ende von Metzlers Zeit im Bundesrat und nach dem Sieg über seine Mitkonkurrentin Beerli verlauten. Es waren Worte, die den Hohn des Geschehenen auf die Spitze und empörte Menschen auf die Strassen trieben. Sie alle hatten genug von der Misogynie in der Schweizer Politik. Auf den «schwarzen Dezember» im Jahr 2003 reagierten vor allem Frauen mit «rotem Zorn».[85] In verschiedenen Städten demonstrierten Bürger:innen, und in Bern zogen 15 000 Menschen – von linksautonomen Feministinnen bis zu Vertreterinnen von Landfrauenvereinen – durch die Gassen. In Bundeshausnähe richteten Frauen eine neunmonatige Mahnwache ein.[86] Im Zentrum der politischen Macht mahnten sie mit einem Tag und Nacht besetzten Wohnwagen an ihre im Bundeshaus stets übergangenen Lebensrealitäten – an ein Leben ohne Mutterschaftsversicherung, ohne Lohngleichheit, aber mit viel unbezahlter Arbeit, Sexismus und an ein Leben ohne angemessene politische Repräsentation.

Im Jahrzehntetakt – nach den Nichtwahlen von Lilian Uchtenhagen 1983 und von Christiane Brunner 1993 – trat bei der Bundesratswahl von 2003, bei der Politikerinnen abermals als Verliererinnen hervorgingen, die Unerschütterlichkeit der männlichen Machterhaltung in aller Härte zutage.[87] All die Attacken gegen die bisherigen Protagonistinnen von Bundesratswahlen galten jedoch nicht nur ihnen selbst. Sie waren immer auch eine Botschaft an andere Politikerinnen: «Halte dich zurück, sonst widerfährt dir dasselbe!»[88] Wird sich das, fragten bange Stimmen, jemals ändern?

Männerreservat Bundesrat

Nach Ruth Metzlers Ab- und Christine Beerlis Nichtwahl 2003 verblieb die Sozialdemokratin Micheline Calmy-Rey als einzige Frau in der Landesregierung. Ihre Wahl im Jahr zuvor umschrieben die Medien als «spektakulär langweilig»,[89] was mit Blick auf die bisherigen Bundesrätinnenwahlen selbst schon wieder spektakulär schien. Die SP nominierte damals zwei Frauen für die zurückgetretene Ruth Dreifuss und machte damit klar, dass die Partei einzig eine weibliche Nachfolgerin akzeptierte. Nebst Calmy-Rey stand deren Parteigenossin Ruth Lüthi zur Auswahl. Störmanöver in der Bundesversammlung, parteipolitisches Taktieren oder mediale Skandalisierung der Kandidatinnen blieben aus. Der Presse entnahmen die Leser:innen hingegen, dass mit der «kratzbürstigen»[90] Calmy-Rey erstmals eine Grossmutter im Bundesrat vertreten wäre. Ebenso war zu lesen, wie die Kandidatin lachte, wie sie ihre Haare trug und dass ihr der Übername «Cruella»[91] – die Rücksichtslose – gegeben wurde. Derlei Bemerkungen hätten sie manchmal getroffen, erklärte Calmy-Rey: «Wenn ich auf einer sachlichen Ebene kritisiert werde, in konkreten Sachfragen, kann ich die Kritik gut akzeptieren. Wenn es dann aber heisst, ich hätte nicht die richtige Frisur oder nicht das richtige Aussehen, verletzt mich so etwas.»[92]

Nach fünf nervenzerrenden Wahlgängen, aus denen die Genferin am 4. Dezember 2002 schliesslich als Siegerin hervorging, musste das neue Regierungsmitglied vor den Medien schon wieder über ihre Haare sprechen. Fast zehn Jahre nach der Nichtwahl von Christiane Brunner, bei der die damalige Bundesratsanwärterin von den Medien, von Politikern und von Bürger:innen entwürdigende und komplett deplatzierte Kommentare zu ihrem Äussern hatte einstecken müssen, trieb offenbar das Erscheinungsbild einer weiblichen Bundesrätin immer noch mehr um als deren Kompetenzen für das wichtigste Regierungsamt im Staat.

Ein Jahr nach Micheline Calmy-Reys Wahl präsentierte sich die Regierung der Eidgenossenschaft als «Männerreservat», in dem Frauen in der Schweiz gerade mal mit einem Siebtel vertreten waren. «Wir müssen uns bewusst sein», erklärte Calmy-Rey diesen Umstand, «dass Frauen, die nach Macht und Einfluss greifen, eine Bedrohung darstellen für die Macht der Männer.»[93]

Erst der entweder als mutiger Akt oder als später Wiedergutmachungsversuch zu erachtende Schritt der CVP, bei den anstehenden Bundesratswahlen die Parteipräsidentin Doris Leuthard als einzige Kandidatin vorzuschlagen, leitete 2006 eine Wende ein. Erstmals wagte eine bürgerliche Partei, eine Frau als alleinige Anwärterin ins Rennen um das Amt zu schicken. Zu ersetzen galt es Joseph Deiss – den Bundesrat, für den die Partei drei Jahre zuvor ihre Bundesrätin Ruth Metzler geopfert hatte. Wie bereits bei Micheline Calmy-Rey ging die Wahl von Doris Leuthard ohne gröbere Komplikationen, geradezu entspannt über die Bühne. Die Medien wussten über keine Skandale oder Politspielchen zu berichten, sondern betonten nebst dem «kompetenten und recht unbestechlichen Eindruck»[94] einmal mehr das Äussere der Kandidatin – der «ausgesprochen fotogen»[95] und «attraktiv»[96] wirkenden «Strahlefrau»[97] Leuthard, die zur «Miss-Wahl»[98] anzutreten bereit war. War nach zwei ziemlich reibungslos verlaufenen Bundesrätinnenwahlen der Bann an jenem 14. Juni 2006 – zufälligerweise das Datum, das in der Schweiz wie kein anderes als Chiffre für den Kampf für Geschlechtergerechtigkeit steht[99] – gebrochen? Obschon der Frauenanteil in der obersten Landesbehörde unter einem Drittel lag, taten einige die Geschlechterfrage spätestens ab diesem Zeitpunkt als irrelevant ab. Wie falsch sie lagen, sollte bereits die nächste Bundesratswahl zeigen.

Der «Hochverrat» einer Frau

Was am 12. Dezember 2007 im Bundeshaus als Routineakt begann, endete in einem Sturm, der über Wochen, ja Monate durchs Land tobte. An jenem Mittwochmorgen stand die Gesamterneuerungswahl des Bundesrats an. Wie üblich wurde ein Regierungsmitglied nach dem anderen im Amt bestätigt. Als die Bundesversammlung zur Wiederwahl des letzten Bundesrats, Christoph Blocher, schritt, kam es zur Politsensation. Ihm, der vier Jahre zuvor Ruth Metzler aus der Regierung gedrängt hatte, entzog die Bundesversammlung die Unterstützung – ein Donnerschlag, für Schweizer Verhältnisse. Zu viele Parlamentarier:innen, selbst aus seiner eigenen Partei, missbilligten Blochers polternden Politstil und seine ständige Missachtung des im Bundesrat so hochgehaltenen Kollegialitätsprinzips. Unter dem Decknamen «Scipio» – angelehnt an den römischen Feldherrn, der über Hannibal siegte – lancierten Vertreter:innen von Mitte- und Linksparteien einen Coup, um die Bündner SVP-Regierungsrätin Eveline Widmer-Schlumpf in die Landesregierung zu portieren.[100] Vereinte, über Parteigrenzen hinweg agierende Kräfte brachten mit diesem Geheimmanöver den seit Jahrzehnten tonangebendsten, kontroversesten Politiker der Schweiz zu Fall. Selten ging es im Bundeshaus derart tumultartig zu und her wie nach der Bekanntgabe des Wahlresultats. Betretene, ungläubige, entrüstete Gesichter in der SVP-Fraktion – Erleichterung und Jubel im anderen Lager. Die an Blochers Stelle gewählte Widmer-Schlumpf, Tochter des ehemaligen SVP-Bundesrats Leon Schlumpf, bedingte sich jedoch eine Bedenkfrist von einem Tag aus. Erst dann wollte sie dem Parlament ihren Entscheid verkünden.[101]

Unter welchem Druck Widmer-Schlumpf stand, ist kaum vorstellbar. Exponenten der Schweizerischen Volkspartei diffamierten sie als Feindin und als Bundesrätin der politischen Gegner:innen, wutentbrannte Parteimitglieder beschimpften sie vor laufender Fernsehkamera als «Judas». Sollte sie das Amt antreten, drohte ihre Partei mit dem Gang in die Opposition. Das bedeutete nichts Geringeres, als dass die wähler:innenstärkste Partei des Landes ihre beiden Bundesratsmitglieder, Samuel Schmid[102] und Eveline Widmer-Schlumpf, aus der Partei ausschliessen und mittels Initiativen und Referenden die Bundespolitik angreifen würde. Attackiert, und zwar massiv, wurde in den Stunden nach der Wahl allerdings die gewählte Bundesrätin – von ihrer eigenen Partei. Ob die sechste jemals zur Bundesrätin gewählte Frau all dem standhalten konnte, war die Frage, die das Land die ganze Nacht nicht zur Ruhe kommen liess.

In bitterkalter Dunkelheit fieberten am frühen Morgen des nächsten Tages vor dem Bundeshaus Hunderte Menschen den Worten Widmer-Schlumpfs entgegen. Das Schweizer Fernsehen verbuchte rekordverdächtige Einschaltquoten. Wird die zur Bundesrätin Gewählte das Amt antreten? Hält sie das Kesseltreiben der SVP aus, oder beugt sie sich dem Druck und schlägt den Parlamentsentscheid aus? Die Schweiz hielt den Atem an, als die promovierte Juristin im Nationalratssaal ans Mikrofon trat. Die Turbulenzen der vergangenen Stunden in den Knochen, von einem grossen Sicherheitsaufgebot geschützt, aber unwissend, was in den nächsten Wochen und Monaten noch auf sie zukommen sollte, wandte sie sich unerschrocken und in bemerkenswerter Lockerheit an die Anwesenden: «Wenn wir in diesem Saal in Sachfragen auch immer wieder unterschiedliche Meinungen haben – das gehört zu unserem demokratischen System, das ist gelebte Demokratie –, so lassen Sie uns doch einander stets mit Respekt und Toleranz begegnen. Das ist, davon bin ich überzeugt, die Grundlage für gute, tragfähige politische Entscheidungen in diesem Land – in diesem Land, das wir alle lieben. In diesem Sinne erkläre ich Annahme der Wahl.»[103] Im Saal entbrannte stürmischer Beifall für den mutigen Entscheid, auf dem Bundesplatz wehte ein grün-rotes Fahnenmeer, Sektkorken knallten, und mehrheitlich Junge, Frauen und Linke feierten den Ausgang dieses Politthrillers. Die Freude vor dem Bundeshaus galt bei einigen der Wahl einer weiteren Frau in die Landesregierung, bei anderen der Gewählten selbst und nochmals bei anderen eher dem erzwungenen Ausscheiden des Rechtspopulisten Christoph Blocher aus der Exekutive.

Zum ersten Mal vertrat eine Frau die Schweizerische Volkspartei im Bundesrat – allerdings gegen den Parteiwillen. Die SVP reagierte mit aller Härte und stellte der frisch gewählten Bundesrätin ein Ultimatum für ihren Rücktritt aus der Landesregierung und ihren Austritt aus der Partei.[104] Während der folgenden Monate wurde die SVP nicht müde, Widmer-Schlumpf des Verrats zu bezichtigen und sie zum Hassobjekt der Partei zu stilisieren. Gegen das wüste Treiben, das der *Tages-Anzeiger* als «moderne Hexenjagd»[105] bezeichnete, erwuchs in der Bevölkerung aber Widerstand. Im Frühling 2008 gipfelte dieser in einer beeindruckenden Demonstration. Der Bundesplatz bot zu wenig Fläche für alle Demonstrant:innen, die sich unter dem Aprilregen bis in die benachbarten Gassen drängten. Über 12 000 Menschen setzten vor den Toren des Regierungsgebäudes ein wuchtiges Zeichen gegen den aggressiven Politstil der SVP und für die Unterstützung von Eveline Widmer-Schlumpf – obschon viele unter ihnen die bürgerlich-liberale, zuweilen rechtskonservative Politik der Bundesrätin nicht goutierten. Was alle antrieb, war die Sorge über und ihr Einspruch gegen das Verhalten der SVP. Indem sich die Partei weigerte, die in einem demokratischen Verfahren gewählte Bundesrätin zu akzeptieren, und aufgrund des verächtlichen, respektlosen Stils einiger ihrer Exponenten überschritt die Partei in den Augen vieler die Grenzen des Anstandes und der politischen Gepflogenheiten.

«Ich bin überwältigt»,[106] gestand Widmer-Schlumpf sichtlich beeindruckt und ergriffen auf der Tribüne vor der Menschenmasse. «Diese Unterstützung, diese Hilfe – die berührt mich ausserordentlich. Und ich kann Ihnen sagen, sie tut mir gut in diesen nicht leichten Tagen, die ich im Moment durchmache.»[107] Leicht machte es ihr die SVP in der Tat nicht. Als wäre die Übernahme eines Bundesratssitzes nicht immer schon, und ohne die geringste Vorbereitungszeit umso mehr, eine immense Herausforderung, hatte Widmer-Schlumpf zusätzlich mit den heftigen Attacken der SVP zu kämpfen. Doch so vehement, wie sich die seit über dreissig Jahren in der SVP politisierende Bundesrätin weigerte, aus ihrer Partei auszutreten, so klar stellte sich ihre Kantonspartei, die Bündner SVP, hinter sie. Schliesslich setzte der Zentralvorstand der SVP Schweiz seine Ankündigung um und schloss im Juni 2008 nicht nur die zwei Bundesratsmitglieder, sondern auch gleich die Kantonssektion Graubünden aus der Mutterpartei aus.

Die dramatische Bundesratswahl im Winter 2007 bewegte die Schweiz über Monate hinweg und spaltete schliesslich die grösste Partei des Landes.[108] Abermals war mit Widmer-Schlumpf eine Frau involviert. Doch anders als bei etlichen der früheren Bundesrätinnenwahlen war sie nicht das Opfer männlicher Machenschaften, Verliererin im Kampf um politische Macht, Übergangene oder Gefallene. Ihr wurde kein Sitz im Bundesrat vorenthalten oder genommen. Eveline Widmer-Schlumpf war nicht Gefährdete, sondern Gefährderin. Sie war die Frau, die den Platz eines amtierenden Bundesrats, wenn auch nicht aktiv, angriff, ihn letztlich aber doch besetzte. Es mutet wie eine Ironie des Schicksals an, dass ausgerechnet eine Frau dem seit Jahrzehnten dominantesten Politiker des Landes den höchsten Politposten entzog. Auch, dass es sich beim Unterlegenen um einen Vertreter der SVP handelte, jener Partei, die sich der Frauenförderung seit jeher verweigerte. Und um Christoph Blocher, der in seinen jüngeren Jahren gegen die Einführung des Frauenstimmrechts gewettert und das neue Eherecht bekämpft hatte und sich seither stets konsequent gegen jegliche Gleichstellungsbemühungen stemmte. Die Geschlechtszugehörigkeit von Widmer-Schlumpf markierte bei dieser Wahl keinen Nachteil, stellte kein Hindernis dar und wurde nicht als Manko angeführt. Im Gegenteil: Als Frau gehörte sie zwar zu jener Gruppe, die auch Anfang des 21. Jahrhunderts nur als Ausnahmeerscheinung in den machtvollsten Gremien auftauchte und die der Norm eines Bundesratsmitglieds nicht entsprach. Dieser durchaus bedenkliche Umstand erwies sich für den Polit-Coup jedoch vorteilhaft. Die Vorstellung, dass eine Frau den Sitz von Blocher herausfordern könnte, war für die SVP schlicht undenkbar, entsprach sie doch so gar nicht der in der Partei propagierten und gelebten Geschlechterordnung. Dementsprechend entwischte eine solche Gefahr dem Radar der SVP-Strategen. Nicht nur in diesem Punkt täuschte sich die Parteileitung. Denn einmal gewählt, liess sich Widmer-Schlumpf durch keine Drohung einschüchtern. Mochten die Parteiherren die gewählte Magistratin noch so beschimpfen, grössten Druck auf sie ausüben und die Schweiz in einen politischen Ausnahmezustand versetzen: Widmer-Schlumpf blieb standhaft – ganze acht Jahre lang.

Durch Eveline Widmer-Schlumpfs Wahl wies die Landesregierung erstmals in ihrer rund 160-jährigen Geschichte drei weibliche Mitglieder auf. Dass sich diese Zahl in absehbarer Zeit noch erhöhen würde, wagten selbst optimistisch Gestimmte kaum zu denken. Zu unberechenbar hatten sich die Wahlen von Bundesrätinnen in der Vergangenheit gestaltet, zu oft waren Frauen als Verliererinnen daraus hervorgegangen, und zu schwer wog die männliche Dominanz in der Geschichte der obersten Landesbehörde.

Am 22. September 2010 trat das fast Undenkbare aber doch ein. Für die beiden aus dem Amt scheidenden Bundesräte Moritz Leuenberger von der SP und Hans-Rudolf Merz von der FDP nominierte die sozialdemokratische Fraktion die Berner Ständerätin Simonetta Sommaruga und die Zürcher Nationalrätin Jacqueline Fehr. Die freisinnige Fraktion setzte die St. Galler Regierungsrätin Karin Keller-Sutter und den Berner Nationalrat Johann Schneider-Ammann auf ein Zweierticket.[109] Theoretisch hätten also zwei neue Bundesrätinnen zu den bereits amtierenden drei stossen können. So weit kam es allerdings nicht. Trotz einem abermaligen Torpedierungsversuch der SVP, die einen der vakanten Bundesratssitze für sich beanspruchte, verlief die Wahl im Herbst 2010 sowohl im Vorfeld als auch am Tag selber ohne nennenswerte Überraschungen. Die Bundesversammlung entschied sich für Simonetta Sommaruga, die als «Brückenbauerin»,[110] argumentativ versiert, vernetzt und als kompromissbereit charakterisiert wurde, sowie für Johann Schneider-Ammann, der sich gerne als bodenständiger Patron präsentierte.[111]

Die Nichtwahl von Keller-Sutter ging angesichts der aufsehenerregenden Tatsache, dass der Bundesrat durch Sommarugas Sitz erstmals mehr Frauen als Männer aufwies, komplett unter. Von einer historischen Wahl, die Politgeschichte schrieb, war die Rede. «Frauenmehrheit» avancierte in den folgenden Tagen zum wohl meistbenutzten Wort, und in den Kommentarspalten der Zeitungen fielen Begriffe wie «Matriarchat» oder «weiblicher Machtwechsel». Die Medien berichteten feierlich, dass die Schweiz nach Finnland nun als zweites europäisches Land mehrheitlich von Frauen regiert werde. Wie falsch der Vergleich mit dem sich seit Jahrzehnten für Geschlechtergleichstellung einsetzenden Finnland war, zeigte jedoch alleine ein Blick auf die Frauenanteile in den anderen eidgenössischen Räten. Frauen besetzten im Nationalrat nicht einmal jeden dritten Sitz, während ihr Anteil im Ständerat seit Jahren fiel und zu diesem Zeitpunkt knapp zwanzig Prozent betrug.[112] Die Frauenmehrheit im Bundesrat war ein wichtiges, nicht nur symbolisches Zeichen. Sie manifestierte sich auch in bedeutenden politischen

Entscheiden, etwa im Ausstieg aus der Atomkraft – ein Beschluss, bei dem die vier Bundesrätinnen ihre drei Kollegen überstimmten. Doch unterstrich die starke öffentliche Thematisierung der Frauenmehrheit vor allem, dass eine Überzahl von Frauen in der Landesregierung noch weit von der «Normalität» entfernt war. Wie klischiert sie bisweilen medial betrachtet wurde, spiegelte die Schlagzeile im *Blick* zum ersten Arbeitstag der neu zusammengesetzten Regierung wider. Die meistgelesene Tageszeitung titelte «Vier Frauen im Bundesrat: Leuthard eröffnet am 1. Tag den Zicken-Krieg!».[113] Ganz anders klingen hingegen die Erinnerungen der damaligen Magistratinnen. Die vier Bundesrätinnen hätten gemerkt, dass «wir jetzt unser Amt nutzen [können], um wirklich neue Wege einzuschlagen oder einen Entscheid zu fällen, bei dem man weiss, es ist vielleicht mit Widerstand zu rechnen, aber man hat es gemacht, weil es in der Sache richtig gewesen ist».[114]

Umsichtige Beobachter:innen der Bundespolitik liessen sich von der kurzfristigen Frauenmehrheit im «Chalet fédéral», wie das Bundesratszimmer auch genannt wird, nicht blenden. Während andere in den vier Bundesrätinnen den Beweis sahen, dass die Gleichstellung der Geschlechter umgesetzt sei oder es mit ihr jetzt dann auch mal reiche, blickten die Besorgten auf die seit Jahren stagnierende oder gar dramatisch rückgängige Frauenvertretung in den eidgenössischen Räten. Im Ständerat schien der Frauenanteil auf das tiefe Niveau von Anfang der 1990er-Jahre zurückzufallen. So manche befürchteten, dass sich auch im Bundesrat bald wieder die Männerdominanz durchsetzen würde. Lange dauerte das Mehr an Bundesrätinnen in der Tat nicht an. 2011, nach nur 14 Monaten, mussten die Frauen durch den Austritt von Micheline Calmy-Rey die Mehrheit wieder an die Männer abgeben.[115] Und es sollten noch weniger werden: Nachdem die SVP bei den eidgenössischen Wahlen von 2015 abermals einen massiven Sieg verbuchte, bekräftigte die Partei ihren Anspruch auf zwei Bundesratssitze. Als «Bundesrätin im permanenten Ausnahmezustand»,[116] die von der SVP während ihrer ganzen Amtszeit als Verräterin, Intrigantin und Lügnerin gebrandmarkt wurde, erschien Widmer-Schlumpfs Wiederwahl nunmehr chancenlos. Im Herbst 2015 gab sie denn auch ihren Rücktritt mit der Begründung bekannt, dass sie die Regierungsarbeit viel Substanz gekostet habe, stellte vor allem aber familiäre Überlegungen voran. Einem Journalisten gegenüber bemerkte sie allerdings, dass sie die heftigen Anfeindungen manchmal «fast paralysiert»[117] hätten. Hielt die als nüchtern und kompetent geschätzte Bundesrätin auch allen Widrigkeiten stand, so musste sie sich schliesslich doch den Zwängen des schweizerischen Regierungssystems mit seiner Konkordanzregel fügen. An Widmer-Schlumpfs Stelle wählte das Parlament den SVP-Nationalrat Guy Parmelin, wodurch die Landesregierung nur noch zwei Frauen aufwies. Die nächste Möglichkeit, den Frauenanteil zu erhöhen, hätte sich 2017 ergeben. Für den zurücktretenden Didier Burkhalter traten drei Kandidierende an, darunter Isabelle Moret als einzige Frau. Das Parlament gewichtete die Vertretung der Landessprachen in der Regierung höher als das Geschlechterverhältnis und wählte den Tessiner Ignazio Cassis zum neuen Bundesrat.

2018 gab Doris Leuthard ihren Rücktritt bekannt, was die Befürchtung befeuerte, dass mit Simonetta Sommaruga nur noch eine Frau in der Bundesregierung verbleiben könnte. Die Parteifraktion der CVP schlug mit der Walliser Nationalrätin Viola Amherd und der Urner Regierungsrätin Heidi Z'graggen jedoch zwei Frauen zur Auswahl für die Nachfolge Leuthards vor. Kurz vor den Wahlen am 5. Dezember 2018 berichteten die Medien über eine Mietzinsaffäre, in welche die Juristin Amherd verwickelt gewesen sein soll. Die *Weltwoche* doppelte mit weiteren Vorwürfen gegen die von der SVP als zu links und feministisch erachtete Bundesratskandidatin nach. Bahnte sich abermals ein Wahldrama an? Der Aufruhr um Amherds angebliche und wenig belegbare Verfehlungen hielt sich schliesslich in Grenzen, und die 56-Jährige obsiegte schon im ersten Wahlgang deutlich gegenüber ihrer als konservativer eingeschätzten und dem Wirtschaftsflügel der Partei zugerechneten Mitstreiterin.

Gleichzeitig mit Doris Leuthard trat auch der Freisinnige Johann Schneider-Ammann von seiner Regierungstätigkeit zurück. Als Nachfolge präsentierte die FDP-Fraktion den Nidwaldner Ständerat Hans Wicki sowie die bereits 2010 zur Wahl gestandene Karin Keller-Sutter. Ihre Niederlage bei den Bundesratswahlen acht Jahre zuvor bezeichnete die St. Galler Ständerätin als einen Tiefpunkt in ihrem Leben. Dennoch wagte sie es erneut, sich dem überaus anstrengenden Prozedere einer Bundesratswahl zu stellen. Mit diesem in Bundesbern selten begangenen und entsprechend als mutig einzuschätzenden Schritt reüssierte sie schliesslich. Die Bundesversammlung wählte die 54-Jährige schon im ersten Wahlgang mit klarem Resultat zur neuen Bundesrätin. Erstmals in der Geschichte, in bemerkenswertem Eiltempo und ohne Störmanöver, zogen damit zwei Frauen gleichzeitig in den Bundesrat ein. «Mit meiner Wahl in den Bundesrat», erinnerte Karin Keller-Sutter die Bundesversammlung in ihrer anschliessenden Rede, «beenden Sie [...] ein dornenvolles Kapitel der freisinnigen Frauen. Nach fast dreissig Jahren Absenz in der Landesregierung darf ich die Aufgabe als Bundesrätin übernehmen.»[118]

Nach der Verbannung von Elisabeth Kopp aus dem Bundesrat, deren Name die soeben gewählte Bundesrätin in ihrer Rede indes nicht nannte und dadurch das Trauma von 1989 in ein Tabu verwandelte,[119] deutete Karin Keller-Sutter ihre Wahl als Zeichen, «dass wir damit wieder zur Normalität übergehen können».[120] Unklar blieb, was die neue Bundesrätin unter Normalität verstand und wann diese aus ihrer Sicht bereits geherrscht hatte, sodass man nun dazu zurückkehren konnte. Unabhängig davon darf mindestens bezweifelt werden, dass die Landesregierung aufgrund der zweiten je aus der FDP gewählten Bundesrätin künftig stets eine freisinnige Vertreterin aufweisen wird. Doch nicht nur sie, auch die Medien riefen nach der Wahl von zwei Bundesrätinnen eifrig die «Entkrampfung in der Geschlechterdebatte»[121] und den «Normalzustand im Bundesrat»[122] aus. Wie wenig es doch brauchte – neun Bundesrätinnen in der 170-jährigen Geschichte der Landesregierung, eine 14-monatige Frauenmehrheit im Siebnerkollegium, eine einzige Doppelwahl von Frauen –, damit Politkommentatoren zum Fazit gelangten, dass «Frauen heute nicht mehr besser sein [müssen] als Männer» und deren Einsitz in Schlüsselpositionen eine «Selbstverständlichkeit» sei.[123]

Dass das Geschlecht als Wahlkriterium eben doch viel umstrittener ist als die Kantons- oder Parteizugehörigkeit, zeigte sich wenige Jahre später erneut.[124] Für die beiden abtretenden Regierungsmitglieder Ueli Maurer aus der SVP und Simonetta Sommaruga aus der SP musste 2022 eine Nachfolge gefunden werden. Die Fraktion der Schweizerischen Volkspartei schlug der Bundesversammlung zwei Kandidaten vor, nachdem die einzige Frau, Michèle Blöchliger,[125] bereits im Nominationsverfahren ausgeschieden war. Mit der Wahl des Berner Nationalrats Albert Rösti blieb die SVP die einzige Regierungspartei, die noch nie eine weibliche Vertreterin im Bundesrat hatte – ihre einzige Bundesrätin, Eveline Widmer-Schlumpf, hatte sie nach der Wahl bekanntlich umgehend aus den eigenen Reihen ausgeschlossen. Seit der Regierungsbeteiligung der SVP und damit seit 64 Jahren hat die wähler:innenstärkste Partei der Schweiz unverwüstlich und resistent gegen alle Gleichstellungsschritte ausschliesslich Männer in das höchste Politamt portiert.

Doch nicht die jegliche Gleichstellungsentwicklungen ignorierende Männerwahl der SVP warf hohe Wellen, sondern das Frauenticket der SP. Für den Entscheid, mit den beiden Ständerätinnen Eva Herzog und Elisabeth Baume-Schneider ins Rennen zu ziehen, musste die Parteiführung heftigste Kritik einstecken. Es handle sich um eine Diskriminierung der Männer, eine Reduktion aufs Geschlecht oder gar um eine Verfassungswidrigkeit, wurden empörte Stimmen – auch innerhalb der SP[126] – laut. In der Diskussion um Geschlechtergleichstellung etwas Fortgeschrittenere beschäftigte hingegen mehr, welche Frauen es zur

Kandidatur schafften und warum keine Kandidatin mit kleinen Kindern auf dem Wahlticket stand. Eine Bundesrätin mit kleinen Kindern wäre tatsächlich ein Novum gewesen. Denn die bisherigen Bundesrätinnen hatten entweder keine Kinder, oder ihre Kinder waren bei Amtsantritt bereits erwachsen. An der Bundesratswahl von 2022, ein halbes Jahrhundert nach der Einführung des Frauenstimmrechts, offenbarte sich eindrücklich der unterschiedliche Stand bei Gleichstellungsdiskussionen. Während eine Seite Überlegungen zur Benachteiligung aufgrund sich überschneidender Faktoren wie Geschlecht, Alter und Mutterschaft anstellte, wehrte die andere Gleichstellungsanstrengungen ab und hielt unnachgiebig an der männlichen Norm fest. In Letzterem lag das für eine sich als modern verstehende Demokratie Bedenkliche, was aber in den Diskussionen um die Bundesratswahl wenig reflektiert wurde. Die SP-Parteileitung blieb trotz scharfer inner- und ausserparteilicher Kritik sowie hitzigen, medial befeuerten Debatten standhaft. Am 7. Dezember 2022 setzte sich die Ständerätin und frühere Sozialarbeiterin aus dem Jura, Elisabeth Baume-Schneider, gegen ihre Mitkandidatin Eva Herzog durch und zog als zehnte Frau in der Geschichte der Schweiz in die Regierung ein.

Das Geschlechterverhältnis in 176 Jahren Landesregierung präsentiert sich 2024, bei der Drucklegung dieses Buches, mit 112 männlichen zu 10 weiblichen Bundesratsmitgliedern eindeutig. Seit sich Frauen an der Bundespolitik beteiligen dürfen, galt es 40 Mal, einen Regierungssitz neu zu besetzen. 29 Mal wählte das Parlament einen Mann. Den Frauen ist die Tür zum «Chalet fédéral» mehrheitlich von links geöffnet worden. Insgesamt vier Sozialdemokratinnen, drei Vertreterinnen der CVP, zwei Freisinnige und eine ursprünglich aus der SVP stammende, daraufhin aber von der Partei ausgeschlossene Politikerin nahmen dort auf einem der herrschaftlichen Renaissancestühle Platz. So hoch sich die Eintrittsschwelle zum exklusivsten Zimmer des Bundeshauses für Frauen gestaltete, so wacklig waren die Sitze der Magistratinnen. Zwei mussten unfreiwillig ihren Platz räumen, eine andere wurde durch Abwahl verbannt. Erst seit 2006 weist das Siebnergremium durchgehend mindestens zwei Frauen im Amt auf. Ob das die «neue Normalität» ist, wird die Zukunft zeigen. Neu wäre daran allerdings wenig, «normal» hingegen schon: Es wäre ein weiterer Ausdruck der systematischen Untervertretung von Frauen in der Politik, vor allem in den einflussreichsten Gremien.

Offener Ausgang

Ränkespiele, Verschwörungen, Siege und Niederlagen, Heldinnen und Verliererinnen: Die Kandidatur von Frauen für den Bundesrat, ihre Wahl oder Abwahl waren ausserordentlich oft, ja fast immer, begleitet von Skandalen, parteipolitischen Ränkespielen und sonstigen Politintrigen.

Wie immer bei politischen Dramen steckte auch bei jenen um die Bundesrätinnen das dahinter, worum es in der Politik geht: Macht und Ideen. Je dünner die Luft an der Spitze der Macht, desto unerbittlicher gestaltete sich der Kampf darum, wer lenken und gestalten darf. Wo sich die Macht konzentriert, blieben Frauen am längsten ausgeschlossen, fehlten sie. Warfen sie sich in den Wettbewerb um das höchste Regierungsamt, wurde ihnen besonders zugesetzt. Die Demonstration der männlichen Normalität schlug ihnen hart entgegen. Politiker in den Parteien und im Parlament bestimmten, ob überhaupt eine Frau, und wenn ja, welche, im höchsten Staatsamt genehm war, wie Macht ausgeübt werden sollte und wer dazu fähig war. Die traditionelle Abwehr von Frauen auf höchster politischer Ebene, die damit einhergehenden geschlechtsspezifischen Diffamierungskampagnen sowie das überdeutliche Geschlechterverhältnis in der Geschichte der Landesregierung verweisen auf die standfesten Bollwerke gegen Gleichstellung.

Wer glaubt, dass sich die Geschlechterfrage im Bundesrat inzwischen erübrigt habe, tappt in die Falle der Selbstverständlichkeit. Das zeigt die Geschichte der Bundesrätinnen. Sie verlief nicht entlang einer Fortschrittslinie, erklomm nicht mit jeder Wahl eine nächste Sprosse auf der Leiter Richtung Gleichstellung. Weder Zeit noch Geduld mochten es richten. Politikerinnen hatten sich den Zutritt ins oberste Regierungsorgan selbst zu erkämpfen. Den Weg dorthin bereiteten tragische Heldinnen und geschasste Pionierinnen. Sie und ihre Nachfolgerinnen spielten die Hauptrolle bei den grossen Dramen auf der Politbühne in Bundesbern: Fähige Bundesratsaspirantinnen wurden verhindert, verdiente Magistratinnen zu Fall gebracht, ausgewiesene Amtsinhaberinnen in politischen Schachzügen ausgestochen. Widrigkeiten und Ungemach widerfuhren auch männlichen Bundesräten und -kandidaten, zweifellos. Bei Bundesrätinnenwahlen trat das aber augenscheinlich häufiger und heftiger auf.

Trotz allem Drama: Zehn Frauen errangen bislang die oberste Bastion der Männerdemokratie – durch viel Arbeit, Kompetenz, Wille, Mut und das hartnäckige Engagement ihrer Verbündeten, teilweise mit kräftiger Unterstützung der Bevölkerung auf der Strasse und feministischem Widerstand. Das Bundesrätinnendrama ist folglich nicht nur Ausdruck eines Politikbetriebs, der Frauen lange Zeit chronisch verhinderte und es zuweilen bis heute noch tut. Es ist auch ein Bild der Gesellschaft, die sich immer mal wieder gegen die Bewahrer der alten Ordnung hinter dem bundeshäuslichen Gemäuer wehrte, wenn diese an den traditionellen, patriarchalen Machtverhältnissen festhielten und sich gegen die durch Feminismus und Gleichstellungsbestreben gerahmten Veränderungen stemmten.

Politikerinnen, die im Bundesratszimmer endlich Platz nahmen, hatten in den allermeisten Fällen eine turbulente Zeit hinter sich. Dort angekommen, galt dann, was Ruth Dreifuss nach ihrer Wahl sagte: «Enfin, les soucis commencent!»[127] Doch das ist eine andere Geschichte. Und die gilt es auch noch zu erzählen.

CHRONOLOGISCHE ÜBERSICHT ALLER WAHLEN, NICHTWAHLEN UND ABWAHLEN VON BUNDESRÄTINNEN (STAND: NOVEMBER 2024)

07.12.1983	Nichtwahl: Lilian Uchtenhagen, SP. Stattdessen: Wahl Otto Stich, SP.
02.10.1984	Wahl: Elisabeth Kopp, FDP, unfreiwilliger Rücktritt: 12.1.1989.
10.12.1986	Nichtwahl: Judith Stamm, CVP. Stattdessen: Wahl Arnold Koller, CVP; Flavio Cotti, CVP.
01.02.1989	Nichtwahl: Monika Weber, LdU. Stattdessen: Wahl Kaspar Villiger, FDP.
03.03.1993	Nichtwahl: Christiane Brunner, SP. Stattdessen: Wahl Francis Matthey, SP.
10.03.1993	Wahl: Ruth Dreifuss, SP, Rücktritt: 31.12.2002.
13.12.1995	Nichtwahl: Cécile Bühlmann, Ruth Gonseth, Pia Hollenstein, Franziska Teuscher, Grüne. Es handelte sich um eine Gesamterneuerungswahl, bei der keine neuen Mitglieder gewählt wurden.
11.03.1998	Nichtwahl: Christiane Langenberger, FDP. Stattdessen: Wahl Pascal Couchepin, FDP.
11.03.1999	Wahl: Ruth Metzler-Arnold, CVP, Rücktritt nach Abwahl: 31.12.2003.
06.12.2000	Nichtwahl: Cécile Bühlmann, Grüne; Rita Fuhrer, SVP. Stattdessen: Wahl Samuel Schmid, SVP.
04.12.2002	Wahl: Micheline Calmy-Rey, SP, Rücktritt: 31.12.2011.
10.12.2003	Abwahl: Ruth Metzler-Arnold, CVP. Stattdessen: Wahl Christoph Blocher, SVP.
10.12.2003	Nichtwahl: Christine Beerli, FDP. Stattdessen: Wahl Hans-Rudolf Merz, FDP.
14.06.2006	Wahl: Doris Leuthard, CVP, Rücktritt: 31.12.2018.
12.12.2007	Wahl: Eveline Widmer-Schlumpf, SVP (später BDP), Rücktritt: 31.12.2015.
22.09.2010	Wahl: Simonetta Sommaruga, SP, Rücktritt: 31.12.2022.
22.09.2010	Nichtwahl: Karin Keller-Sutter, FDP; Brigit Wyss, Grüne. Stattdessen: Wahl Johann Schneider-Ammann, FDP.
20.09.2017	Nichtwahl: Isabelle Moret, FDP. Stattdessen: Wahl Ignazio Cassis, FDP.
05.12.2018	Wahl: Viola Amherd, Die Mitte (ehemals CVP).
05.12.2018	Wahl: Karin Keller-Sutter, FDP.
11.12.2019	Nichtwahl: Regula Rytz, Grüne. Es handelte sich um eine Gesamterneuerungswahl, bei der keine neuen Mitglieder gewählt wurden.
07.12.2022	Wahl: Elisabeth Baume-Schneider, SP.

Gespräch mit Elisabeth Zölch:

«Ich habe das Spiel mitgespielt, um es zu gewinnen.»

Elisabeth Zölch im Parlament, 1988.

Es geht mir immer noch nahe, wenn ich an meine sieben Jahre im Bundeshaus denke. Obwohl es bereits ein Weilchen her ist und ich im Anschluss deutlich länger als Regierungsrätin des Kantons Bern amtierte, sind einige Eindrücke aus meiner Zeit in der eidgenössischen Politik besonders in Erinnerung geblieben. Aber beginnen wir doch am Anfang, bei meiner Politisierung.

Politisiert wurde ich zu Hause, am Tisch. Mein Vater war Gemeindepräsident von Mühlethurnen im Berner Gürbetal. Zugleich arbeitete er als Tierarzt und bildete in seiner Praxis stets mehrere Assistenten aus unterschiedlichen Ländern aus. Diese assen jeweils mit uns, und so sassen immer zehn oder mehr Leute am Tisch. Darunter waren meist drei, vier Assistenten aus Deutschland, aus der damaligen Tschechoslowakei oder aus dem Tessin und dem Wallis. Zusammen politisierten wir dann. Und zwar so richtig, auch über internationale Themen. Meine Mutter erlebte ich während dieser Essen, aber auch generell, als starke Frau. Sie kochte, zusammen mit einer Haushaltshilfe, für alle, was man zuerst einmal können muss. Zudem führte sie die Buchhaltung für die Praxis unseres Vaters. Ausserhalb des Hauses war sie im Frauen- und im Kindergartenverein aktiv. Uns vier Kindern, drei Mädchen und einem Buben, gaben die Eltern auf den Weg mit, dass man etwas aus seinem Leben machen, man diszipliniert sein und die Welt beobachten soll. Das prägte mich sehr – und zugleich war damit eine gewisse Erwartung verknüpft, tatsächlich etwas zu leisten. Als Einzige von uns Mädchen besuchte ich denn auch das Gymnasium. Allerdings führte das wiederum dazu, dass ich zu Hause etwas mehr helfen musste als meine Schwestern: Beispielsweise musste ich auch abwaschen oder am Samstag putzen. Das war eine Art Abverdienen für die Möglichkeit, das Gymnasium besuchen zu können. Für jemanden wie mich, die auf dem Land aufwuchs, war das Gymnasium damals keine Selbstverständlichkeit. Mein grosses Ziel war es immer, überhaupt die Matura zu schaffen und als Mädchen in einer Knabenschule zu bestehen. Ich spürte in dieser Phase viel Druck, und entsprechend bestimmte diese Lebensrealität mein damaliges Bewusstsein. Das mag unter anderem erklären, warum gewisse Themen, die zu dieser Zeit durchaus debattiert wurden, darunter das Frauenstimmrecht, für mich persönlich nicht zentral waren. In der Familie politisierte man ja bereits ständig, und irgendwie erachtete ich es als selbstverständlich, dass ich in absehbarer Zeit die politischen Rechte erhalten würde. Das erschien mir als genauso klar, wie dass auf eine Schwangerschaft bald einmal die Geburt des Kindes folgt. Tatsächlich wurde das Frauenstimmrecht 1971 eingeführt, just, als ich volljährig wurde.

Als ich 26 Jahre alt war und noch in Bern studierte, besuchten mich Vertreter der örtlichen SVP bei uns zu Hause. Sie beknieten mich richtiggehend, dass ich für den Gemeinderat unseres Dorfes kandidieren solle. Daraufhin liess ich mich bei der Gemeindeversammlung als Kandidatin aufstellen und wurde 1977 zur Gemeinderätin von Mühlethurnen gewählt. Gut, ich hatte auch keine Konkurrenz. Dennoch war diese Wahl nicht selbstverständlich: Bei Frauen gibt es bekanntlich verschiedene Karrierewege in der Politik. Viele arbeiten zuerst als Parteisekretärinnen, werden dann in ein Parlament gewählt und schaffen es anschliessend vielleicht noch in eine Regierung. Mein Weg führte hingegen direkt in den Gemeinderat und später in den Nationalrat. Die Wahl war ein imposantes Ereignis: Das Dorf feierte mit Blasmusik und einem Fest im Restaurant. Als es im Gemeinderat anschliessend aber um die Ressortverteilung ging, fragte niemand nach meinen Präferenzen. Eigentlich hätte mich das Bau- oder das Finanzressort interessiert, doch man teilte mir das Ressort Fürsorge und Vormundschaft zu. Das war schon sehr typisch. Man erachtete das als Frauenaufgaben, dabei hätte das ein Mann genauso übernehmen können. Dieses Ressort war eine Herausforderung: In unserem Dorf gab es noch keine Sozialarbeiter, und folglich war ich für vieles zuständig. Etwa lebte bei uns im Dorf ein alleinstehender, alkoholkranker Mann, den ich oft besuchte. Älteren Frauen stand ich zur Seite, tröstete und pflegte sie. All das habe ich nicht gemacht, weil ich besonders gut oder gar eine Heldin bin, sondern weil es zu meinem Ressort gehörte. Es klingt wie ein Klischee und liegt sicherlich auch an der dörflichen Struktur, aber man hat einfach geholfen. Wir waren um die 800 Einwohner, und man kannte sich. Man kannte meinen Vater und meine Mutter, man kannte meine Geschwister, und man kannte mich. Ausserdem verfügte die Gemeinde über beschränkte Mittel, mit der sie diese ganze Problematik angehen konnte. Wer also das Ressort Fürsorge und Vormundschaft innehatte, musste zahlreiche Aufgaben selbst übernehmen. Als Amtsinhaberin erlebte ich oft Trauriges und verspürte ab und zu auch Hilflosigkeit. Zugleich lernte ich unglaublich viel fürs Leben. Letztlich waren mir die Tätigkeiten, die ich im Rahmen dieses Amtes ausführte, viel wichtiger, als wenn ich in einem anderen Ressort hätte bestimmen können, ob die Gürbe, die bei uns durchfloss, verbreitert werden sollte oder nicht.

Nach der Patentierung als Rechtsanwältin lebte ich zusammen mit meinem Mann in Bern, wo ich eine für mich ganz ungewöhnliche Erfahrung machte: Hier war alles anonymer. Ich war niemand und wollte auch niemand sein. Mir war es einfach wichtig, als gute, aktive Juristin meine Arbeit zu machen. Zu jener Zeit konzentrierte ich mich völlig auf meinen Beruf. Ich arbeitete als wissenschaftliche Mitarbeiterin und später als Generalsekretärin bei der Gemeindedirektion, einer Organisationseinheit der bernischen Kantonsverwaltung. Der damalige Justizdirektor

Ernst Jaberg gab mir die Chance, als erste Frau in seinem Direktionsstab zu arbeiten. Es war ihm wichtig, die Stelle mit einer Frau zu besetzen. In dieser Funktion errichtete ich eine Art telefonische Hotline, was ein Angebot war, das es noch nicht gab: Wenn etwa ein Gemeindepräsident Fragen zu einer anstehenden Gemeindeversammlung hatte, konnte er mich anrufen und um Rat fragen. Selbst mitten in einer Versammlung war es ihm möglich, über diese Hotline bei mir Auskunft zu Problemen oder Fragen zu erhalten. Rückblickend erachte ich diese Tätigkeit als mein eigentliches Sprungbrett in die Politik. Denn mit der Zeit kannten mich die Gemeindeschreiber, Gemeindepräsidenten und Finanzverwalter des Kantons Bern. Ausserdem hielt ich zeitweise Vorlesungen zum bernischen Staats- und Verwaltungsrecht und coachte Gemeindeschreiber und Regierungsstatthalter. So wurde unter anderem Adolf Ogi, der damalige Präsident der SVP und spätere Bundesrat, auf mich aufmerksam. Er war der Überzeugung, dass ich in die Politik einsteigen sollte, und motivierte mich dazu. Anlässlich der eidgenössischen Wahlen im Herbst 1987 lancierte er in der Zeitung einen grossen Artikel mit einem Bild von mir. Darin war zu lesen, dass ich eine gute Wahl für den Nationalrat wäre. Mich beeindruckte das nicht gross, freute mich aber. Eigentlich war ich nicht daran interessiert, für das Bundesparlament nominiert zu werden, denn mir gefiel meine damalige Arbeit als Juristin sehr gut. Weil Adolf Ogi aber bereits meinen Namen und mein Gesicht in die Zeitung gesetzt hatte, fand ich: «Ja, ich mache das, aber nur aus eigener Kraft.» Zwei andere engagierte Frauen und ich stiegen daraufhin zusammen in den Wahlkampf. Wir wollten jedoch nicht kumuliert oder an die Spitze der Liste gesetzt werden, sondern es aus eigener Kraft schaffen. Wir waren ein gutes Team und hatten viel Spass. Retrospektiv erscheint mir das als eine verrückte Zeit. Wir dachten nicht wirklich, dass wir gewählt würden. Doch dann schaffte ich die Wahl zur Nationalrätin, mit einem Glanzresultat! Dabei sass ich zuvor weder im Grossrat noch jemals in einem Parlament. Meine Wahl erkläre ich mir einerseits damit, dass ich durch meine Arbeit für die Gemeinden ein grosses Netzwerk hatte. Andererseits war es auch einfach Zeit für uns Frauen.

An die ersten Wochen im Parlament erinnere ich mich noch gut. Beim Amtsantritt lagen auf meinem Pult Blumen, und Judith Stamm von der CVP überbrachte mir ein Päckchen mit einem gestickten Taschentuch. Das war so lieb von ihr. Eine Woche später, im Dezember 1987, wurde Adolf Ogi in den Bundesrat gewählt, zur grossen Freude der Berner SVP. Wenn ich an die ersten Tage im Nationalrat denke, fällt mir unter anderem der Moment ein, als Vreni Spoerry vom Zürcher Freisinn vor dem Parlament sprach. Ich dachte nur: «Meine Güte, wenn ich dann einmal nach vorne muss. Das schaffe ich nie!» Ich war eine eher schüchterne Frau, und ich war neu und unerfahren im Bundeshaus. Entsprechend gut bereitete ich mich auf mein erstes Votum im Nationalrat vor. Die Nacht davor schlief ich kaum, und am nächsten Tag zeigte ich die Rede einem Fraktionskollegen. Dieser meinte nur: «Das kannst du so nicht machen – das ist viel zu theoretisch!» Obschon ich einen guten Einstieg hatte, gab es selbstverständlich auch weniger schöne Erfahrungen. Beispielsweise lief ich anfänglich einfach in den Nationalratssaal hinein und nahm an meinem Pult Platz. Daraufhin wandte sich ein Vertreter der CVP empört an meinen Fraktionskollegen Fritz Hari und meinte: «Sag ihr, man soll grüssen, wenn man reinkommt!» Eigentlich hatte er ja recht. Bei einigen Männern spürte ich Skepsis mir gegenüber: «Jetzt meint die da was weiss ich, dabei hat sie keine Ahnung. Die ist halt so reingerutscht, weil sie in Bern bekannt ist.» Ja, ich verfügte tatsächlich über wenig parlamentarische Erfahrung, und auf politischer Ebene war ich ein Niemand. Meine Fraktion und die Partei unterstützten mich hingegen. Und sie profilierten sich auch mit mir. Denn ich war die erste Frau, die für die SVP im Nationalrat sass. Zwar gab es mit Elisabeth Lardelli schon Mitte der 1970er-Jahre eine Vertreterin der SVP im Bundeshaus. Sie rückte damals als Ersatzkandidatin für einen in den Ständerat gewählten Fraktionskollegen nach. Allerdings blieb sie nur etwas mehr als ein Jahr im Amt. Ich war also die erste offiziell gewählte SVP-Nationalrätin, und als solche fuhr ich durch die ganze Schweiz, wo ich ständig Vorträge und Reden hielt. Natürlich hätten es damals einige am liebsten gehabt, wenn ich jeweils in einer Tracht aufgetreten wäre. Aber das habe ich nie gemacht – selbst als ich Schwingfeste eröffnete und alle meinten, wie schade es sei, dass ich keine Berner Tracht trüge. Warum hätte ich das tun sollen, wenn das doch für mich nicht passte? Nichtsdestotrotz sah es die Partei gerne, wenn ich an all diesen Festen und Anlässen als ihre Nationalrätin in Erscheinung trat. Ging es dann jedoch um die Verteilung der politischen Geschäfte, der Kommissionssitze oder der Redezeiten, zeigte sich die Fraktion zurückhaltender. Zuerst war ich Mitglied der Rechts- und Redaktionskommission. Dort werden Gesetzestexte redigiert und juristisch beurteilt, bevor sie vors Parlament kommen. Das ist eine Arbeit, die gemacht werden muss, aber es ist kaum möglich, damit etwas zu bewirken und sich politisch zu profilieren. Erst als ich nach vier Jahren mit einem sehr guten Resultat wiedergewählt wurde, wechselte ich unter anderem in die Staatspolitische Kommission. In dieser Kommission behandelten wir so wichtige Geschäfte wie etwa den EWR, also den europäischen Wirtschaftsraum. Es war die starke Wiederwahl, die mir Rückhalt gab. Schliesslich präsidierte ich die Staatspolitische Kommission und konnte aus dieser Position heraus und in diesem Gremium etwas bewirken.

Obschon ich Teil einer Fraktion war, folgte ich immer meinem eigenen Kompass. Während meiner zweiten Legislatur, in den 1990er-Jahren, änderte sich im Bundesparlament die politische Ausrichtung der SVP grundlegend und mit ihr die Dynamik in der Fraktion. Zuvor bildeten wir aus Bern zusammen mit den beiden Basler Halbkantonen, dem Thurgau und der Innerschweiz die Fraktionsmehrheit. Dann legte die SVP aus Zürich kräftig zu. Die Zürcher SVP wies sehr starke Persönlichkeiten auf, die ich schätzte. Anders als wir «Berner» teilten sie aber nicht die aus der früheren Bauern-, Gewerbe und Bürgerpartei stammende Kultur. Das war spürbar. Die liberalen Stimmen befanden sich zunehmenden in der Minderheit. Zwar war die Politik noch eine bürgerliche, aber eben mit anderen Wurzeln. Das forderte uns immer mehr. Wir kämpften um Redezeiten und wichtige Kommissionssitze. Im Jahr 2008, als ich schon nicht mehr im Nationalrat politisierte, wurde schliesslich die bürgerlich-demokratische Partei BDP gegründet.

Was das Thema Geschlecht angeht, gibt es schon Beispiele, die zeigen, dass im Bundeshaus mit Frauen anders umgegangen wurde als mit Männern. Etwa war unsere Kleidung ein Thema. Ich trug gerne breite Gürtel. Das Auftreten als selbstbewusste Parlamentarierin provozierte viele Sprüche. Heute ist das wahrscheinlich nicht mehr der Fall. Jedenfalls disqualifizierten sich jene Männer, von denen solche Sprüche kamen, mit der Zeit selbst. Je profilierter und selbstbewusster wir wurden, desto mehr verstummten die billigen Kommentare jener, die realisierten, dass der Zug in eine ganz andere Richtung fuhr und dass niemand mehr zuhörte, wenn sie über die Länge von Röcken sprachen. Trotz diesen Sprüchen habe ich mich nicht angepasst. Im Gegenteil. Vermochten mich diese Bemerkungen zwar meist nicht zu beeinflussen, so gab es selbstverständlich Momente, in denen ich mich anpasste. Wobei, ich würde nicht von «anpassen» sprechen. Eher habe ich ein Spiel mitgespielt – und zwar, um es zu gewinnen. Nehmen wir das Beispiel der politischen Kommissionen. In den Kommissionen geht es darum, einen politischen Prozess mitzugestalten und Mehrheiten zu finden. Für Frauen war das schwieriger als für Männer. Sie mussten zuerst einmal in eine Kommission gewählt werden. Um den Weg hin zu mehr Einfluss zu erklären, benutze ich gerne die Metapher vom Fussball: In einem ersten Schritt müssen Frauen überhaupt auf das Spielfeld gelangen. Zunächst spielen sie nur auf unbedeutenden Nebenplätzen. Auf den Hauptplatz der WM gelangen zu können, ist ein wahnsinnig anstrengender Weg. Dafür musst du einfach *chrampfe*. Du musst arbeiten und darfst nicht aufgeben. Elisabeth Kopp hat das einmal sehr treffend formuliert: «Eine erfolgreiche Frau muss aussehen wie ein Mädchen, sich benehmen wie eine Dame, denken wie ein Mann und schuften wie ein Pferd.» Bei einer

Frau musste so viel mehr passen als bei einem Mann, der halt ganz klassisch Gemeindepräsident war, danach zwölf Jahre Grossrat in seinem Kanton und schliesslich noch zwölf Jahre Nationalrat. Solche Karrieren waren akzeptiert und galten als normal. Wir Frauen erschienen dagegen wie Schmetterlinge, die dazwischenkamen.

Zu meiner Zeit, also von 1987 bis 1994, waren Frauen im Bundeshaus exponierter als heute. Diese überschaubare Menge an Politikerinnen hielt allerdings nicht durch eine verbindende Kraft zusammen. Es war also nicht so, dass sich Frauen per se gegenseitig unterstützten. Exklusiven Frauengruppen stand ich sowieso immer skeptisch gegenüber, ich war nie gerne ausschliesslich mit Frauen zusammen. Die wichtigste Unterstützung erhielt ich in jener Zeit von Personen in der eigenen Fraktion, von der Familie und immer wieder von einem grossen Teil der Bevölkerung. Meine Eltern begleiteten mich zu Wahlveranstaltungen, und mein damaliger Mann, der unter anderem immer für mich kochte, war mir eine grosse Stütze. Ausserdem hatte ich viele Freundinnen und Freunde. Ich verfügte also über ein breites Netz, das ich bis heute pflege. Es tat jedoch gut zu wissen, dass es innerhalb des Bundeshauses noch andere Frauen gab. Irgendwie bestand einfach ein spezieller Draht zueinander. Gleichzeitig haben wir uns politisch manchmal durchaus bekämpft, das ist klar. Dazu kommt, dass man als Nationalrätin politisch in seinem Kanton beheimatet ist. Judith Stamm etwa hatte ihre Heimat in Luzern und ich meine in Bern. Insofern war man auch nicht stark aufeinander angewiesen. Schliesslich gab es noch die Unterschiede zwischen linken und bürgerlichen Frauen. Wir Bürgerlichen besassen unsere eigenen Formen des Protests gegen jene Männer, die uns nicht ernst nahmen: Wir machten uns lustig über sie. Es war ein Protest aus Selbstsicherheit heraus. Wir alle wussten: Wir sind stark. Selbstverständlich formulierten wir das nicht so direkt, sondern hatten diese Überzeugung in uns drin – einige ein bisschen mehr, andere weniger. Wichtig war mir, ich selbst zu bleiben und mich nicht anzupassen. Nicht nur ich, sondern wir alle wussten, dass wir es bis ins Bundeshaus geschafft hatten und jetzt unsere Sache gut machten. Es war auch ein Selbstbehauptungskampf. Und zwar mit Erfolg: Es kamen dann immer mehr Frauen ins Parlament, und ihre Präsenz wurde zunehmend selbstverständlich.

Die Frage, warum einige Männer uns Parlamentarierinnen damals als eher fremd empfanden, kann ich nicht beantworten. Aber ich glaube schon, dass sie Politik nicht als eigentliche Aufgabe der Frau verstanden, zumindest war das zu meiner Zeit der Fall. Schon damals sprach das niemand mehr in dieser Deutlichkeit aus. Aber im Kern ging es doch genau darum. Schauen Sie nur, was mit Frauen in machtvollen politischen Ämtern passiert ist. Ich habe miterlebt, wie Elisabeth

Kopp 1989 gehen musste. Damals, als ich frisch im Nationalrat politisierte, konnte ich mitverfolgen, wie gut sie ihre Geschäfte, vor allem das neue Kindsrecht oder das neue Eherecht, präsentierte. Sie machte das als Bundesrätin hervorragend, und dafür verehrte ich sie sehr. Wenige Jahre später dann sehen zu müssen, was ihr widerfuhr und wie man sie im Stich liess, war traurig. Einige Zeit nach ihrem Rücktritt wollte ein Teil meiner Partei mich als Bundesrätin vorschlagen. Durch die Geschichte von Elisabeth Kopp wusste ich jedoch, was das bedeutete. Was also meine mögliche Bundesratskandidatur anbelangt, bin ich rückblickend wirklich dankbar, dass ich meinen Weg gegangen bin. 1994 wurde ich in den Regierungsrat des Kantons Bern gewählt und trat als Nationalrätin zurück. In der Berner Regierung politisierte ich bis 2006 und verbrachte dort insgesamt zwölf sehr gute Jahre. Heute verfolge ich mit Freude und Genugtuung, dass Politikerinnen und Politiker unverkrampft, mit gegenseitigem Respekt und Selbstvertrauen zusammenarbeiten.

Das Gespräch mit Elisabeth Zölch fand am 1. Juli 2021 im Restaurant Casino in Bern statt.

Elisabeth Zölch (*1951) startete ihre politische Karriere 1977 im Gemeinderat von Mühlethurnen (BE). Von 1987 bis 1994 amtierte sie als SVP-Vertreterin im Nationalrat, bevor sie von 1994 bis 2006 als Regierungsrätin des Kantons Bern die Volkswirtschaftsdirektion leitete. Zwei Mal, 1997/98 sowie 2002/03, war sie Regierungsratspräsidentin. 2008 wechselte sie von der SVP zur BDP Bern, an deren Gründung sie sich beteiligte.
Elisabeth Zölch war die erste Generalsekretärin in der Berner Kantonsverwaltung. Als Rechtsanwältin betrieb sie bis zu ihrer Wahl in den Regierungsrat eine eigene Praxis für Rechts-, Organisations- und Strategieberatung. Während und nach ihrer politischen Laufbahn hatte sie Funktionen in verschiedenen Institutionen inne, darunter als Präsidentin des Arbeitgeberverbandes der Schweizer Uhrenindustrie und beim Swiss Venture Club.

Unerhört

Am 7. Dezember 1971 tritt Lise Girardin vor den Ständerat und spricht als erste Frau im Schweizer Parlament. Eine Woche später ergreift mit Lilian Uchtenhagen erstmals eine Nationalrätin das Wort. Kurz zuvor legt Tilo Frey – nicht nur eine der Ersten, sondern auch die erste Schwarze Politikerin – im Parlament ihren Amtseid ab. Im Jahr darauf wird Hanna Sahlfeld als erste Bundespolitikerin während der Amtszeit Mutter. 1977 sitzt Elisabeth Blunschy als erste Frau ganz vorne im Nationalratssaal auf dem Präsidiumssessel. 1979 wird Ursula Mauch zur ersten Nationalrätin aus dem Kanton Aargau gewählt. Die Vereinigte Bundesversammlung kürt 1984 Elisabeth Kopp zur ersten Bundesrätin. Als erste SVP-Parlamentarierin schafft Elisabeth Zölch im Herbst 1987 den Sprung ins Bundeshaus. Vier Jahre später präsidiert Josi Meier als erste Frau den Ständerat. 1999 erhält die Schweiz mit Ruth Dreifuss ihre erste Bundespräsidentin. Weitere Politikerinnen folgen, die als Erste ein Amt übernehmen, einen Kanton oder eine Partei vertreten. 2018 steht Bundesrätin Viola Amherd als Erste der Männerbastion des Eidgenössischen Departements für Verteidigung, Bevölkerungsschutz und Sport (VBS) vor. Im folgenden Jahr nehmen erstmals Vertreterinnen aus fünf Kantonen – Basel-Landschaft, Freiburg, Tessin, Uri und Wallis – Platz im Ständerat. Mit Esther Friedli zieht 2023 erstmals ein weibliches Mitglied der SVP in die kleine Kammer ein.[1]

Der rasante Ritt durch gut fünfzig Jahre Parlamentsgeschichte zeigt, dass seit 1971 immer wieder eine andere Erste ein vormals ausschliesslich von Männern ausgeübtes Amt errang, dass auch Jahrzehnte nach der politischen Gleichberechtigung sich eine Weitere in den Reigen der Pionierinnen einreihte. Die Liste der Ersten liesse sich über Seiten hinweg weiterführen. Zugleich stehen im Bundeshaus weiterhin erste Frauen aus, haben deren Stimmen nicht Einzug gehalten, sind ihre Lebensrealitäten nicht Teil des dortigen politischen Alltags geworden. Noch immer sind seit der Gründung des Bundesstaats gewisse Funktionen und Positionen ausschliesslich von Männern besetzt. Etwa lassen zwei Kantone – Glarus und Appenzell Innerrhoden – bis heute, über ein halbes Jahrhundert nach der Einführung des eidgenössischen Frauenstimmrechts, auf ihre ersten Vertreterinnen im National- und Ständerat warten.[2]

Was die Auflistung hingegen nicht zeigt, ist das, was diese Ersten durch ihren Status als Neue verband. Mit ihnen zog Unerhörtes ins Bundeshaus ein: Aussergewöhnliches, Skandalöses, Grossartiges, Empörendes. Vielem davon sind die Leser:innen in diesem Buch begegnet. Der letzte Essay dieses Buches widmet sich diesem Unerhörten ausführlicher. Anhand von vier Aspekten veranschaulicht er, in welch unterschiedlichem Gewand Unerhörtes in Zusammenhang mit den ersten und frühen Bundespolitikerinnen auftauchte: Erstens verkörperten die lange Zeit vom politischen Parkett Ausgeschlossenen ab 1971 aufgrund ihrer Zugehörigkeit zur Kategorie Frau sowie ihrer Funktion als Politikerinnen «unerhörte Subjekte». Als solche trugen sie zweitens bislang ungehörte oder überhörte Anliegen in die Ratssäle. Drittens widerfuhr ihnen als neue politische Akteurinnen, die Platz unter der Bundeshauskuppel beanspruchten, Empörendes. Viertens griffen sie selbst mitunter auf ungewöhnliche, zuweilen als unverschämt eingestufte Praktiken zurück, um ihren politischen Anliegen Aufmerksamkeit und sich Gehör zu verschaffen.

Politikerinnen stellten allein durch ihre Präsenz im politischen Feld «unerhörte Subjekte» dar. Denn mit ihrer Anwesenheit im Bundeshaus verkörperten sie den Verstoss gegen eine fundamentale, bislang geltende und insbesondere in der Schweiz hart verteidigte Norm des Politischen: die Norm des Männlichen. Als Politpionierinnen durchbrachen sie nichts weniger als das durch die Französische Revolution gesetzte und in der direkten Demokratie der Schweiz besonders wirksame «Paradox der politischen Moderne»:[3] Wurde 1789 in Versailles zwar die Freiheit und Gleichheit aller verkündet, so waren Frauen von ebendiesem Prinzip ausgeklammert.[4] Diese demokratietheoretisch höchst bemerkenswerte Tatsache wird in der Forschung oft als Widerspruch oder als «Inkonsequenz des Liberalismus»[5] bezeichnet. Eine andere Perspektive erachtet die fehlenden politischen Rechte für Frauen jedoch nicht einzig als «Systemmangel»[6] oder eben als «Inkonsequenz», sondern im Gegenteil gerade als Konsequenz moderner Staatstheorien.[7] Diese, so postuliert der Ansatz, haben den Homo politicus als exklusiv männlich und Politik als genuine Männerangelegenheit konzipiert. Da der Mensch im Universalismus der Aufklärung männlich entworfen ist, wohnt dem männlichen Politikmonopol folglich auch kein Widerspruch inne.[8] Ohne diese Diskussion um den ontologischen Schweregrad des Männlichen in der Demokratie hier vertiefen zu wollen, wird vor diesem Hintergrund bereits deutlich, welch unerhörten Schritt die ersten Schweizer Parlamentarierinnen vollzogen hatten. Als Angehörige einer bislang weder zur Politik berechtigten noch dazu als fähig erachteten Gruppe markierten sie durch ihren Eintritt ins Bundeshaus eine grundlegende Zäsur im politischen Feld.[9]

Was auf diese frühen Pionierinnen zutraf, erfuhren in gleicher oder ähnlicher Form auch viele der später dazugekommenen Politikerinnen sowie jene Frauen, die noch Jahre nach 1971 als Erste eine politische Funktion übernahmen. Ihr Status war ambivalent: Erste Bundespolitikerinnen mussten hohe Hürden meistern, mit mannigfaltigen Widrigkeiten kämpfen, vieles ein- und wegstecken. Sie waren aber auch Triumphierende, Gewinnerinnen, Pionierinnen und zuweilen Gefeierte. Meistens unter grosser Anstrengung eroberten sie einen Platz in einer der Ratskammern oder in einer Kommission. Von dort aus bestimmten sie die politischen Geschicke mit. Eine Pionierin zu sein und damit als Frau eine im Bundeshaus zuvor nicht zugelassene und folglich ungehörte Gruppe zu repräsentieren, brachte Veränderungen unter die Bundeshauskuppel, die nicht alle Anwesenden gleichermassen willkommen hiessen.[10]

Botinnen der Veränderung

Das Bundeshaus öffnete seine Türen für die Frauen nur einen Spaltbreit. Als die ersten Politikerinnen in den Ratssälen ihren Platz einnahmen, sassen sie ziemlich allein, verstreut und umgeben von Männern in den Pultreihen. Dort stachen sie heraus, nicht nur optisch. Sie verkörperten etwas Neues, etwas Anderes, eine historische Premiere. Als Erste fanden sie sich in einem Gremium, in dem vor ihnen keine andere gewesen war. Noch bevor und unabhängig davon, ob sie ihre Politik schliesslich auch durchzusetzen vermochte, hatte jede dieser Ersten bereits Entscheidendes erreicht: «Sie ist es, die [...] in die bisher den Männern reservierte Welt einbricht, die traditionell Verankertes ins Wanken bringt, indem sie bald einmal Gleichberechtigte oder gar Vorgesetzte wird»,[11] analysierte Martha Ribi, eine der ersten Nationalrätinnen, ihre eigene Situation und die ihrer Kolleginnen. Zwar verschätzte sich die Freisinnige mit ihrer allzu hoffnungsvollen Erwartung der bald eintretenden Gleichberechtigung oder sogar Wachablösung, doch traf sie den wesentlichen Punkt: Die ersten Frauen rüttelten die männliche Normalität auf. «Das war», schrieb der Doyen der Schweizer Sozialdemokratie, Helmut Hubacher, mit Blick auf den Parlamentseintritt seiner Kolleginnen, «für die ersten Nationalrätinnen eine harte Tour. Schliesslich personifizierten sie den Anfang vom Ende der absoluten Männerherrschaft im Bundeshaus. Für die Herren der Schöpfung begann ein schmerzhafter Anpassungsprozess.»[12]

Frauen, die als Erste ein politisches Amt übernahmen, verkörperten eine zuvor unerhörte Gruppe und forderten im Bundeshaus das scheinbar Selbstverständliche heraus. Sie traten den Gegenbeweis zur dominanten Vorstellung der Unvereinbarkeit von Frauen und Politik an. Mit ihrem Vorrücken in das einstige Männerbollwerk leiteten sie zugleich den Anfang eines Endes, den Übergang zu etwas Neuem ein. Als «unerhörte Subjekte» stellten diese neuen Akteurinnen somit nichts weniger als die «männliche Herrschaft»[13] infrage und setzten das Aufbrechen der im Feld der Politik bestehenden Geschlechterordnung in Gang. Auf die Neuen wurde ein besonderes, zuweilen freundliches, mitunter aber auch argwöhnisches Augenmerk gerichtet. Als Erste ihres Geschlechts hatten sie alles richtig zu machen. «Als ich im Oktober 1984 nach der Wahl zur Bundesrätin zum Rednerpult ging», erinnerte sich Elisabeth Kopp, «dachte ich: ‹Du musst das so gut machen, und zwar in jeder Beziehung. Du darfst nicht versagen. Sonst gehen die Tore für andere Frauen zu. Dann erhalten all jene Recht, die schon damals sagten: Das kann eine Frau nie!›»[14]

Es lag an jeder Ersten, den Beweis zu erbringen, dass Frauen zur Politik fähig und dem entsprechenden Mandat gewachsen waren. Sie stand zwar allein, aber symbolisch für alle Frauen auf ihrem Posten. Ein Fehler ihrerseits wäre als Unzulänglichkeit von Frauen generell gedeutet worden. Ihr durfte nichts misslingen, entschied die Qualität ihrer Arbeit doch ganz grundsätzlich über die Sicht auf Frauen in ebendieser Position – gegenwärtig und zukünftig. Welch enormer Druck von aussen und welch hohe Erwartungen an sich selbst mochten auf diesen ersten Frauen gelastet haben?

Als wäre der aussergewöhnliche Weg ins Bundeshaus nicht schon kräftezehrend genug, die dort anstehende Arbeit nicht bereits eine riesige Herausforderung, hatten die Ersten einen weiteren Kraftakt zu erbringen: Ohne weibliche Vorbilder, ohne Orientierung an Vorgängerinnen, manchmal auch ohne grosse Erfahrung, mit wenig Austausch und fehlendem Zugang zu den wichtigen Netzwerken mussten sie die herrschenden Regeln und Normen erlernen.[15] Als Angehörige einer doppelt minorisierten Gruppe – innerhalb des politischen Feldes und innerhalb der eigenen Fraktion – galt es, Verbündete zu finden, die Routinen des Bundeshauses zu durchschauen, sich durchzusetzen, dem aufgeworfenen Zweifel an ihren Kompetenzen und den eigenen Bedenken entgegenzutreten, von Kollegen ernst genommen zu werden sowie deren Vorurteile gegenüber Frauen zu widerlegen. Zusätzlich, und das ist ein bedeutender Unterschied zu männlichen Politnovizen, hatten sie sich Gedanken über Dinge zu machen, an die man nicht denken will und an die keiner der Ratskollegen Energie verschwenden musste.[16] Etwa erlegte sich die 1971 zur Nationalrätin gewählte Hanna Sahlfeld von Anfang an Regeln auf: «Keinen Tropfen Alkohol trinken. Denn ich wusste, wie er Menschen verändern kann. Abends immer als Erste ins Hotel zurückkehren. Nie mit einem Mann allein ausgehen, sondern möglichst eine Kollegin mitnehmen, wenn ich mit einer Gruppe Männern zusammen eingeladen bin. Und mehr zuhören als reden.»[17] Die Sozialdemokratin wusste: «Ich kann mir keinen Skandal erlauben.»[18] Mit diesen Regeln sei sie gut durchgekommen, habe nicht zu viel Kraft verbraucht und sich «nicht noch mit Problemen herumschlagen müssen, die man als Frau durchaus bekommen kann».[19]

Zu alledem mussten die frühen Frauen im Bundeshaus damit klarkommen, einsam zu sein – allein unter lauter und oft auch lauten Männern. «Jedem Mann», kommentierte Judith Stamm diesen Umstand, «würde das kalte Grausen den Rücken hinunterlaufen bei der Vorstellung, auf Jahre hinaus allein oder zu zweit in einem mehrköpfigen weiblichen Gremium funktionieren zu müssen.»[20] Als einzige Frau im Bundesrat sei sie von ihren Kollegen zwar weder galanter noch härter behandelt worden, berichtete Ruth Dreifuss. Schwierig sei hingegen gewesen, dass die anderen Bundesräte «mich als die Vertreterin quasi aller Frauen [betrachteten]. Sie versuchten, durch mich ‹die Frau› zu verstehen.» Entsprechend gefreut habe sie sich über Ruth Metzlers Wahl in die Regierung einige Jahre später: «Wir haben nicht nur gut zusammengearbeitet, sondern wir waren auch unterschiedlich.»[21]

Erste und nicht selten Einzige zu sein, erforderte also immense Anstrengungen. Darin waren die meisten der frühen Politikerinnen allerdings von jung auf geübt, stachen sie doch schon zuvor und wiederholt als Pionierinnen hervor. Sie wussten, was es bedeutete, eine der wenigen Gymnasiastinnen, Jusstudentinnen, die erste und einzige Kantonsrätin, die erste Polizeiassistentin, Direktorin, Frau im Raum oder in der Männerrunde zu sein. Die Figur der ewig Ersten durchzog ihre Biografien. Sie waren es vor ihrer Zeit im Bundeshaus, sie waren es als Bundespolitikerinnen, und sie waren es später oftmals erneut.

Im Scheinwerferlicht

Jede gewählte Politikerin schlug durch ihren Aufstieg in die höchsten Gefilde der politischen Macht ein «weiteres beachtliches Loch in die gläserne Decke», die genau genommen allerdings eher einer Ziegelmauer denn einer transparenten Barriere glich.[22] Die Wahl der ersten Frauen, der ersten Schwarzen Frau, der ersten Nidwaldnerin, der ersten queeren Frau oder der ersten Bäuerin kam stets mehr denn einzig einem persönlichen Sieg gleich. Ihr Erfolg zählte auch für die Gruppe, die die Politikerin als Frau repräsentierte – unabhängig davon, ob diese sich als deren Vertreterin sah oder nicht.[23]

Die Wahl einer Ersten generierte Aufmerksamkeit. Unvermeidlich stachen die ersten Frauen aus der schwarz geschalten Masse der Männer hervor. Sich den Blicken oder gar der Beobachtung von Medien, Ratskollegen, der Öffentlichkeit und der eigenen Partei zu entziehen, war schier unmöglich. Für die Politikerinnen erwies sich das oft als unangenehm und anstrengend. 1971 stiess der «blumige Fraueneintritt» im Bundeshaus auf Interesse, die «schmucken Damen» und ihr «freundliches Lächeln» fanden Erwähnung.[24] Der Berichterstattung zufolge statteten die Politikerinnen einer Dekoration gleich allerdings lediglich die Politarena aus, die sonst ähnlich farblos erschienen wäre wie der sie umringende Sandstein des Bundeshauses. Dass die gewählten Frauen mit einem politischen Willen und Ideen antraten, blieb dahinter verborgen. Genauso, dass diese Frauen Ausserordentliches geleistet hatten auf ihrem Weg ins Bundeshaus, dass sie auf anderen Gebieten führend waren, sich in der Frauenbewegung, fürs Frauenstimmrecht oder in Verbänden, Vereinen und Institutionen engagierten, dass sie sich im Bildungsbereich, als Juristin oder als Ärztin hervortaten und dass sie mitunter bereits auf eine beeindruckende politische Karriere auf lokaler und kantonaler Ebene zurückblickten. Oder ganz einfach, dass sie als zuvor politisch Unmündige den Mut aufbrachten, sich einer Wahl ins Schweizer Parlament zu stellen. Vieles davon blieb unerwähnt, während die Scheinwerfer die frühen Politikerinnen allein aufgrund des Neuigkeitswerts und der damit einhergehenden Abwechslung vom ewig Gleichen fokussierten.

Der Umstand, dass sich alle Augen auf die Neuen richteten, hatte zweifellos mühsame, aber auch willkommene Seiten. Denn aufzufallen ist im Feld der Politik ein wertvolles Gut, hilft es doch dabei, die eigenen Überzeugungen bekannt zu machen und die politische Karriere vorwärtszutreiben. Nutzen aus dem Neuigkeitsfaktor der Politikerinnen wussten auch deren Parteien zu ziehen. Gerne präsentierten sie ihre Vertreterinnen bei den unterschiedlichsten Gelegenheiten, um den einen oder anderen potenziellen Wähler zu erfreuen. Den Parteistrategen – zumindest einigen – war überdies klar, dass es nun Frauen als Wählerinnen zu gewinnen galt. Mit ihren Exponentinnen auf der höchsten politischen Ebene verliehen sich die Parteien zum einen ein modernes Gewand, mit dem sie bei zukünftigen Wahlen die nun wahlberechtigten Bürgerinnen anzusprechen hofften. Zum anderen entbanden sie sich mit Verweis auf ihre «Vorzeigefrauen» von der Aufgabe, parteiintern strukturelle Massnahmen zwecks Frauenförderung einzuleiten.[25] Entsprechend gern gesehen waren die ersten Bundespolitikerinnen an Volksfesten, bei Reden, als Gästinnen in Gesprächsrunden oder in den Medien. Rückblickend gab die 1975 gewählte Sozialdemokratin Doris Morf kritisch zu bedenken, «wie nahe daran wir Frauen waren, in ein neues Rollenverhalten abgedrängt zu werden – in die Rolle der politischen Garnitur».[26] Tatsächlich verfing der Rückgriff auf die Politikerinnen: Sie waren in der Bevölkerung beliebt. Dies wiederum goutierten nicht alle. Etwa bekam das die erste Bundesrätin zu spüren. Insbesondere eine Szene führte Elisabeth Kopp nach ihrer Amtszeit immer wieder an: Nachdem sie einige Jahre im Amt gewesen war, erkor die Zeitschrift *Schweizer Illustrierte* Kopp zum populärsten Bundesratsmitglied und setzte sie mit diesem Prädikat auf die Titelseite. Die Schlagzeile erfreute die Bundesrätin mitnichten: «Ich erschrak, als ich das sah […]. Dann dachte ich, ‹Das hat mir gerade noch gefehlt!› In der nächsten Bundesratssitzung hatte ich nicht das Gefühl, ich käme in einen Eisschrank, sondern in einen Deep Freezer – so ist die Stimmung gegen mich gewesen. Die Eifersucht war enorm.»[27] Die ersten Frauen im Bundeshaus fielen einerseits auf, sie standen unter Beobachtung, und die Aufmerksamkeit war ihnen gewiss. Das hiess jedoch nicht, dass ihnen auch zugehört wurde. Andererseits missfiel gewissen Kollegen diese Aufmerksamkeit gegenüber den weiblichen Ratsmitgliedern. Ausserdem verschwand das, was die Politikerinnen sagten und taten, oft hinter ihrer Erscheinung als die «anderen».

Flüchtige Erinnerungen

Die frühen Politikerinnen vollbrachten Entscheidendes: Sie öffneten die Türen für Kommende, bereiteten den Weg für Nachfolgende, wurden selbst zu Vorbildern. Sie lebten etwas, was zuvor kaum vorstellbar schien. Sie gaben den Startschuss dafür, dass heutzutage die Beteiligung von Frauen an der Bundespolitik, wenn auch nicht überall als selbstverständlich, so doch als unbestritten erscheint. Ihre eigenen Politkarrieren verliefen unterschiedlich: Einige der ersten und frühen Politikerinnen wirkten über Jahre im Bundeshaus, bekleideten hohe Ämter und stiessen einschneidende Veränderungen an. Andere verblieben nur kurz in der eidgenössischen Politik, hinterliessen kaum Spuren, wurden abgewählt oder sahen sich zum Rücktritt gezwungen.[28] Einzelne Politikerinnen verfassten Bücher über ihre Zeit im Bundeshaus, über andere wurde geschrieben. Manche sind in ihren Kantonen und Gemeinden geehrt worden, von anderen lassen sich kaum mehr Hinweise auf ihr Leben und Wirken finden.[29] Nur wenige Namen von Pionierinnen sind heute noch geläufig. Die Mehrheit ist dem Vergessen anheimgefallen, obschon sich die Scheinwerfer während ihrer Amtszeit auf sie richteten.

Gegen das flüchtige Erinnern anzuschreiben, diese frühen Politikerinnen nicht als «unerhört» dem Vergessen zu überlassen, ist auch die Absicht hinter diesem Buch. Dabei darf jedoch nicht übersehen werden, dass den eidgenössischen Politikerinnen ebenfalls Vorkämpferinnen voraus gingen. Keine hätte ihr Amt antreten und im Bundeshaus als Erste stehen können ohne den über hundert Jahre andauernden Einsatz der vielen gänzlich unbekannten und wenigen bekannten Wegbereiterinnen, ohne die frühe Frauenbewegung des 19. und 20. Jahrhunderts und ohne das feministische Engagement der Neuen Frauenbewegung ab Ende der

1960er-Jahre.[30] Die ersten Politikerinnen setzten das fort, was andere für sie erwirkt hatten. Und sie wiederum bahnten Nachkommenden den Weg ins Bundeshaus.[31] Schnell jedoch geht das Wissen um, das Bewusstsein für und das Erinnern an all die Bahnbrecherinnen, an ihre kleinen und grossen, waghalsigen und zaghaften Schritte verloren. War das Wissen um Frauengenealogien in der Schweizer Politik überhaupt je breit vorhanden?

Unerhörte Anliegen

Politikerinnen brachten frischen Wind, zuweilen einen veritablen Sturm in die politischen Geschäfte und Debatten. Überraschend ist das nicht, kann doch angenommen werden, dass eine junge Mutter, eine Witwe oder eine sich um kranke Angehörige kümmernde Berufstätige andere Lebensrealitäten kennt und andere Perspektiven einnimmt als ein Ratskollege in meist gereiftem Alter und mit einer Ehefrau an der Seite, die für sein Wohl sorgt. Freilich vereinte sich weder die anfänglich noch kleine und später grösser werdende Gruppe von Politikerinnen hinter einer gemeinsamen politischen Agenda. Je nach Thema gingen unter den Parlamentarierinnen die Meinungen auseinander – manchmal in Detailfragen, ein andermal grundsätzlich. Die Parlamentsgeschichte ist jedoch gespickt mit Momenten der Solidarität unter Frauen und parteiübergreifenden Allianzen.[32] Denn trotz ihrer Verschiedenheit und den pluralen Weltanschauungen, die bei Männern von jeher vorausgesetzt werden, waren es Parlamentarierinnen, die neue oder lange vernachlässigte Themen aufgriffen. An dieser Stelle interessiert der zweite Aspekt des Unerhörten, der durch die Politikerinnen im Bundeshaus Einzug hielt: die spezifischen Anliegen, die Frauen einbrachten, und die Prozesse, die sie damit anstiessen.

Ungehörtes und Überhörtes

Wie es das ungeschriebene Gesetz im Bundeshaus von Neugewählten generell verlangt, taten sich auch die ersten Politikerinnen in der Wintersession von 1971 noch nicht übermässig mit Vorstössen und Voten hervor.[33] Ganz so zurückhaltend, wie von ihnen erwartet, verhielten sie sich aber nicht. «Wir hielten uns nicht an die Regel, zuerst ein halbes oder gar ein ganzes Jahr still zu sein», bestätigte Hanna Sahlfeld, «sondern sagten: ‹Wir sind da und wir machen mit!›»[34] Schon in den ersten Wochen bewiesen die Parlamentarierinnen durch Wortmeldungen ihren

Gestaltungswillen. Bald intensivierten sie ihre Tätigkeiten in Bundesbern. Die ersten Politikerinnen und auch die in den folgenden Jahren dazugestossenen waren äusserst engagiert, sodass ihre initiierten Vorstösse innerhalb kurzer Zeit anteilsmässig die der Ratskollegen überholten.[35] In der von Politikerinnen bearbeiteten Themenvielfalt fällt der Fokus auf rechtliche, finanzielle und soziale Verbesserungen für benachteiligte Personengruppen, allen voran Frauen, auf. Die frühen Parlamentarierinnen, so die naheliegende Schlussfolgerung, setzten ihre politische Kraft für ihre Geschlechtsgenossinnen ein. Offensichtlich hatte das zuvor niemand getan, und es gab keinen Grund anzunehmen, dass sich daran etwas ändern würde. Denn wer, wenn nicht sie selbst, hätte «die Förderung von Frauen in der Unternehmensführung von Bundesbetrieben»[36] verlangt? Wer hätte vom Bundesrat im Kontext der 10. AHV-Revision gefordert, «eine eingehende Studie durchführen zu lassen über [...] die physischen und psychischen Voraussetzungen ihrer [der Frauen, Anm. d. Vf.] Vielfachbelastung in Haushalt, Kinderbetreuung und Beruf [...]»?[37] Und wem sonst wäre es in den Sinn gekommen, dass bei der Bestimmung des Invaliditätsgrads im Rahmen der IV «die spezifischen Aufgaben einer Hausfrau auf dem Lande [...] besser berücksichtigt werden»[38] sollten? Die Antwort ist: Niemandem! Es gab kaum Parlamentarier, die sich mit Engagement für Frauen hervortaten. In der Legislaturperiode 1983–1987 reichte beispielsweise lediglich ein einziger Politiker einen entsprechenden Vorstoss ein.[39]

Vieles hatte das frauenlose Parlament liegen gelassen, als unwichtig abgetan oder gar nicht erst als Politikum eingestuft. Die ersten und frühen Politikerinnen sorgten dafür, dass sogenannte Frauenanliegen nicht mehr übergangen und vertagt wurden. Sie setzten bislang als nebensächlich, als privat und folglich als unpolitisch Erachtetes auf die Traktandenliste der Bundespolitik – Themen, mit denen sich ihre Nachfolgerinnen noch Jahre später beschäftigten und es nach wie vor tun. Die Politikerinnen trugen vom Redepult aus Ungehörtes und gerne Überhörtes in die Reihen der Ratskammern: Etwa machten sie vorwärts mit der Mutterschaftsversicherung, einer wichtigen Forderung seit der frühen Frauen- und Arbeiterinnenbewegung. Obschon in der Bundesverfassung seit 1945 festgehalten war, dass eine solche umzusetzen sei, verstaubte die entsprechende Vorlage über Jahrzehnte in einer Schublade. Nach dem Einzug der ersten Parlamentarierinnen dauerte es zwar nochmals über drei Jahrzehnte, bis eine Versicherungslösung für Schwangere und Mütter etabliert war. Dass das Anliegen schliesslich reüssierte, hatte viel mit dem gesellschaftlichen Wandel, dem veränderten Frauenbild und dem unermüdlichen Einsatz engagierter Frauen und der Frauenbewegungen zu tun. Wichtig war aber auch, dass mit Bundesrätin Ruth

Dreifuss eine Befürworterin des Anliegens an höchster politischer Stelle und im zuständigen Departement sass.[40] Ähnlich wie die Mutterschaftsversicherung waren auch andere Themen im Bundeshaus vor 1971 nicht unbekannt. Doch erst die Bundespolitikerinnen griffen diese wieder auf und setzten neue auf die politische Agenda: Dank ihnen ging es voran mit dem straffreien Schwangerschaftsabbruch, obschon bei diesem Thema unter den Politikerinnen grosse Differenzen bestanden. Bei politischen Geschäften wie dem modernen Eherecht, der Gleichstellung zwischen den Geschlechtern, besseren Renten für Frauen, dem Kindes- und Adoptionsrecht, der Bestrafung von vergewaltigenden Ehemännern, dem Scheidungsrecht, den Debatten über Geschlechterquoten und vielem mehr leiteten vor allem Parlamentarierinnen Verbesserungen ein – manchmal unterstützt von Kollegen, mit Unverständnis konfrontiert oder mit starkem Gegenwind bekämpft.[41] Zu oft gehen die von frühen Politikerinnen angetriebenen Errungenschaften vergessen oder werden fälschlicherweise als logische, stets Richtung Fortschritt strebende Entwicklung eingeordnet.

Stimmen, die monieren, Parlamentarierinnen hätten mit den gewählten Themenschwerpunkten stereotype Vorstellungen von fürsorgenden und sozialen Frauen bedient und in diesem Sinn Politik gemacht, übersehen drei wichtige Aspekte.[42] Erstens präsentierte sich die eidgenössische Politik hinsichtlich dieser vermeintlichen «Frauenthemen», die immer auch gesellschaftliche Themen sind, als braches Feld, das es im wahrsten Sinne des Wortes zu beackern galt. Zweitens offenbart ein Blick in die Ratsprotokolle die Vielfalt der Geschäfte, zu denen Frauen sich äusserten. Die Temporeduktion auf Strassen, Einführung des Zivildienstes, erleichterte Einbürgerung für Geflüchtete, das Katalysatorenobligatorium für Autos oder die Abschaffung des Saisonnierstatuts sind nur einige Beispiele von Themen, die dort nachzulesen sind. Drittens gilt es zu bedenken, dass den Parlamentarierinnen ein Vorrücken in die traditionell als männlich erachteten Politsphären, und damit in die eigentlichen Zirkel der Macht, weder problemlos möglich war noch von allen Kollegen gebilligt wurde. In den entsprechenden Gremien oder Debatten waren sie daher oft unterrepräsentiert. Die zuweilen aufkommende Kritik am Schweigen der Frauen während der Diskussionen zu männerdominierten Geschäften wussten die Angegriffenen allerdings zu kontern, wie eine Intervention von Josi Meier beweist. Nachdem die Presse 1974 bedauerte, dass sich Frauen nicht zur Raumplanung geäussert hätten, gab die Politikerin der ersten Stunde zu bedenken, dass «bei Kommissionen mit 20 und mehr Mitgliedern dafür zu sorgen ist, dass Frauen in solchen Kommissionen vertreten sind, damit sie dann sachkundig im Rat mitsprechen können».[43] Bis heute sind diese Worte nicht überall angekommen, wie ein kleiner Exkurs in die nähere Gegenwart bezeugt: 2015 konstituierte der Bundesrat den Beirat «Zukunft Finanzplatz» zwecks Gestaltung des Schweizer Finanzplatzes. Die Landesregierung besetzte das zwanzigköpfige Gremium mit einer einzigen Frau.[44]

«Weiche Politik»

Sogenannte Frauenthemen und Gleichstellungbestrebungen galten zur Zeit der frühen Bundespolitikerinnen, und teilweise bis heute, als «weiche Politik», als Randgebiete des politischen Kosmos und somit als Hinterhof der «grossen Politik». Sie wurden als nebensächlich eingestuft, belächelt, als Privatsache abgetan oder aber als Einmischung in das Ausserpolitische und Familiäre bekämpft. Just diese politischen Inhalte bargen jedoch Zündstoff, was allein schon die oft heftigen Gegenreaktionen auf entsprechende Vorstösse bewiesen.

Damit, dass Frauen ohne Einwilligung ihres Ehemannes ein eigenes Bankkonto führen durften, Mädchen besseren Bildungszugang erhielten, die Bundesverfassung Frauen und Männer rechtlich gleichstellte, die Pflege und Erziehung von Kindern als Aufgabe beider Elternteile und die Vergewaltigung von Frauen durch ihre Ehemänner als strafbar galt, dass Kinderbetreuung als sozial relevante Arbeit anerkannt und der Rente angerechnet wird und damit, dass Abtreibungen nicht mehr auf eigene Kosten illegal in Hinterzimmern durchgeführt werden müssen, haben Politikerinnen gesellschaftspolitische Weichen gestellt. Mit solchen Errungenschaften und vielen weiteren erfolgreich vorangetriebenen «Frauenthemen» setzten sie im Feld der Politik mehr als nur neue Akzente – sie leiteten vielmehr einen Paradigmenwechsel ein. Durch die Frauen im Bundeshaus erreichte der gesellschaftliche Wandel, der ausserhalb schon längst vonstattenging, auch das Schweizer Machtzentrum. Mit ihrer Arbeit gestalteten die Politikerinnen wiederum die sozialen Realitäten, indem sie den demokratischen Grundsatz der Gleichberechtigung vorantrieben. Ihre Politik – so lässt es sich auf den Punkt bringen – veränderte sowohl die Gesellschaft in ihren Grundzügen als auch das alltägliche Leben im Kleinen.

Erfolge ohne Erinnerung

Mit ihrer Politik feierten die frühen und auch späteren Parlamentarierinnen zweifelsohne grosse Erfolge – mochten die mitunter auch auf sich warten. Schliesslich mahlten die langsamen Mühlen der Politik nach

1971 nicht plötzlich schneller. Das tut den Errungenschaften keinen Abbruch. Die politischen Siege von Frauen sind sogar umso bemerkenswerter, da sie sich in einem männlich dominierten Feld mit entsprechenden Strukturen, Normen, Konventionen und vor allem ungleichen Machtverhältnissen zwischen den Geschlechtern vollzogen.[45]

Trotz dem unbestreitbaren Wert solcher gleichstellungspolitischer Meilensteine präsentieren sich diese heute grösstenteils als «Erfolge ohne Erinnerung».[46] Während der lange Kampf fürs Frauenstimmrecht inzwischen ins kollektive Gedächtnis gesickert ist und die Einführung der politischen Rechte für Frauen zumindest anlässlich des fünfzigsten Jahrestags prominent in Erinnerung gerufen wurde, fehlt für andere frauen- und gleichstellungspolitische Errungenschaften das Bewusstsein.[47] Sie sind vergessen, als Selbstverständlichkeit verbucht oder möglicherweise von vielen gar nie in ihrer tiefgreifenden Bedeutung erkannt worden.[48] Gewiss, so erging es vielen politischen Meilensteinen. Dass die Vergesslichkeit aber just bei frauen- und gleichstellungspolitischen Anliegen so gross ist, hat mehrere Gründe. Es liegt nicht allein daran, dass ein Thema wie der Schwangerschaftsabbruch auch unter Frauen kontrovers debattiert wird, dass eine AHV-Revision sehr technisch und kompliziert ist oder dass ein grosser Teil der Bevölkerung sich von Vergewaltigung in der Ehe nicht betroffen fühlt. Darüber hinaus sind diese Siege ohne martialischen Kampf, ohne Triumphgeheul, ohne brennende Barrikaden errungen worden.[49] Meistens erscheinen aber nur die grossen Erschütterungen, Revolutionen und heftigen Momente des Umbruchs als aufregend. Diese lauten Siege wiederum werden allesamt als männlich wahrgenommen.[50] Über viele Jahre in aufreibenden und zähen Schritten erkämpfte, in endlos langen Sitzungen verhandelte, mit Petitionen und Artikeln vorwärtsgetriebene und vor Rückfällen nicht gefeite Reformarbeit von Frauen fällt dagegen ab.[51] Anzufügen ist ausserdem, dass Frauen ihre politische Stärke stets im Kollektiv am besten entfalteten und die grossen politischen Triumphe gemeinsam feierten. Damit lässt sich schwerlich eine Heldinnengeschichte nach dem gängigen Narrativ erzählen. Ganz abgesehen davon, dass die Anliegen und Arbeiten von Frauen als Nebenschauplatz der grossen politischen Bühne herabgesetzt wurden und noch immer werden.[52]

Es wäre – das sei an dieser Stelle hervorzuheben – sträflich verkürzt und historisch unlauter, Errungenschaften wie beispielsweise die Mutterschaftsversicherung, den straffreien Schwangerschaftsabbruch oder Massnahmen gegen Gewalt an Frauen dem alleinigen Verdienst einer Parlamentarierin oder einer Gruppe von Ratsfrauen zuzuschreiben. Während Jahren, Jahrzehnten und teilweise über ein Jahrhundert lang setzten sich unterschiedliche Akteur:innen inner- und ausserhalb parlamentarischer Politikarenen für diverse Anliegen ein. Frauen forderten individuell oder im Verbund, in den Frauenbewegungen, in Organisationen, Gewerkschaften, Parteien und in den ihnen bereits vor 1971 offenstehenden staatspolitischen Kommissionen vielfältige Verbesserungen für Frauen und Gleichstellung mit den Männern.[53] Wenn an dieser Stelle von den kleingeredeten und vergessenen Errungenschaften der Bundespolitikerinnen gesprochen wird, gilt es erst recht, hier gegen den «Gestus des Bruchs»,[54] – also gegen das einerseits bewusste Abgrenzen gegenüber und Ignorieren von Vorkämpferinnen sowie andererseits gegen die Wiederholung des Vergessens – anzuschreiben und auf die feministischen Traditionen sowie auf die Genealogie der Kämpfe zu verweisen.[55]

Von dem, was Politikerinnen im Bundeshaus an Unerhörtem widerfuhr, ist in diesem Buch viel zu lesen: unangebrachte Sprüche und ungewollte Küsse, aufdringliche Gesten und abschätzige Bemerkungen, Unflätiges und Übergriffiges oder Beleidigungen, Beschämungen und Bedrohungen. Einige Politikerinnen sprachen öffentlich darüber, Medien berichteten, und auch der Hashtag #metoo streifte vor wenigen Jahren das Bundeshaus. Letzterer löste eine breite gesellschaftliche Debatte über von Frauen erlebte sexuelle Belästigungen und Übergriffe aus und machte deutlich, dass auch Politikerinnen innerhalb des Bundeshauses vor solchen nicht sicher sind. Empörende Vorkommnisse wie diese verweisen auf den dritten Aspekt von «Unerhörtem» im Kontext von Bundespolitikerinnen. Ohne weitere Beispiele von Frauenfeindlichkeit und Sexismus, von diesem Repertoire des Unerhörten im Bundeshaus anzufügen, bleibt es Fakt, dass Geschichten von Einschüchterungen und Ausschluss, Szenen des Befremdens und Momente von nur schwer dingfest zu machenden Grenzüberschreitungen auch Teil der eidgenössischen Politik sind – bis heute. Nicht jede Politikerin ist davon gleich betroffen: Migrantisierte oder queere Politikerinnen erfuhren und erfahren spezifische und teilweise heftigere Angriffe.[56]

Immer wieder darüber zu schreiben, der langen Liste des Unerhörten noch mehr anzufügen, löst bei der Verfasserin dieses Textes Unbehagen aus. Nebst der wiederkehrenden grundsätzlichen Erschütterung ob entsprechenden Erzählungen von Politikerinnen hat diese Beklemmung mehrere Gründe: Erstens taucht bei all dem Unerhörten zwangsläufig die Frage auf, ob sich in den vergangenen Jahrzehnten denn nichts verändert habe. Zweitens erfasst die Schreiberin und möglicherweise – das ist zu befürchten – auch die Lesenden eine Art Ennui und Überdruss angesichts der mühseligen Repetition. Inmitten all dessen schwingen drittens eine grosse Ungeduld und Ratlosigkeit darüber mit, dass all dieses Unerhörte nie aufzuhören scheint. Viertens und hauptsächlich nützt offenbar das wiederholte Thematisieren von Sexismus wenig, solange Männer die entsprechenden Täter schützen oder gar protegieren.[57] An ihnen liegt es, mit der männlichen «Himpathy»[58] endlich Schluss zu machen und Verantwortung in dieser Sache zu übernehmen. Der ganze Komplex von Frauenfeindlichkeit und Sexismus – nicht nur, aber auch in der Politik – weist also über subjektives, missmutiges Empfinden hinaus, weswegen ihm hier abschliessend Platz eingeräumt wird.

Alles anders, alles gleich?

Wenn frühe Politikerinnen von Unerhörtem berichten, erscheint das heutzutage teilweise wie eine Geschichte aus längst vergangenen Zeiten. Zuweilen ähneln gewisse Elemente ihrer Erzählungen aber auch auf verblüffende Weise jenen ihrer Nachfolgegenerationen. Etliche der in den 1970er-Jahren Gewählten schätzten ihre Situation gar als angenehmer ein, verglichen mit jener von Politikerinnen in den 1980er- und 1990er-Jahren, als sich im Bundeshaus die Konkurrenzsituation mit Männern verstärkte, gleichstellungspolitische Forderungen vehementer erklangen und mit Gegenreaktionen versucht wurde, diese zum Verstummen zu bringen. Hat sich – diese Frage drängt sich auf – seit den ersten Bundespolitikerinnen von 1971 denn nichts zum Besseren gewendet?[59] Die Antwort gleicht einem Kippbild und lautet wenig zufriedenstellend und auch nicht ganz korrekt: ja und nein. Selbstverständlich präsentiert sich der Alltag im Bundeshaus heutzutage anders als vor fünfzig Jahren. Parlamentsreformen gingen vonstatten, das Gebäude zeigt sich in einem erneuerten Gewand, Gepflogenheiten änderten sich, die Gleichstellung der Geschlechter schritt voran, der gesellschaftliche Wandel erfasste auch das Feld der Politik, und schon nur zahlenmässig ist die Präsenz von Frauen nicht zu vergleichen mit jener der 1970er-Jahre. Der Frauenanteil im Bundeshaus ist, wenn auch nicht stetig, deutlich gestiegen. Bildeten die Politikerinnen schon zuvor keine homogene Gruppe, so präsentieren sie sich zudem zunehmend vielfältiger: Politikerinnen wie die aktuellen Nationalrätinnen Tamara Funiciello und Anna Rosenwasser, die ihre Parlamentsreden mit «Sehr geehrte Damen bis Herren»[60] zu beginnen pflegt, vertreten und verkörpern queere Themen. Parlamentarierinnen wie Cesla Amarelle, Sibel Arslan oder Farah Rumy, um nur einige zu nennen, machten und machen ihre Migrationsgeschichte offensiver zu einem politischen Thema. Schliesslich hat sich sogar die dual konzipierte Kategorie Geschlecht selbst erweitert und im Bundeshaus zu Diskussionen über die amtliche Einführung weiterer Geschlechtskategorien geführt. Geradezu absurd mutet es aus dieser Perspektive an, direkte Verbindungslinien vom Gestern ins Heute zu ziehen.

Und doch – parallel zu den offensichtlichen Verbesserungen ist nach wie vor von Begebenheiten zu erfahren, die wie ein Echo aus alten Zeiten anmuten. Noch immer, so berichtet die Nationalrätin Tamara Funiciello beispielsweise, «gibt es Hintertürgespräche ohne Frauen am Tisch. Sie werden dazu nicht eingeladen. Sie sind nicht dort, wo diese Entscheidungen gefällt werden.»[61] Unweigerlich erinnert das an die von vielen frühen Parlamentarierinnen geschilderten Probleme, in den wichtigen Kommissionen Einsitz zu erhalten. Während weitere Politikerinnen ebenfalls mit Ausschlussmechanismen vertraut sind, berichten andere hingegen, dass sie noch nie anders oder nachteilig behandelt worden seien. Auch diese ungleiche Einschätzung von Politikerinnen gehört zur Realität und zeigt, dass Frauen tatsächlich verschiedene Erfahrungen hinsichtlich Diskriminierung machen und Situationen unterschiedlich interpretieren.

Zweifellos jedoch, das zeigt eine von der interparlamentarischen Union IPU und der parlamentarischen Versammlung des Europarats veröffentlichte Studie zu sexueller Belästigung und zum sexistischen Umgang mit Parlamentarierinnen, ist die Problematik in allen europäischen Parlamenten vorhanden. Politikerinnen berichten in der Untersuchung von sexistischen Bemerkungen, von Bedrohungen und von Verletzungen der physischen Integrität.[62] Auch das Schweizer Bundeshaus stellt keine Ausnahme dar.[63] Die Sicht auf die seit 1971 erreichten Verbesserungen verschwimmt in Anbetracht dessen und wird von der Frage überlagert, ob sich die Situation von Politikerinnen nicht gar noch verschlechtert habe. Ja und nein – beide Antwortmöglichkeiten stimmen, und doch versagen sie. Immer wieder anders, immer wieder gleich, immer wieder auch neu und vor allem historisch spezifisch – diese Bilanz trifft am ehesten zu.

Immer und immer wieder

Die Frage nach dem Warum und damit nach den Ursachen für die Hartnäckigkeit sexistischer und frauendiskriminierender Muster in der Politik ist eine wichtige und noch immer aktuelle. Abschliessend lässt sie sich nicht beantworten. Der Versuch soll aber unternommen werden, «über die schlichte Diagnose ‹Frauenfeindlichkeit› hinauszukommen, auf die wir, ein wenig bequem, gerne zurückgreifen»,[64] wie die Althistorikerin Mary Beard zu bedenken gibt.

Hinter dem Ausschluss der Frauen von machtvollen Gesellschaftsbereichen steckt, wie Beard aufzeigt, eine Tradition, die bis in die Antike reicht. In ihrem Beststeller «Frauen & Macht» geht sie dem über 2000 Jahre dauernden Ausschluss der Frauen von der Macht nach und belegt, «wie tief in der westlichen Kultur die Mechanismen verwurzelt sind, die Frauen zum Schweigen verurteilen, die verhindern, dass Frauen ernstgenommen werden, und die sie (manchmal im wahrsten Sinne des Wortes [...]) aus den Machtzentren ausschliessen».[65]

Seit den alten Griechen und Römerinnen hat sich selbstredend viel verändert, doch wirkt diese längst vergangene Zeit eben doch bis ins Heute hinein. So gehörte das öffentliche Reden in den antiken Gesellschaften zum Prozess des Mannwerdens und galt als eines der zentralen Attribute von Männlichkeit, während Frauen zum Schweigen verurteilt waren.[66] Die Antike warf ihre langen Schatten bis in die Zeit der Aufklärung, die in der Entmündigung der öffentlichen Stimmen von Frauen keinen Widerspruch zur proklamierten Gleichheit aller Menschen sah.[67] Mit dem lange Zeit verwehrten politischen Stimmrecht fand die Geschichte der Stimmverweigerung schliesslich ihre Fortsetzung bis in die jüngste Vergangenheit. Wenn bis heute Frauen – zumal solche mit einem Machtanspruch – weniger ernst genommen werden, ihnen nicht zugehört wird oder sie einen hohen Preis zu zahlen haben, um gehört zu werden, basiert dies auf einer jahrtausendealten kulturellen Grundlage. Über diesen langen Zeitraum entwickelten sich vielfältige und wandelbare Strategien, um Frauen beim öffentlichen Erheben ihrer Stimme zu behindern. Die zahlreichen in diesem Band immer mal wieder auftauchenden Begebenheiten legen Zeugnis davon ab.

Frauen hätten, kommentierte Josi Meier deren Eintritt ins Bundeshaus, «1971 nicht nur Farbe, sondern unkonventionelle Denkarten und Verhaltensweisen in dieses Haus gebracht».[68] Was sie unter «unkonventionelle Verhaltensweisen» fasst, führte die Nationalrätin der ersten Stunde nicht weiter aus. Es kann jedoch angenommen werden, dass sie sich auf Politikerinnen bezog, die das bis zu diesem Zeitpunkt gewohnte politische Protokoll, die wohletablierte Politkultur und die routinierten Abläufe des Ratsbetriebs in der einen oder anderen Form herausforderten, überschritten oder gar störten. Politikerinnen machten das qua ihrer Geschlechtszugehörigkeit im männlich dominierten Bundeshaus unweigerlich, doch rekurrierte Josi Meier in ihrer Aussage nicht auf diese grundsätzliche Bedingung des Seins.[69] Hingegen verwies die CVP-Politikerin darauf, dass die ersten und frühen Politikerinnen Ungewohntes, Abweichendes und oftmals Mutiges in die Ratssäle trugen.

Zum Abschluss greift dieser Essay den vierten Aspekt des «Unerhörten» auf. Zu verstehen sind darunter absichtliche Abweichungen vom Verhaltens- und Erscheinungsrepertoire, das Politikerinnen zugestanden wurde.[70] Die Liste solcher rebellischer, widerständiger, protestierender, belustigender oder aus Not initiierter Akte ist lang und vielfältig: Nationalrätinnen, die auf ihren Plätzen sitzen und gegen den Gedenkanlass zur Kriegsmobilmachung stricken. Die Politikerin, die im Bundeshaus einen Sack voller Schnecken verteilt und damit auf das langsame Tempo in Sachen Geschlechtergleichstellung hinweist. Die interfraktionelle Parlamentarierinnengruppe, die dem Bundesrat das Programm einer weiblichen Politikutopie überreichen will und daraufhin aus dem Bundeshaus verwiesen wird. Die Christdemokratin, die sich selbst als Bundesratskandidatin vorschlägt und sich damit gegen die «Classe politique» auflehnt. All die Bundespolitikerinnen mit ihren scharfen, gewitzten und fordernden Wortmeldungen.

Der manchmal individuelle, ein anderes Mal kollektive Einfallsreichtum der Frauen soll hier an einem einzigen, jedoch besonders aufsehenerregenden Ereignis illustriert werden. Ein kurzer Auftritt einer Politikerin in der Wintersession 1984 löste ein enormes, bis ins Ausland reichendes Medienecho aus. Selbst die sonst nicht sonderlich am helvetischen Politalltag interessierte *New York Times* sah sich veranlasst, über das zu berichten, was sich während weniger Minuten am Redepult des Nationalrats ereignete. Was spielte sich dort ab?

Leoparden im Bundeshaus

Im Dezember 1984 hatte der Nationalrat über ein Geschäft von Gewicht zu beraten. Angesichts des Kalten Kriegs und des Wettrüstens zwischen den USA und der Sowjetunion erachtete der Bundesrat den Kauf neuer Kampfpanzer als unumgänglich. Die Schweiz sollte für den Fall eines Angriffs gerüstet sein. Auf der Traktandenliste der grossen Kammer stand der 3,6-Milliarden-Kredit für die Anschaffung von 380 Leopard-Panzern. Barbara Gurtner, Nationalrätin der Progressiven Organisationen der Schweiz POCH, hatte andere Ideen, wie das Geld genutzt werden könnte: «AHV statt Panzer»[71] lautete ihre Parole und Überzeugung. Schon Wochen vor der Nationalratsdebatte, erinnerte sich Gurtner, war in den Medien einzig zu lesen, «was Herr Oberst X sagte und was Herr Major Y dachte».[72] Auch im Nationalrat waren die Meinungen gemacht, wobei die vor allem von Politikerinnen geäusserten Einwände abgetan wurden.[73] Die grosse Mehrheit der Parlamentsmitglieder erachtete die Panzeranschaffung als unumstritten, zu diskutieren waren einzig finanzielle und technische Fragen. Gurtner war es jedoch ein Anliegen, all dem eine feministische, friedenspolitische Stimme entgegenzuhalten und sich in das «Ritual dieser gewichtigen und wichtigen Herren»[74] hineinzuschieben. Aufgrund ihrer Einschätzung, wonach «Frauen in diesem Männerparlament zu Militärvorlagen nichts zu sagen hatten», war sie sich allerdings sicher, «dass mir niemand zuhört. Es hört mir einfach NIEMAND zu!»[75] Also suchte die damals 41-Jährige nach anderen Strategien, um politisch sichtbar zu werden und sich im Parlament Gehör zu verschaffen:

«Plötzlich hatte ich eine Idee: ‹Ich ziehe ein Leopardenkleid an!› Ich kaufte Stoff in einem Leopardenmuster, und übers Wochenende schneiderte ich mir daraus ein Kostüm. Ich erzählte niemandem davon, denn ich wusste, dass ich das allein durchziehen musste. Am Montagmittag fing die Session an. Ich trug das Kleid versteckt unter einem Wintermantel und lief damit ins Bundeshaus hinein. Als ich dort die Treppe zum Nationalratssaal hinaufstieg, klopfte mein Herz also schon ziemlich heftig. Ich hängte den Mantel an die Garderobe. Es passierte nichts. Dann ging ich in den Saal rein und lief zu meinem Platz. Erst nachdem ein Schwarm Fotografen hinter mir herrannte, musste der Ratspräsident die Sitzung unterbrechen. Zu später Stunde kam ich schliesslich als Einzelrednerin an die Reihe. Als ich nach vorne ging, klopften die SVP-Politiker aus Protest mit ihren Pultdeckeln. Eigentlich trieb mich das aber fast noch mehr an. Jedenfalls hielt ich meine Rede. Im Anschluss klatschte eine Mitbewohnerin aus meiner Wohngemeinschaft, die ganz allein noch auf der Tribüne ausharrte, von oben in den Saal runter, woraufhin der Präsident wieder intervenieren musste.»[76]

Dass ihr Auftritt den Entscheid zum Panzerkauf nicht ändern würde, war der Berner Nationalrätin bewusst. Mit ihrer Aktion verfolgte sie denn auch vielmehr die Absicht, dass ihre politische Überzeugung im Schweizer Parlament wahrgenommen würde.[77] Vorausahnend, dass ihre blosse Wortmeldung überhört und ohne Nachhall bleiben würde, suchte Gurtner nach anderen Mitteln, um Aufmerksamkeit zu erregen. Dem Übergangenwerden stellte sie mit dem unmissverständlich auf das politische Traktandum der Panzeranschaffung verweisende Leopardenkostüm eine unübersehbare körperliche Präsenz entgegen. Anstelle einer ausschliesslich verbalen und damit im Parlament nur zu vertrauten Form der Intervention platzierte die einer Minderheitsfraktion angehörende Politikerin in Form eines «vestimentären Dissens»[78] ein visuelles Statement. Kraft des Kleides gelang es der POCH-Politikerin also, ihre Protesthaltung zu markieren, noch bevor sie das Wort ergreifen konnte.[79] Als sie dann zum Votum ansetzte, war ihr die volle Aufmerksamkeit der Anwesenden gewiss. Die «textile Rebellin»[80] wurde politisch sichtbar,[81] und dank der Medienpräsenz verbreitete sich schliesslich auch ihre Botschaft aus dem Bundeshaus hinaus.

Barbara Gurtner im Gespräch mit Bundesrat Jean-Pascal Delamuraz, 10. Dezember 1984.

Doch was hat Barbara Gurtner in das Mikrofon im Nationalratssaal gesprochen? Als inhaltliche Inspiration diente ihr ein wenige Tage zuvor von den «Frauen für den Frieden»[82] an Parlamentsmitglieder verschickter Brief.[83] Folgende Sätze richtete sie an die Mitglieder des Nationalrats: «Meine Damen und vor allem Herren, ich fürchte, dass Sie Mühe bekunden, diese Briefe überhaupt ernst zu nehmen. Hinter dem Engagement dieser Frauen stehen andere Erfahrungen als diejenigen der Etablierten hier in diesem Rat.»[84] Anschliessend führte die Berner Nationalrätin die sie umtreibenden und vor allem Frauen betreffenden «Bedrohungslagen» an. Mit Verweis auf Kürzungen bei den Sozialausgaben, Umweltzerstörung oder mangelhafte Gesundheitsversorgung wandte sich Gurtner schliesslich mit einer Frage an die Ratsmitglieder: «Ich frage Sie, ob da auch nur ein einziger Leopard etwas dagegen tun kann.»[85] Die Gründe, warum die Mehrheit im Parlament ihren Argumenten gegen den Panzerkauf nicht zustimmen würde, fügte Gurtner im weiteren Verlauf der Rede aus: «Die meisten Ratsmitglieder bringen aber ganz andere Interessen mit in dieses Haus [...] und sorgen dafür, dass die etablierte Ordnung und das Machtgefüge nicht angetastet werden, und fast alle haben ihren letzten Schliff, um erwachsen und zum Mann zu werden, im Militär erhalten, in einer durch und durch hierarchischen Organisation [...]. Es sind die typischen Denkstrukturen des Patriarchats, in dem die Sachen wichtiger sind als die Menschen und die Natur.»[86]

Auf den kurzen Auftritt von Barbara Gurtner reagierten zahlreiche Medien. Währen der *Blick* unter dem Titel «Polit-Fasnacht?»[87] lediglich ein von wenigen Sätzen begleitetes Bild ihres Auftritts im Leopardenanzug abdruckte, zitierten andere Blätter Auszüge aus ihrer Rede. Gurtner selbst erhielt vom Ratsbüro eine Rüge wegen «unschicklichen Benehmens».[88] Die positiven Reaktionen überwogen jedoch. Etwa habe ein freisinniger Parlamentskollege ihr beim Vorbeilaufen anerkennend «Chapeau, Madame» zugerufen, und selbst der dem Militärdepartement vorstehende Bundesrat Jean-Pascal Delamuraz habe sie wenige Tage später bei einem zufälligen Aufeinandertreffen strahlend mit den Worten «Ah, Madame la leopardesse!»[89] begrüsst. Vor allem Frauen auf der Strasse hätten mit Begeisterung reagiert oder ihr Briefe geschrieben. Insgesamt sei ihr ein gewisser Respekt und Anerkennung für den Auftritt und ihren Mut entgegengekommen.[90] Bis heute wird die inzwischen über 80-Jährige auf die Leopardenaktion angesprochen, und ihre effektvolle Inszenierung findet immer mal wieder Erwähnung.[91] Gurtner war an ihrem Auftritt aber vor allem eines wichtig: «Ich wusste einfach, ich muss mich wehren!»[92]

Wie in diesem Buch verschiedentlich zu lesen war, genügten bei Politikerinnen manchmal bereits kleine Verstösse gegen die üblichen Gepflogenheiten im Bundeshaus, damit die Grenzen des Bekannten und Gewohnten als übertreten erachtet wurden: zu bunt oder zu männlich anmutende Kleidung, als zu bieder oder zu auffällig erachtete Frisuren, eine gemachte oder unterlassene Wortäusserung, ein verweigertes oder zu ausgelassenes Lachen. Rasch, rascher als bei männlichen Ratsmitgliedern, wurde derlei als «unschickliches Benehmen», als unerhörte Handlung kritisiert und zuweilen die Politikerin selbst als unverschämt getadelt oder gar angeprangert. Längst nicht immer war das abhängig vom Schweregrad der vermeintlichen Normüberschreitung oder davon, ob diese geplant oder aber unabsichtlich begangen wurde.[93]

Zuweilen griffen Politikerinnen aber auch bewusst auf Handlungsoptionen zurück, mit denen sie das überschritten, was als ihnen zustehend erachtet wurde. Gewählt haben sie diese aus unterschiedlichen Gründen: um zu protestieren, aufzufallen, sich Gehör zu verschaffen, die eng abgesteckten Normen zu persiflieren – mitunter durch deren bewusste Übererfüllung – und manchmal ganz einfach auch, um die Hüter der – geschriebenen und vor allem ungeschriebenen – Regeln zu ärgern. Manchmal als bewusster Akt des Widerstands eingesetzt, stand andere Male eher Ausweglosigkeit dahinter und der Mangel an alternativen Formen der Partizipation.

Nicht allen Politikerinnen war es möglich, auf dieselben unerhörten Strategien zurückzugreifen. Einige verfügten über eingeschränktere, andere über vielfältigere Möglichkeiten der politischen Artikulation.[94] Und schon gar nicht sahen sich alle veranlasst oder interessiert, solche überhaupt zu bedienen. Unerhörte Politikerinnen wurden für ihr Aufbegehren abgestraft – manchmal massiv. Mit Mut erreichten sie für sich oder für andere Siege. Sie alle standen für ihre Überzeugungen ein.

Gespräch mit Rosmarie Zapfl:

«Ich will mehr Gerechtigkeit!»

Rosmarie Zapfl, 1998.

Genau in dem Jahr, in dem die Schweizer Männer das erste Mal über das Frauenstimmrecht abstimmten, wurde ich zwanzig Jahre alt. Bei einem Ja hätte ich also zu den ersten Frauen gehört, die mit der Erreichung der Volljährigkeit die politischen Rechte erhalten hätten. An den Abstimmungssonntag im Februar 1959 kann ich mich noch sehr gut erinnern. Gespannt wartete ich auf dem Zürcher Paradeplatz auf das Resultat. Mein Blick war ganz auf das Sprünglihaus gerichtet. Dort flackerte die Leuchtschrift des *Tages-Anzeigers* auf, die jeweils die Ergebnisse der Abstimmungen verkündete. Als ein Nein erstrahlte, wäre ich am liebsten im Boden versunken. So fest schämte ich mich für diese Männer. Nie, wirklich nie, hätte ich mit einem solchen Resultat gerechnet. Ich konnte schlichtweg nicht verstehen, dass man gegen das Frauenstimmrecht sein konnte.

Die Ungerechtigkeiten gegenüber Frauen waren mir aber schon vor dieser Abstimmung bewusst. Bereits viel früher fühlte ich mich benachteiligt – eigentlich, seit ich auf der Welt bin. Ich sage immer, dass ich Frauenrechtlerin bin, weil ich als Mädchen geboren wurde. In der Schule sah ich, dass den Buben ganz andere Möglichkeiten offenstanden. Sie hatten Englischunterricht, Algebra und Physik, während wir Mädchen die Näh- und Kochschule besuchen mussten. Ich war total beleidigt, denn mich hätten all diese Fächer, die den Jungen vorbehalten waren, doch so interessiert. Ich fragte ständig: «Warum kann ich nicht das machen, was die Buben tun – selbst wenn die vielleicht noch viel dümmer sind als ich?» Zum Glück konnte ich später einen Beruf erlernen, was alles andere als selbstverständlich war. Leider hatten meine Eltern nicht die Mittel, uns drei Töchtern ein Studium zu finanzieren. Auch das KV war nicht möglich, obwohl mir das gefallen hätte. Wir Kinder hatten nach Abschluss der Schule möglichst rasch Geld zu verdienen, weil unsere Mutter schwer krank war und wir die Eltern unterstützen mussten. Meine *Mamme* habe ich nur als kranke Mutter erlebt. Als Älteste musste ich daher von früh an viel Verantwortung übernehmen und war gefordert. Als ich die Sekundarschule beendet hatte, ging es einfach darum, etwas Geld nach Hause zu bringen. Es gab ja noch keine Invalidenversicherung, die in solchen Fällen finanzielle Entlastung bietet. Die Lehre als kaufmännische Angestellte dauerte zu lange, darum absolvierte ich schliesslich eine zweijährige Damenschneiderinnenlehre. Immerhin hatte ich eine Berufsausbildung. Darauf legte mein Vater grossen Wert. Ja, er pochte richtiggehend darauf und sagte immer: «Es ist mir ganz egal, was ihr macht, aber ihr müsst selbstständig werden. Es müssen alle einen Beruf erlernen. Für Frauen ist die Selbstständigkeit das Wichtigste.» Noch heute finde ich das grossartig von ihm. Auch eine Lehrerin appellierte ständig an die Unabhängigkeit und sagte: «Denkt daran,

Mädchen, heiratet nie! Sonst seid ihr sofort wieder bevormundet.» Den Spruch vergesse ich nie. «Was erzählt die da?», dachte ich damals. «Ich bin doch nicht bevormundet!» Trotz ihrer Warnung heiratete ich früh, mit 21 Jahren. Und dann ausgerechnet einen Ausländer, einen Österreicher. Das war zu dieser Zeit ein grosser Fehler. Denn bei der Heirat mit einem Ausländer verloren Schweizerinnen ihr Bürgerrecht. Um es zu behalten, mussten Frauen beim Standesamt darum ansuchen, was mir nicht bewusst war. Folglich hatten auch unsere Kinder keinen Schweizer Pass. Ausländerinnen wurden hingegen bei der Heirat mit einem Schweizer sofort eingebürgert, und die Kinder erhielten das Schweizer Bürgerrecht. Das war wieder so ein Beispiel, anhand dessen ich erfuhr, dass ich als Frau diskriminiert wurde. In meinem Fall aber war die Heirat mit einem Ausländer ein Glück: Er begriff überhaupt nicht, warum die Schweizer Frauen kein Stimmrecht hatten und nicht mit den Männern gleichgestellt waren. Entsprechend stand er hinter meinem politischen Engagement – und ärgert sich noch heute mit mir über all das, was nicht gut läuft.

Ende der 1960er-Jahre, kurz nachdem mein Mann und ich mit unseren kleinen Kindern nach Dübendorf gezogen waren, fragte mich eine Nachbarin, ob ich an die Generalversammlung des katholischen Frauenvereins mitkommen möchte. Da ich in Dübendorf niemanden kannte, erachtete ich das als gute Gelegenheit, um Leute zu treffen. Wir gingen zusammen an die Versammlung, und um elf Uhr nachts kam ich mit einer Schuhschachtel voller Dokumente unter dem Arm als neue Präsidentin des Vereins zurück. Zuvor war ich noch nie Mitglied eines Vereins, geschweige denn eines Vorstands gewesen. Ich kam einfach so zu diesem Glück, Vereinspräsidentin zu sein. Der Frauenverein übernahm die ganze Sozialarbeit der Kirche. Wir bügelten die Kleider oder putzten die Wohnungen von älteren Menschen, die das selbst nicht mehr schafften. Zu Hause verheimlichte ich aber, wo ich war und was ich machte. Mein Mann hätte wahrscheinlich gedacht: «Du hast anderes zu tun!» Wir hatten gerade ein Malergeschäft eröffnet, und ich war für die ganze Buchhaltung zuständig.

Durch meine Tätigkeiten im Geschäft und im Frauenverein kannte man mich im Laufe der Zeit in der Gemeinde ein bisschen. Das war wohl auch der Grund, warum mich die CVP Mitte der 1970er-Jahre anfragte, ob ich fürs örtliche Parlament kandidieren würde. Dem Parteipräsidenten antwortete ich, dass ich keine Ahnung von Politik hätte. Doch der meinte nur: «Hören Sie auf, Frau Zapfl! Sie wären sicherlich die beste Politikerin. Aber Sie müssen sowieso keine Angst haben, gewählt zu werden. Erstens wählen CVP-Mitglieder keine Frauen, und zweitens ist Dübendorf ein rechtslastiges Bauerndorf.» Also liess ich mich auf die

Liste setzen – und wurde auf Anhieb und mit dem besten Resultat gewählt! Die Leute wählten mich, weil sie mich von meinem Engagement im Frauenverein und der Freiwilligenarbeit her kannten. Ohne dass ich es wollte, war ich auf einmal Parlamentarierin. Das Beste war dann aber, wie sich die Männer der CVP-Fraktion fragten: «Was machen wir jetzt mit der Frau Zapfl?» Der eine sollte Fraktionspräsident werden, der andere Präsident der Rechnungsprüfungskommission, und der Dritte war auch schon versorgt. Alle hatten bereits ihr Ämtli, nur ich nicht. Meine Fraktionskollegen kamen schliesslich zum Schluss: «Die Frau Zapfl stecken wir ins Büro zum Stimmenzählen.» Nun gut, wir waren vierzig Mitglieder im Stadtparlament. Bis vierzig konnte ich zählen. Und so wurde ich Stimmenzählerin. Ein Jahr später wählte mich das Parlament zur zweiten Vizepräsidentin, dann zur ersten Vizepräsidentin, und im dritten Jahr wurde ich Parlamentspräsidentin, übrigens die erste im Kanton Zürich. So ging das immer weiter. Ich wurde gewählt, obschon sich viele andere für diese Posten zur Verfügung stellten. Als ich Parlamentspräsidentin war, das war Ende der 1970er-Jahre, erkrankte einer unserer Stadträte schwer. Er liess mich zu sich ans Krankenbett rufen, wo er mir sagte, ich solle für den Stadtrat, also die Exekutive, kandidieren. Auch da meinte ich wieder: «Ich? Stadträtin? Das kann ich doch nicht!» Kurz darauf war ich Stadträtin. Ich habe einfach nie Nein gesagt. Im Vorfeld überkam mich zwar stets das Gefühl, dass ich dem Amt nicht gewachsen sei. Sobald ich aber dort war, wusste ich, dass ich das konnte. Ausserdem war ich einfach überzeugt, dass Frauen in diese Gremien einziehen mussten, und deswegen nahm ich jede Wahl an.

In all den Jahren, in denen ich auf Gemeindeebene politisierte, waren diese Gremien und auch die Parteien eigentliche Männerversammlungen. Mit den 1990er-Jahren brach dann eine Zeit an, in der Frauen immer stärker eine bessere Vertretung forderten und ihre Parteien drängten, mehr für die Gleichstellung zu tun. Umgekehrt merkten die Parteien, dass sie unglaubwürdig waren, wenn sie nichts änderten. In dieser Zeit fragte mich die CVP des Kantons Zürich, ob ich mich bei den eidgenössischen Wahlen von 1991 auf die Nationalratsliste setzen lassen würde. Zwar reichte mein Resultat nicht für den Nationalrat, aber ich erhielt viele Stimmen und wurde in den Parteivorstand der CVP Schweiz gewählt. Bei den nächsten eidgenössischen Wahlen, 1995, schaffte ich schliesslich den Sprung in den Nationalrat.

Die CVP-Fraktion hatte grossartige Frauen im Bundeshaus, die mir Vorbilder waren. Beispielsweise sass ich zusammen mit Judith Stamm, die ich als eine Art *Gotte* betrachtete, in der Aussenpolitischen Kommission. Es war, wenn ich mich richtig erinnere, an der zweiten Sitzung, als sie mich als Kommissionssprecherin vorschlug. Ich erschrak über ihr Ansinnen: «Ich? Kommissionssprecherin? Wie geht das?» Judith pushte mich, weil sie merkte, dass ich mich selbst nicht getraut hätte, diese Aufgabe zu übernehmen. Dann habe ich das einfach gemacht, war also Kommissionssprecherin. Figuren wie Judith Stamm waren wichtig. Auch mit Rosmarie Dormann war ich viel zusammen. Im Keller des Bundeshauses gab es einen Computer. Dort unten sassen wir jeweils, schrieben unsere Manuskripte und tauschten uns aus. Ich erinnere mich auch noch, als es darum ging, jemanden aus der CVP zum Nationalratspräsidenten – ich benutze bewusst die männliche Form – zu wählen. Es war völlig klar, wen die Partei portieren würde. Mitten in der Fraktionssitzung stand Judith Stamm plötzlich auf und sagte: «Ich stelle den Antrag, dass ich Nationalratspräsidentin werde.» Ich dachte: «Huch, echt? Nein, Judith, du bist so gut!» Dieser Mut – den wünschte ich mir auch. Tatsächlich kam Judith Stamm damit durch und wurde die zweite Nationalratspräsidentin in der Geschichte der Schweiz. Natürlich gab es auch Frauen in der Fraktion, die ich nicht verstand. Erstens, weil ich nicht nachvollziehen konnte, dass sie in der CVP waren, und zweitens, wie sie als Frauen so politisieren konnten, wie sie es taten. Das verstehe ich heute noch nicht, ist halt aber so.

Von den Männern, auch aus der CVP, mussten wir Frauen uns manchmal unglaubliche Sachen anhören. Wissen Sie, was man der Josi Meier einmal sagte? «Da hast du einen Föifliber, damit du dir einen rechten Büstenhalter kaufen kannst.» Stellen Sie sich einmal so etwas vor! Was solche Männer, solche Magistraten sich erlaubt haben. Solche Sachen können Frauen davon abhalten, Politik zu betreiben. Oder aber das Gegenteil! Mich hat man oft gefragt, warum ich nicht zu den Sozialdemokraten gehe oder in den Landesring. Eigentlich wäre ich gerne dem Landesring beigetreten, weil diese Partei am ehesten meine Anliegen vertrat. Aber ich antwortete immer: «Was soll ich in einem Landesring und in einer Sozialdemokratischen Partei? Dort sind die Frauen ja schon! Ich muss dort dabei sein, wo man etwas bewirken kann. Dort, wo noch wirklich etwas zu beackern ist.» Man braucht selbstverständlich eine gewisse Konstitution, um das machen zu können. Man muss betroffen sein. Ja, ich glaube, Betroffenheit ist ganz wichtig.

Wenn ich an meine Zeit als Nationalrätin zurückdenke, kommen mir schöne Momente mit den Frauen aus anderen Parteien in den Sinn. Damals war das neue Eherecht schon implementiert, aber es standen in dessen Rahmen noch viele Änderungen und Verbesserungen an. All das hätten wir im Parlament nie geschafft, wenn nicht Frauen aus allen Parteien zusammengestanden wären. Das war etwas vom Grössten, was ich erlebt habe im Bundeshaus. Wie wir da wirklich gemerkt haben: Jetzt müssen wir zusammenstehen, sonst erreichen wir nichts.

Umgekehrt musste ich auch Schwieriges durchstehen. Das Allerschlimmste war die Diskussion um den straffreien Schwangerschaftsabbruch. Was haben wir bei diesem Thema im Parlament gestritten! Ich habe immer versucht zu erklären, dass Frauen manchmal schlicht nicht in der Lage sind, sich um ein Kind zu kümmern. Die Gegner der Vorlage erachteten eine ungewollte Schwangerschaft hingegen als Schuld der Frau. Dieses Schuldargument brachten sie selbst beim Thema der Vergewaltigung ins Spiel. Es war immer das gleiche Theater: Diese Männer – es waren fast immer Männer – gingen einfach nicht auf das ein, worum es sich wirklich handelte. Sie lenkten die Diskussionen auf Nebenschauplätze, und vor allem bedienten sie diese schreckliche Vorstellung, wonach Frauen selbst schuld seien. Auch innerhalb der CVP entfachte das Thema des Schwangerschaftsabbruchs ein richtiges Drama, das gar zum Rücktritt des Parteipräsidenten führte. Wir Frauen der CVP-Fraktion und die parteieigene Frauenorganisation unter der Präsidentin Brigitte Hauser befürworteten die Fristenlösung. An der Delegiertenversammlung der Partei schafften wir es schliesslich, die Mehrheit der Anwesenden davon zu überzeugen. Man stelle sich das einmal vor: Die katholische CVP unterstützt den Schwangerschaftsabbruch! Brigitte Hauser und auch ich erhielten daraufhin die bösesten Drohungen und Beschimpfungen. Schlimm war aber vor allem, dass unsere Familien angegriffen wurden. Man feindete meinen Mann als «ausländischen Halunken» an und bedrohte unsere Kinder. Während einiger Zeit fuhr bei uns zu Hause die Polizei vorbei und schaute, ob alles in Ordnung sei. All das war bedrohlich und verletzend. Aber die Hauptsache war, dass das Anliegen des straffreien Schwangerschaftsabbruchs durchkam.

Ganz am Anfang, als ich gerade in die Politik einstieg, fragte mich ein Politiker einmal: «Was willst du in der Politik? Warum machst du das?» Darauf antwortete ich: «Ich will mehr Gerechtigkeit!» Noch heute höre ich diesen Politiker lachen: «Was, Gerechtigkeit? Die gibt es doch nicht!» Da dachte ich mir: «Warte nur, dir beweise ich, dass es irgendwo noch Gerechtigkeit gibt!» Ich glaubte und glaube nach wie vor daran, dass man etwas ändern kann durch Politik. Tatsächlich haben wir ja einiges erreicht. Nehmen wir das Beispiel der Mutterschaftsversicherung. Als ich Ende der 1960er-Jahre ein Kind bekam, durfte ich zehn Tage nicht arbeiten gehen. In dieser Zeit erhielt ich allerdings auch keinen Lohn. Da dachte ich: «Hallo, wo sind wir denn hier?» Mindestens den Lohn hätten sie mir für diese zehn Tage geben können. Ich empfand das als eine derartige Ungerechtigkeit. Was dieses Thema anbelangt, stehen wir heute an einem anderen Punkt. Was ich im Laufe der vielen Jahre in der Politik lernte, ist, dass all das keine Frauenprobleme sind. Es sind Gesellschaftsprobleme. Das geht die Männer nämlich genauso an. Diese Einsicht hat sich in den letzten gut zwanzig Jahren in Gesellschaft und Politik zum Glück etwas gefestigt. Zunehmend arbeiten Politikerinnen und Männerorganisationen zusammen, weibeln gemeinsam für Gesetzesvorlagen und stehen für die Gleichstellung zwischen den Geschlechtern ein. Zugleich, und das finde ich wirklich traurig, gibt es so viele Frauen, die kein Bewusstsein haben für die noch immer vorhandenen Ungerechtigkeiten. Die kamen jeweils zu mir und meinten: «Was hast du nur? Mir geht es doch gut! Ich bin überhaupt nicht diskriminiert. Ich kann machen, was ich will.» Dabei ist doch offensichtlich, wo überall es noch Ungleichheiten gibt. Wir haben nach wie vor eine beträchtliche Lohndifferenz zwischen den Geschlechtern, die sich im Alter auf die Rente auswirkt. Bei wie vielen Frauen, die geschieden oder alleinstehend sind, reicht die Rente nirgendwo hin? Wie viele haben gar keine, weil sie immer ehrenamtlich oder an drei, vier Orten Teilzeit gearbeitet haben? Im Nationalrat lancierte ich übrigens erfolgreich einen Vorstoss, damit auch Frauen mit kleinen Arbeitspensen eine zweite Säule anlegen können. Wo es auch noch hapert, ist bei der Vereinbarkeit von Familie und Beruf. Zudem bin ich wahrscheinlich die Einzige, die immer noch für die Einführung von Quoten ist. Ohne Quoten geht nichts! Vor über vierzig Jahren sagte Judith Stamm, dass es ohne einen solchen Schritt noch fünfzig Jahre dauern werde, bis Frauen zu gleichen Teilen wie Männer in der Politik vertreten sein werden. Jetzt sind diese fünfzig Jahre bald vorbei, und wo stehen wir?

Auch wenn vieles noch nicht so ist, wie es sein sollte, dürfen wir nicht übersehen, dass sich in den letzten Jahrzehnten enorm viel verbessert hat. Ich habe diese Entwicklung selbst erlebt und kann Ihnen noch ein weiteres Beispiel geben: In den 1980er-Jahren wurde ich Verwaltungsratspräsidentin einer kleinen Handwerksfirma. Ich sass im Stadtrat von Dübendorf, verfügte als Exekutivmitglied über Macht und hatte für viele Leute geradezustehen. Um den Posten der Verwaltungsratspräsidentin anzutreten, musste ich bei einem Notar in Zürich eine Urkunde unterschreiben. Dort angekommen, sagte der zu mir: «Wo ist denn Ihr Mann?» Ich erwiderte: «Entschuldigen Sie bitte, aber ich werde Präsidentin, nicht mein Mann.» Der Notar meinte nur, dass er das wisse, aber trotzdem die Unterschrift meines Mannes brauche. Das sind alles so Sachen, die es heute nicht mehr gibt. Ich hätte noch viele solche Beispiele, die verdeutlichen, was sich verändert hat, seit Frauen sich in der Politik beteiligen können.

Wer wie ich die vielen Ungerechtigkeiten gegenüber Frauen erlebt hat, vergisst sie nicht mehr. Die ärgerten mich unglaublich, und ich wollte etwas dagegen unternehmen. Nun gut, ärgern tue ich mich auch heute noch. Eigentlich darf ich gar nicht erst Nachrichten hören. Da wird nur vom Geld in der Schweiz gesprochen. Das Wichtigste ist, um wie viel Prozent die Novartis oder dieser Verband oder jene Bank zugelegt hat. Oder dann herrscht irgendwo Krieg, weil man es nicht fertigbringt, in Frieden zusammenzuleben. Manchmal muss ich auch hören, was gewisse National- und Ständeräte in Bern noch immer erzählen, bei dem ich denke: «Mein Gott, in welchem Jahrhundert leben die eigentlich?» Ich werde mich immer ärgern. Wenn Sie meinen, dass man sich nicht mehr ärgern muss, wenn gleich viele Frauen wie Männer im Bundeshaus sitzen, dann täuschen Sie sich gewaltig. Es gibt sogar mehr Frauen als Männer, über die ich mich ärgere. Denn bei den Männern habe ich längst begriffen, dass die nicht immer meiner Meinung sind. Aber Politikerinnen, die nicht an die Zukunft denken und nicht deutlich sagen, dass es so einfach nicht mehr weitergehe, ärgern mich am meisten. Schlimm finde ich vor allem, wenn auch noch gelogen wird und Fakten ignoriert werden. Ich kann gut damit leben, wenn jemand anderer Meinung ist. Aber wenn gelogen wird, regt mich das auf. Wahrscheinlich werde ich mich immer ärgern, das kann man nicht ändern. Es muss so sein.

Manchmal werde ich gefragt, ob es überhaupt wichtig sei, dass Frauen und Männer zu gleichen Anteilen im Bundeshaus politisieren. Dann antworte ich immer, dass das selbstverständlich wichtig sei. Schliesslich leben ungefähr gleich viele Männer wie Frauen in der Schweiz. Die Sichtweise von Frauen ist einfach eine andere als jene der Männer, weil Frauen einen anderen Hintergrund haben und ein anderes Wissen mitbringen. Ich habe viele Enkel und Urenkel und sehe das bei diesen Kindern. Die wurden alle gleich erzogen. Obwohl alle die gleichen Chancen hatten, haben sie je nach Geschlecht ganz Unterschiedliches studiert. Sie funktionieren anders. Der weibliche Teil funktioniert anders als der männliche Teil, und darum ist es so wichtig, dass diese zwei Funktionsweisen zusammenkommen. Beide Geschlechter müssen sich in die Gesellschaft und in die Politik einbringen können. Beide sollen über die Zukunft bestimmen können, in der sie zu leben haben. Dass Frauen anders funktionieren, sehen wir jetzt gerade deutlich bei der Klimafrage. Warum spüren Frauen so stark, dass das so nicht weitergeht? Weil sie es sind, die das Leben weitergeben. Ich finde es grossartig, was junge Frauen jetzt machen, mit den Streiks und ihren Aktionen. Man kann schimpfen, wie man will – über die jungen Frauen und über was weiss ich. Aber es ist super, einfach super, was die machen!

Dass Politik tatsächlich etwas bewirkt, begreifen leider noch heute viele, auch viele Frauen, nicht. Von solchen Leuten höre ich oft: «Ach, was willst du denn? Du kannst doch eh nichts ändern.» Denen sage ich immer: «Es ist auch deine Verantwortung, was mit diesem Land passiert. Wir wohnen in einem Land, in dem du mitbestimmen kannst. Du darfst nie über etwas schimpfen, das nicht funktioniert, wenn du nicht auch selbst aktiv mitmachst.» Auch schon früher, als ich noch jung war, erklärten mir Frauen häufig, dass sie zwar gerne zu einem Kaffeekränzchen kommen, sogar einen Kuchen backen und servieren würden, dass sie von Politik aber nichts wissen wollten. Zu diesen Frauen sagte ich jeweils: «Wisst ihr, was Politik ist? Der Schulweg eurer Kinder, die Butter auf eurem Frühstücksbrot. Das, was ihr trägt. Die Schuhe und der Rock und der Mantel. Das alles ist Politik. Alles ist Politik!» So habe ich versucht, diesen Frauen zu erklären, warum es so wichtig ist, dass sie sich um die Politik kümmern. Wenn man nämlich denkt, dass sich nichts ändern lässt, dann ändert sich tatsächlich nichts. Aber ich glaube noch immer daran, dass auch die heutigen Jungen etwas ändern können. Man muss halt abstimmen gehen, sich etwas trauen, vorne hinstehen und sagen: «*Mol!*»

Das Interview mit Rosmarie Zapfl fand am 13. März 2019 in der Dampfzentrale Bern statt.

Rosmarie Zapfl (*1939) trat Anfang der 1970er-Jahre der katholischen Frauenbundsbewegung bei. Anschliessend politisierte sie zuerst im Gemeinderat (Legislative) und von 1978 bis 1990 im Stadtrat (Exekutive) von Dübendorf. Als Nationalrätin vertrat sie von 1995 bis 2006 die CVP (heute Die Mitte). Zapfl war von 1994 bis 2001 Vizepräsidentin der CVP Schweiz, später Präsidentin der CVP International. 2006 amtierte sie als Vizepräsidentin der Schweizer Delegation beim Europarat. In verschiedenen Vereinen und Stiftungen wirkte sie als Vorstandsmitglied, etwa präsidierte sie von 2006 bis 2014 den Schweizerischen Frauendachverband alliance f. Nebst ihren politischen Tätigkeiten und ihrem vielfältigen Engagement führte sie die Administration des Malergeschäftes, das sie mit ihrem Mann betrieb.

Anhang

Dank

Um Punkt 12.30 Uhr hatte am Küchentisch meiner Kindheit und Jugend für einige Minuten absolute Ruhe zu herrschen. Kein Mucks konnte von meinem Bruder oder mir erklingen, ohne dass unsere Mutter es mit einem resoluten «Pst!» zu unterbinden gewusst hätte. Denn: Es liefen Radionachrichten. Das mittägliche Redeverbot führte dazu, dass ich aufmerksam zuhörte. In Erinnerung geblieben sind mir, nebst Kriegsgeschehen und Umweltkatastrophen, vor allem Namen. Namen wie Lilian Uchtenhagen, Elisabeth Kopp, Josi Meier, Lili Nabholz, Judith Stamm oder Christiane Brunner. Und das kribbelnde Gefühl, dass mit ihnen etwas Wichtiges verbunden ist, etwas Aufregendes, Ausserordentliches und manchmal auch etwas diffus Schweres. Wie richtig dieser Eindruck war! Diese Figuren, ihre Geschichte und ihre Politik fesselten mich schon damals und lassen mich bis heute nicht los. Seit dem Schweigegebot am Esstisch – oder der Hörpflicht, um es positiver zu formulieren – sind Jahrzehnte vergangen. Aus der Faszination für die im Radio Erwähnten ist inzwischen eine intensive wissenschaftliche Beschäftigung mit Frauen im politischen Feld sowie mit dem Thema Geschlecht und Politik erwachsen. Schnappte ich als Kind lediglich Bruchstücke von Geschichten über Bundespolitikerinnen auf, erhielt ich viele Jahre später die Gelegenheit, einige von ihnen zu treffen und sie ihre eigenen Geschichten erzählen zu lassen. Ergebnis von alledem ist unter anderem dieses Buch.

Einen ganz grossen Dank möchte ich den Politikerinnen aussprechen, die mir bereitwillig über oft mehr als nur ihre Zeit im Bundeshaus berichteten. Mit grosser Offenheit und viel Vertrauen erzählten sie von ihren Erfahrungen und Erinnerungen, von Schönem und Schmerzlichem und eben auch von Unerhörtem in Bundesbern und anderswo. Im Gespräch mit ihnen habe ich viel gelernt – für dieses Buch und für mich persönlich. Sie alle beeindrucken mich. Ganz besonderer Dank gebührt Lili Nabholz, Gabrielle Nanchen, Monika Stocker, Rosmarie Zapfl und Elisabeth Zölch dafür, dass ihre Geschichten in diesem Buch einen prominenten Platz einnehmen dürfen.

Über das Unerhörte im Bundeshaus hätte ich nicht schreiben können ohne die Unterstützung von weiteren Menschen und Institutionen. Ihnen möchte ich herzlich danken: Die Forschung an diesem Buch war nur zu realisieren dank den Geldern des Schweizerischen Nationalfonds. Den grosszügigen finanziellen Beiträgen der Burgergemeinde Bern, der Ernst Göhner Stiftung, der Fondation Johanna Dürmüller-Bol, der Forschungsstiftung der Universität Bern, des Lotteriefonds des Kantons Bern, der Stadt Bern, der Stiftung für die Erforschung der Frauenarbeit, der Stiftung Interfeminas sowie des Vereins Frauenzentrum Zürich ist es zu verdanken, dass die Ergebnisse dieser Forschungsarbeit nun als Buch vorliegen.

Das Buch ist Resultat meines PostDoc-Projekts, das ich im Rahmen des Forschungsprojekts «Ein gemeinsamer Raum. Unerzählte Schweizer Frauengeschichte(n)» am Interdisziplinären Zentrum für Geschlechterforschung IZFG der Universität Bern verfolgte. Der Projektleiterin Prof. Dr. Patricia Purtschert sowie meinen Forschungskameradinnen und Denkfreundinnen Lou-Salomé Heer, Corinne Rufli und Bettina Stehli danke ich für die gemeinsam erschaffenen Denk- und Forschungsräume sowie für die geteilte Begeisterung für Frauengeschichte(n). Ein ganz grosses Merci an Bettina, Corinne und Lou zudem für die unzähligen Zoom-Schreibstunden während der vergangenen Jahre. Wenn eure Gesichter beim täglichen, digitalen Ein- sowie Auschecken in den Bildschirmkacheln auftauchten, war das sowohl eine grosse Freude als auch ein wichtiger Antrieb. Trotz Schreibtiefs und anderweitig tobendem Stress konnte ich mich so auf die Forschung konzentrieren und dank klar abgesteckten Schreibzeiten Schritt um Schritt weiterkommen. Den Hilfsassistentinnen des Projekts, Mara Wehrli, Mariem Grira und Mirjam Hornung, danke ich für ihre wichtige Arbeit. Einen speziellen Dank richte ich an Gina Dellagiacoma für ihre sorgfältigen Transkriptionen sowie das erfrischende und engagierte Mitdenken.

Für die Entstehung der Publikation war die wertvolle Arbeit des Hier und Jetzt Verlags unerlässlich. Den Verlagsleitenden Denise Schmid und Bruno Meier danke ich für die angenehme, professionelle Zusammenarbeit. Ein grosses Dankeschön geht an Mira Imhof für das sorgfältige, sprachlich feinsinnige Lektorat sowie an Simone Farner – dafür, dass aus dem Manuskript ein so schönes Buch entstanden ist.

Von Herzen danke ich den Menschen, die mich begleiten: meinen Eltern, Bernhard und Rosmarie (†2024) Amlinger, die so viel mehr für mich taten, als nur die Politik an den Küchentisch zu holen. Meinen genialen Freundinnen, die mich auf ganz vielfältige Weise unterstützten, Texte gegenlasen, mitdachten, Räume als Schreib- und Denkorte zur Verfügung stellten und so viel Schönes ins Leben bringen. Ein riesiges Merci dafür an: Sandra Aeschlimann, Michèle Amacker, Anneli Binder, Valérie Cattilaz, Graziella Cisternino (weil du immer da bist), Katja Dannecker, Regula Ludi, Sonja Matter und Maria Steiner. Ein grosses Merci auch an meine Boys, die das Leben zum Glänzen bringen und es heiter machen: Dario Amlinger, Jürg Beutler und Fred Blattner. And a very special thank you to my beautiful friend and dearest companion – thank you for reading and thinking, for supporting and caring, for our «intellectual battles» and for every single cup of tea.

Fabienne Amlinger ist Historikerin und arbeitet am Interdisziplinären Zentrum für Geschlechterforschung IZFG der Universität Bern. In ihrer Dissertation untersuchte sie die Frauenorganisationen politischer Parteien in der Schweiz seit Einführung des Frauenstimmrechts. Ausserdem ist sie im Gosteli-Archiv zur Geschichte der schweizerischen Frauenbewegungen sowie in der Dampfzentrale Bern als dramaturgische Mitarbeiterin im Bereich Tanz & Performing Arts tätig.

Anmerkungen

Achtzig Sekunden

1 Schweizer Filmwochenschau, 10.12.1971.

2 Bühlmann, Die Pionierinnen der Schweizer Politik, S. 37–59; Guisan, Catherine: Portraits. La politique au féminin. In: Tribune de Caux 21, Dezember 1971, S. 14f.; H. Z.: Beginn mit mehreren Unbekannten. In: NZZ, 28.11.1971, Fernausgabe, S. 33; Hb: Feierliche Sessionseröffnung. In: NZZ, 30.11.1971, Morgenausgabe, S. 21; Heer, Lou-Salomé/Rufli, Corinne/Stehli, Bettina: Ein gemeinsamer Raum – Unerzählte Schweizer Frauengeschichte(n). In: genderstudies 38, Herbst 2022, S. 14; Iannetta, Silvana: Zwischen Hausrat und Rathaus. In: Mühlberger, Verena (Hg.): Frauen machen Staat. Bürgerliche Frauen: ihre Organisationen, ihre Politik. Zürich 1995, S. 58–60; K. H.: Frauen im Nationalrat. In: NZZ, 3.11.1971, Morgenausgabe, S. 22; Lg: Beharrungsvermögen – Frauenstimmrecht – Ueberfremdungsfrage. In: Der Bund, 7.11.1971, S. 4; Merz, Thomas: Ein Dutzend Frauen wirkten unter der Kuppel. In: Bieler Tagblatt, 6.1.1972, S. 14; o. A.: «Kantons- nicht Volksvertreter». In: Der Bund, 30.11.1971, S. 7; o. A.: 39. Legislaturperiode des Nationalrates. In: Der Bund, 30.11.1971, S. 4; o. A.: Ausstellungstexte zu «Anekdoten des Schicksals», Kunstmuseum Bern, 27.7.2023–7.1.2024; o. A.: Ouverture in Rot-Weiss. In: NZZ, 30.11.1971, Morgenausgabe, S. 21; o. A.: Steckbrief der 200 Nationalräte. In: Der Bund, 8.12.1971; O. F.: Freude in der Romandie über den Erfolg der Frauen. In: NZZ, 4.11.1971, Morgenausgabe, S. 21; R. R.: Der neue Nationalrat. In: NZZ, 3.11.1971, Morgenausgabe, S. 21; Schweizer Radio und Fernsehen (SRF): Antenne, 1. Nationalrätinnen, 3.11.1971, https://www.srf.ch/play/tv/antenne/video/antenne-vom-03-11-1971?urn=urn:srf:video:5e375b52-ae9a-4920-b0d6-289ab7a860bf (Stand: 20.9.2023); Schweizerische Depeschenagentur (SDA): Der Start der Frauen im Bundeshaus. In: Der Bund, 19.12.1971, S. 4; SDA: Guter Start der Nationalrätinnen. In: Neue Zürcher Nachrichten, 18.12.1971; Sekretariat der Bundesversammlung:
Nationalratssaal, Bern 1972; Sk: Steckbrief der 200 Nationalräte. In: Der Bund, 6.12.1971; Sk: Steckbrief der 200 Nationalräte. In: Der Bund, 7.12.1971.

3 Zu Lise Girardin: ATS: Les élues sous la Coupole ont pris un bon départ dans la vie parlamentaire. In: FAN – Express, 18./19.12.1971, S. 15; Baettig, Michael: Lise Girardin, conseiller administratif de la Ville. In: Journal de Genève, 3./4.5.1975, S. 11; ebh: Die Frau im Ständerat. Lise Girardin. In: Der Bund, 29.7.1973, S. 23; Forster, Jacqueline: Was macht eigentlich Lise Girardin? In: Schweizer Illustrierte, 22.7.1996, S. 47; Martin, Marie-Claude: Lise Girardin (1921–2010). Première maire de Suisse, éclaireuse éclariée. In: Adler, Tibère/Parzer Epp, Verena/Wirz, Claudia (Hg.): Pionnières de la Suisse moderne. Des femmes qui ont vécu la liberté. Genève 2014, S. 72–76; Mottu-Weber, Liliane: Girardin, Lise. In: HLS, 21.3.2024, https://hls-dhs-dss.ch/de/articles/006323/2024-03-21/ (Stand: 4.10.2024); o. A.: Die Frau im Ständerat: Lise Girardin. In: Der Bund, 29.7.1973, S. 23; o. A.: «Für die Zukunft ihre ganze Kraft». Die letzte Hürde. In: Schweizer Illustrierte, 1.2.1971, S. 16; O. F.: Die Ausstrahlung Lise Girardins im Welschland. In: NZZ, 13.4.1972, Morgenausgabe, S. 21; Radio Télévision Suisse (RTS): Maire et ... femme, 29.6.1970, https://www.rts.ch/archives/tv/information/en-direct-avec/8424544-maire-et-femme.html (Stand: 30.9.2023); RTS: Femmes et politique, 16.3.1968, https://www.rts.ch/archives/tv/information/madame-tv/3467123-femmes-et-politique.html (Stand: 30.9.2023); R. S.: Frau Girardin weggewählt. In: Der Bund, 28.10.1975, S. 4; Schwander, Marcel: «Ich führte zeitweise drei Leben nebeneinander». In: Tages-Anzeiger, 2.8.1983, S. 6.

4 Zu Gabrielle Nanchen: Belser, Katharina: Qu'est-ce qui a guidé la première génération de femmes politiques en Suisse? In: Eidgenössische Kommission für Frauenfragen EKF (Hg.): Frauenfragen. Viel erreicht – neu herausgefordert. 40 Jahre Eidgenössische Kommission für Frauenfragen EKF. Bern 2015, S. 116f.; bgb: Handtäschchen als Aktenmappe. In: Der Bund, 8.12.1971, S. 7; ebh: Frauen im Nationalrat. Gabrielle Nanchen. In: Der Bund, 10.6.1973, S. 35; Interview mit Gabrielle Nanchen, Bern, 18.11.2019; Müller, Salome: «Ich wollte gar nicht gewählt werden». In: Tages-Anzeiger, 16.1.2021; n.n.: Wahl von Frauen. In: NZZ,

3.11.1971, Morgenausgabe, S. 21; Nanchen, Gabrielle: Après trois semaines au Conseil national. In: Le peuple valaisan, 17.12.1971; Dies.: Ce n'est qu'un début…. In: Le peuple valaisan, 12.11.1971; Dies.: Lettre ouverte aux femmes. In: Le peuple valaisan, 15.10.1971, S. 2; o. A.: Die Kommission der Bundesversammlung. In: Bieler Tagblatt, 22.1.1972, S. 22; O. F.: Berner Impressionen einer Walliser Nationalrätin. In: NZZ, 13.1.1972, Mittagsausgabe, S. 16; O. F.: Freude in der Romandie über den Erfolg der Frauen. In: NZZ, 4.11.1971, Morgenausgabe, S. 21; RTS: Portrait de Gabrielle Nanchen, 30.10.1979, https://www.rts.ch/archives/tv/jeunesse/television-educative/10279891-portrait-de-gabrielle-nanchen.html (Stand: 4.10.2024); RTS: Gabrielle Nanchen, une femme au Conseil national, 18.3.1972, https://www.rts.ch/archives/tv/jeunesse/samedi-jeunesse/11929301-gabrielle-nanchen-une-femme-au-conseil-national.html (Stand: 4.10.2024); RTS: Gabrielle Nanchen, citoyenne valaisanne, 14.10.1968, https://www.rts.ch/archives/tv/jeunesse/profils-68/11905290-gabrielle-nanchen-citoyenne-valaisanne.html (Stand: 4.10.2024); Rossier, Thierry: Nanchen, Gabrielle. In: HLS, 12.6.2019, https://hls-dhs-dss.ch/de/articles/058048/2019-06-12/ (Stand: 10.9.2023); SFP: So sieht es die Walliser Nationalrätin. In: Walliser Volksfreund, 15.2.1972, S. 2.

5 Zu Josi Meier: Amtliches Bulletin der Bundesversammlung, Frauensession – Session des femmes, 7.–8.2.1991, S. 12–14; ebh: Frauen im Nationalrat. Josi Meier. In: Der Bund, 27.5.1973, S. 29; Gernet/Hartmann/Schwingruber (Hg.): Josi J. Meier; Hänggi, Marcel: Durch den Monat mit Josi Meier. Teil 1 bis 4. In: WOZ, 7./14./21./28.4.2005; Heim, Dore: Der Feldweibel: Josi Meier. In: work, 23.10.2020; hgb: Platz für Mappe und Handtäschchen. In: Der Bund, 17.12.1971, S. 4; Merki, M.: Grand Old Lady der Schweizer Politik. In: Neue Zürcher Zeitung, 6.11.2006, S. 10; SRF: Das Sonntagsinterview, Josi Meier, 28.11.1991, https://www.srf.ch/play/tv/das-sonntagsinterview/video/josi-meier?urn=urn:srf:video:681028c2-9030-48f7-8b25-0f6ebbaf918d (Stand: 18.9.2023); SRF: Tagesschau, Frauensession, 7.2.1991, https://www.srf.ch/play/tv/tagesschau/video/frauen-session?urn=urn:srf:video:303212d1-77a3-4e90-bc08-75b16c257bb1 (Stand: 18.9.2023); SRF: Tagesschau, Josi Meier ist tot, 6.11.2006, https://www.srf.ch/play/tv/tagesschau/video/josi-meier-ist-tot?urn=urn:srf:video:166896ee-a687-4ff0-b811-956d23babc77 (Stand 18.9.2023); Sprenger, Drei Wege ins Bundeshaus; Trüeb, Markus: Meier, Josi. In: Historisches Lexikon der Schweiz (HLS), 22.10.2008, https://hls-dhs-dss.ch/de/articles/006196/2008-10-22/, (Stand: 12.01.2024); Vögelin, Als der «Charme» Einzug hielt.

6 Zu Elisabeth Blunschly: Auf der Mauer, Franz: Blunschy, Elisabeth. In: HLS, 4.5.2015, https://hls-dhs-dss.ch/de/articles/006192/2015-05-04/ (Stand: 20.9.2023); Auf der Maur, Jürg: Eine grosse Schafferin ist tot. In: Neue Luzerner Zeitung, 2.5.2015, S. 5; Ders.: Unvergessliche Pionierin. In: Neue Luzerner Zeitung, 2.5.2015, S. 1; Blunschy-Steiner/Gasser (Hg.): Ein Leben für mehr soziale Gerechtigkeit; ebh: Frauen im Nationalrat. Elisabeth Blunschy. In: Der Bund, 6.5.1973, S. 59; Interview mit Elisabeth Blunschy, Schwyz, 5.7.2011; n.n.: Elisabeth Blunschy: Leben für soziale Gerechtigkeit. In: Schwyz Kultur, 29.6.2010, https://www.schwyzkultur.ch/artikel/schwyz/literatur/elisabeth-blunschy-leben-fuer-soziale-gerechtigkeit_AMmfWqc (Stand: 26.9.2023); Niedermann, Claus: Ein Leben in einer Männerwelt. In: Traktandum Magazin 4, 1987, S. 63–69; SRF: Rundschau, Rücktritt Elisabeth Blunschy, 13.10.1987, https://www.srf.ch/play/tv/rundschau/video/ruecktritt-elisabeth-blunschy?urn=urn:srf:video:8412d714-0132–4235-b152-e574ecdc8b76 (Stand: 30.9.2023); SRF: Das Sonntagsinterview, Elisabeth Blunschy, 20.2.1983, https://www.srf.ch/play/tv/das-sonntagsinterview/video/elisabeth-blunschy?urn=urn:srf:video:0f9da9c3-3b71-4d94-a9d0-61f54ca47204 (Stand: 30.9.2023); SRF: Karussell, Elisabeth Blunschy, 6.10.1977, https://www.srf.ch/play/tv/karussell/video/elisabeth-blunschy?urn=urn:srf:video:b88b4910-67ba-4ce7-8a57-e95213a4649c (Stand: 30.9.2023); SRF: CH-Magazin, Porträt Elisabeth Blunschy, 19.4.1977, https://www.srf.ch/play/tv/ch-magazin/video/portraet-elisabeth-blunschy?urn=urn:srf:video:70ff0265–5673-40c9-899b-e20cd772e06f (Stand: 30.9.2023); SDA: Elisabeth Blunschy gestorben. In: NZZ, 2.5.2015; Sprenger, Wege ins Bundeshaus; Wehrli, Reto: Elisabeth Blunschy-Steiner – eine politische Wegbereiterin. In: Bote der Urschweiz, Mai 2007; Wiedmer-Zingg,
Die Schweiz-Macherinnen.

7 Zu Hedi Lang: Bürgi, Markus Bürgi: Lang, Hedi. In: HLS, 13.11.2008, https://hls-dhs-dss.ch/de/articles/005938/2008-11-13/ (Stand: 12.1.2024); de Weck, Roger: Hedwig Lang. Die Frau von nebenan. In: Die Zeit 26, 1982, 25.6.1982; ebh: Frauen im Nationalrat. Hedi Lang. In: Der Bund, 20.5.1973, S. 39; Fritschi Oscar: Politikerin der ersten Stunde. Zum Hinschied der Wetziker alt Regierungsrätin und alt Nationalrätin. In: Zürcher Oberländer, 1.4.2004; SRF: CH-Magazin, SP-Frauen,

24.5.1983, https://www.srf.ch/play/tv/ch-magazin/video/sp-frauen?urn=urn:srf:video:fc9de5f2-deae-46f4-ab6f-7e406b547d3b (Stand: 19.5.2022); SRF: Porträt Hedi Lang anlässlich ihrer Wahl zur Nationalrats-Präsidentin 1982, 1.12.1981, https://www.srf.ch/play/tv/ch-magazin/video/portraet-hedi-lang?urn=urn:srf:video:c76a2147-0d39-4fb9-a60f-72a7ce95d8a7 (Stand: 20.1.2024); SRF: Samstagsrundschau, Was bedeutet einer Frau ein hohes Amt im Parlament?, 6.12.1980, https://www.srf.ch/play/tv/samstagsrundschau/video/was-bedeutet-einer-frau-ein-hohes-amt-im-parlament?urn=urn:srf:audio:4403d85a-9f5d-4bd3-81a8-e216bed5bf7f (Stand: 20.1.2024); Wiedmer-Zingg, Schweiz-Macherinnen.

8 Zu Nelly Wicky: ebh: Frauen im Nationalrat. Nelly Wicky. In: Der Bund, 22.7.1973, S. 27; Fanac Huguenin-Elie, Nathalie: Wicky, Nelly. In: HLS, 4.2.2020, https://hls-dhs-dss.ch/de/articles/033617/2020-02-04/ (Stand: 20.9.2023); Häfliger, Markus: Sie war die erste Kommunistin im Nationalrat. In: Der Bund, 4.2.2020; Merz, Thomas; Oechsli, Greti: Ein Dutzend Frauen wirkten unter der Kuppel. In: Bieler Tagblatt, 6.1.1972, S. 14; o.A: Nelly Wicky. In: Wikipedia, 14.11.2021, https://de.wikipedia.org/wiki/Nelly_Wicky (Stand: 20.9.2023); O.F.: Freude in der Romandie über den Erfolg der Frauen. In: NZZ, 4.11.1971, Morgenausgabe, S. 21f.; Rauber, André: Formierter Widerstand. Geschichte der kommunistischen Bewegung in der Schweiz. Zürich 2003; Speck, Barbara J.; Spillmann, Anna: Nelly Wicky. In: FemBio, 2023, https://www.fembio.org/biographie.php/frau/biographie/nelly-wicky/#biografie (Stand: 20.9.2023).

9 Amtliches Bulletin der Bundesversammlung: Frauensession – Session des femmes, 7.–8.2.1991, S. 12–14; ebh: Frauen im Nationalrat. Hanny Thalmann. In: Der Bund, 8.7.1973, S. 23; Göldi, Wolfgang: Hanny Thalmann. In: HLS, 3.10.2012, https://hls-dhs-dss.ch/de/articles/006707/2012-10-03/ (Link: 13.1.2024); Mock, Verena: Die erste Nationalrätin durfte im Kanton nicht abstimmen. In: Widmer, Marina; Witzig, Heidi (Hg.): blütenweiss bis rabenschwarz. St. Galler Frauen – 200 Porträts. Zürich 2003, S. 395f.; SRF: Antenne, 1. Nationalrätinnen, 3.11.1971, https://www.srf.ch/play/tv/antenne/video/antenne-vom-03-11-1971?urn=urn:srf:video:5e375b52-ae9a-4920-b0d6-289ab7a860bf (Stand: 20.9.2023); Sprenger, Wege ins Bundeshaus; Volken, Marco: «Die Skepsis gegenüber der Frau in der Politik war gross». In: Die Ostschweiz, 8.2.1991.

10 Amtliches Bulletin der Bundesversammlung: Frauensession – Session des femmes, 7.–8.2.1991, S. 14–16; Aschwanden, Erich; Gerny, Daniel: Nachruf: Lilian Uchtenhagens Nichtwahl war ein Fanal. In: NZZ, 8.9.2016; Baertschi, Christian: Uchtenhagen, Lilian. In: HLS, 19.9.2016, https://hls-dhs-dss.ch/de/articles/003318/2016-09-19/ (Stand: 26.9.2023); ebh: Frauen im Nationalrat. Lilian Uchtenhagen. In: Der Bund, 15.7.1973, S. 39; Fehr, Drehbuch einer Bundesratswahl, S. 5–24; Forrer, Cornelia: Lilian Uchtenhagen lebt weiter, trotz ihres Todes. In: ostschweizerinnen.ch, 15.9.2016, https://ostschweizerinnen.ch/lilian-uchtenhagen-lebt-weiter-trotz-ihres-todes/ (Stand: 26.9.2023); Interview mit Lilian Uchtenhagen, Zürich, 3.11.2010; Meier, Lars Gabriel: Lilian Uchtenhagen – in ihren eigenen Worten. In: Neue Oltner Zeitung, 10.3.2021; SRF: Vis-à-vis, 15.1.1992, https://www.srf.ch/play/tv/vis-a-vis/video/lilian-uchtenhagen?urn=urn:srf:video:e0a6ef72-5c70-4fc6-812e-aa4aeece0490 (Stand: 26.9.2023); SRF: Unter uns gesagt, 23.3.1983, https://www.srf.ch/play/tv/unter-uns-gesagt/video/talkshow-mit-heiner-gautschy-zuhause-bei-lilian-uchtenhagen?urn=urn:srf:video:b1e5fa6d-3ac8-443f-b24d-bbaf14c29c4f (Stand: 26.9.2023); Stalder, Guido: «Frauen setzen andere Akzente». In: Traktandum Magazin 4, 1987, S. 57–61; Strehle, Res: Links und gesellschaftlich liberal – ohne Widerspruch. In: Der Bund, 8.9.2016; Torcasso, Rita: Lilian Uchtenhagen: «Ich bin eine Gerechtigkeitsfanatikerin». In: Visit, Magazin der Pro Senectute Kanton Zürich 4, 2004, S. 28–30; Wiedmer-Zingg, Schweiz-Macherinnen; Wiegers, Elvira; Ziegler, Nicole: Männersache? Die Angst des Büffels vor der starken Frau. In: WOZ, o.D.

11 ebh: Frauen im Nationalrat. Liselotte Spreng. In: Der Bund, 1.7.1973, S. 31; Merz, Thomas; Oechsli, Greti: Ein Dutzend Frauen wirkten unter der Kuppel. In: Bieler Tagblatt, 6.1.1972, S. 14; Michaud, Marius: Liselotte Spreng. In: HLS, 24.1.2011, https://hls-dhs-dss.ch/de/articles/003166/2011-01-24/ (Stand: 30.1.2024); o. A.: Wir stellen Nationalratskandidatinnen vor: Liselotte Spreng. In: Der Murtenbieter, 27.10.1971, S. 5; SDA: Guter Start der Nationalrätinnen. In: Neue Zürcher Nachrichten, 18.12.1971, S. 4; Spreng, Liselotte: Interruption de grossesse. Les droits de l'enfant! In: Femmes suisses et le Mouvement féministe: organe officiel des informations de l'Alliance de Sociétés Féminines Suisses 9:62, 1974, S. 5; sy: Frau und Politik. Ein Gespräch mit Frau Nationalrätin Liselotte Spreng. In: Forum der Frau, 30.8.1979, S. 9; Zy: Gewinner und Verlierer in Bern. In: NZZ, 3.11.1971, S. 21.

12 Devaux, Stéphane: Elle a ouvert la voie. In:

L'Express, 9.5.2003, S. 2; dos Santos Pinto, Jovita: Tilo Frey und die nichtperformative Inklusion. In: Dies.; Ohene-Nyako, Pamela; Pétrémont, Mélanie-Evely et al. (Hg.): Un/doing Race. Rassifizierung in der Schweiz. Genf/Zürich. 2022, S. 55–75; Dies., «Oui, c'est un long chemin»; Dies.: Tilo Frey, erste Schwarze Nationalrätin in der Schweiz. In: bern-kolonial.ch, https://bern-kolonial.ch/tilo-frey (Stand: 26.9.2023); ebh: Frauen im Nationalrat. Thilo Frey. In: Der Bund, 13.5.1973, S. 33; Hanimann, Carlos: Der sonderbare Fall der Tilo Frey. In: Die Republik, 2.6.2021, republik.ch/2021/06/02/der-sonderbare-fall-der-tilo-frey (Stand: 26.9.2023); Jeannin-Jaquet, Isabelle: Frey, Tilo. In: HLS, 15.10.2021, https://hls-dhs-dss.ch/de/articles/006042/2021-10-15/ (Stand: 26.9.2023); mwg: Die Nationalratskandidatur aus Kamerun. In: NZZ, 18.4.1971, S. 61; Redaktion: Une pionnière s'en est allée. In: L'Express, 28.6.2008, S. 4; von Planta, Eleonore: Eine Stauffacherin aus Neuenburg. In: Walliser Bote, 20.12.1971, S. 10.

13 Zu Martha Ribi: af: Frau und Politik. In: NZZ, 4.11.1976, S. 39; Bl: Nationalrätin Martha Ribi. In: NZZ, 14./15.1.1978, S. 47; ebh: Frauen im Nationalrat. Martha Ribi. In: Der Bund, 17.6.1973, S. 37; Fröhlich-Meyer, L.: Eine zweite Frau in den Zürcher Stadtrat! In: Die Staatsbürgerin 9/10, Oktober/November 1970, S. 2f.; Gerber, Rudolf: Begegnung mit Martha Ribi. In: Der Landbote, 6.12.1971, S. 3; Ne: Martha Ribi Ständeratskandidatin der FDP. In: NZZ, 10./11.12.1977, S. 49; o.A.: Mehr Fest als Generalversammlung. In: Zürcher Oberländer/Anzeiger von Uster, 25.4.2000; Redolfi, Silke: Ribi, Martha. In: HLS, 20.10.2010, https://hls-dhs-dss.ch/de/articles/006548/2010-10-20/ (Stand: 20.9.2023); rfr: Tüchtig und menschlich. Die freisinnige Stadtratskandidatin. In: NZZ, 14.10.1970; Ribi, Martha: Erfahrungen einer Frau im Nationalrat. In: Schweizer Frauenblatt, 30.3.1973, S. 1f.; Dies.: Kann und soll die berufliche Karriere der Frau erleichtert werden? In: NZZ, 12.12.1972, Mittagsausgabe, S. 31; Dies.: Gedanken zum 1. August 1972. In: Schweizer Frauenblatt, 21.7.1972, S. 1; Ribi, Martha. Erste Schritte im eidgenössischen Parlament. In: COOP Frauenbund DIALOG 1 (1972), S. 6; Ribi, Thomas: Martha Ribi gestorben. In: NZZ, 8.10.2010, S. 19; SRF: Antenne, 1. Nationalrätinnen, 3.11.1971, https://www.srf.ch/play/tv/antenne/video/antenne-vom-03-11-1971?urn=urn:srf:video:5e375b52-ae9a-4920-b0d6-289ab7a860bf (Stand: 20.9.2023); SDA: Guter Start der Nationalrätinnen. In: Neue Zürcher Nachrichten, 18.12.1971, S. 4; SRG: Sprengkandidatin? In: Die Staatsbürgerin 9/10 (1970), S. 3; Von Arburg, Walter: Alt-Nationalrätin Martha Ribi ist tot. In: Tages-Anzeiger, 9.10.2010, S. 23; Zogg, Beatrice: «Für einige waren wir nur Alibi-Frauen». In: Zürcher Oberländer/Anzeiger von Uster, 31.12.1999, S. 13.

14 Zu Hanna Sahlfeld: Amlinger, Fabienne: Sahlfeld-Singer, Hanna. In: HLS, 12.6.2019, https://hls-dhs-dss.ch/de/articles/058082/2019-06-12/ (Stand: 26.9.2023); Boos, Susan: Zu früh am richtigen Ort. In: Widmer, Marina/Witzig, Heidi (Hg.): blütenweiss bis rabenschwarz. St. Galler Frauen – 200 Porträts. Zürich 2003, S. 328f.; ebh: Frauen im Nationalrat. Hanna Sahlfeld. In: Der Bund, 24.6.1973, S. 35; Fluri, Lucien: Einzug in eine Männerdomäne: Die ersten Nationalrätinnen mussten mit enorm viel Gegenwind kämpfen. In: Aargauer Zeitung, 8.2.2020; Gall, Christa: Hanna Sahlfeld-Singer – für viele war sie reine Provokation. In: SRF: 10 vor 10, 2.9.2021, https://www.srf.ch/news/schweiz/50-jahre-frauenstimmrecht-hanna-sahlfeld-singer-fuer-viele-war-sie-reine-provokation (Stand: 26.9.2023); Interview mit Hanna Sahlfeld, Bern, 13.3.2019; Koenig, Käthi: Der steinige Weg in den Nationalrat. In: Kirchenbote, 26.2.2021, https://www.kirchenbote-online.ch/artikel/der-steinige-weg-in-den-nationalrat/ (Stand: 26.9.2023); Loser, Philipp: 50 Jahre Frauenstimmrecht. «Den jungen Männern sage ich: Habt keine Angst vor selbstbewussten Frauen». In: Der Bund, 2.9.2021; Merz, Thomas; Oechsli, Greti: Ein Dutzend Frauen wirkten unter der Kuppel. In: Bieler Tagblatt, 6.1.1972, S. 14; o.A.: Eine SP-Nationalrätin tritt zurück. Hanna Sahlfeld wich dem Druck. In: Die Frau in Leben und Arbeit, 1 (1976); o.A.: Auch Pfarrer als Nationalräte? In: Neue Zürcher Nachrichten, 2.12.1971; Sahlfeld-Singer, Hanna: Verdächtig viele Christen. In: Die Frau in Leben und Arbeit 10 (1971), S. 9f.

Grosse Heiterkeit

1 Roten, Frauen im Laufgitter.

2 Amtliches Bulletin, Sitzungsprotokoll Nationalrat, 20.12.1950, S. 480; Amtliches Bulletin, Sitzungsprotokoll Ständerat, 20.12.1950, S. 844.

3 Amtliches Bulletin, Sitzungsprotokoll Nationalrat, 20.12.1950, S. 480.

4 Zu den Argumenten gegen das Frauenstimmrecht vgl. Studer/Wyttenbach, Frauenstimmrecht, S. 107–158.

5 Amtliches Bulletin, Sitzungsprotokoll Nationalrat, 20.12.1950, S. 480.
6 Berger, Sandra; Rey, Adriana: «Er kannte fast nur Freunde oder Feinde». Der Nachlass des Arztes und Politikers Eugen Bircher in der Aargauer Kantonsbibliothek. In: Argovia 131, 2019, S. 112–119: 112.
7 Vgl. Heller, Daniel: Eugen Bircher. In: HLS, 21.8.2018, https://hls-dhs-dss.ch/de/articles/005018/2018-02-21/ (Stand: 12.5.2022).
8 Amtliches Bulletin, Sitzungsprotokoll Nationalrat, 13.6.1951, S. 531.
9 Ebd.
10 Ebd.
11 Ebd.
12 Ebd., S. 532.
13 Ebd.
14 Ebd.
15 Ebd.
16 Amtliches Bulletin, Sitzungsprotokoll Nationalrat, 20.9.1951, S. 391.
17 Ebd.
18 Vgl. Widmer, Sigmund: Gottlieb Duttweiler. In: HLS, 7.4.2006, https://hls-dhs-dss.ch/de/articles/006274/2006-04-07/ (Stand: 13.5.2022).
19 Amtliches Bulletin, Sitzungsprotokoll Nationalrat, 12.12.1945, S. 726. Vgl. auch Seitz, Auf die Wartebank geschoben, S. 101.
20 Amtliches Bulletin, Sitzungsprotokoll Nationalrat, 12.12.1945, S. 726.
21 Ebd.
22 Ebd., S. 729.
23 Philipp Loser: Kolumne «Frauenstimmrecht: Die Angst der Männer ist dieselbe wie damals». In: Das Magazin, 16.1.2021, https://www.tagesanzeiger.ch/frauenstimmrecht-die-angst-der-maenner-ist-dieselbe-wie-damals-344574365864, (Zugriff 23.12.2021).
24 Auf die über zweitausendjährige Geschichte und Theoretisierung des Lachens sowie auf die Frage, was hinter dem Lachen steckt, geht die Althistorikerin Mary Beard ein. Gemäss Beard bleibt das Lachen, gerade weil es eben selten eindeutig ist, ein «Phänomen, das nach Erklärungen verlangt, sich jedoch jeder Erläuterung zu widersetzen scheint». Vgl. Beard, Das Lachen im alten Rom, S. 37.
25 Im Bundesarchiv sind einzig Tonaufnahmen aus den Jahren 1982 bis 2008 deponiert. Auch die schriftlichen Protokolle halten nicht alles und nicht immer im genauen Wortlaut fest. So ist es Usus, dass beispielsweise offensichtliche Versprecher korrigiert und Voten geglättet werden.
26 Kotthoff, Das Gelächter der Geschlechter, S. 121.
27 Ebd.
28 Bourdieu, Das politische Feld, S. 55.
29 Vgl. z. B. Emcke, Carolin: Wie wir begehren. Frankfurt a. M. 2012, S. 21.
30 Beauvoir, Das andere Geschlecht.
31 Pateman, Der Geschlechtervertrag, S. 73–95.
32 Beard, Frauen & Macht.
33 Beauvoir, Das andere Geschlecht.
34 Amtliches Bulletin, Sitzungsprotokoll Nationalrat, 14.2.1919, S. 251.
35 Bourdieu, Die männliche Herrschaft, S. 203.
36 Vgl. z. B. Mesmer, Beatrix: Ausgeklammert – eingeklammert. Frauen und Frauenorganisationen in der Schweiz des 19. Jahrhunderts. Basel/Frankfurt a. M. 1988; Müller, Regina: Die Einsitznahme von Frauenverbänden in ausserparlamentarischen Expertenkommissionen, 1900–1950. Bern 1996.
37 Amtliches Bulletin, Sitzungsprotokoll Ständerat, 23.9.1970, S. 277.
38 Ebd., S. 273.
39 Amtliches Bulletin, Sitzungsprotokoll Nationalrat, 5.3.1969, S. 72.
40 Die letzten Schweizer Bürgerinnen, die Appenzell-Innerrhoderinnen, mussten sich nochmals zwanzig Jahre gedulden bis zur kantonalen und damit vollständigen politischen Gleichberechtigung.
41 Vgl. Steinhauser, Die Frauen im Parlament, S. 11–18.
42 Interview mit Gabrielle Nanchen, Bern, 18.11.2019.
43 Schweizer Filmwochenschau, 10.12.1971.
44 Ebd. Es sei an dieser Stelle angemerkt, dass die Parlamentarierinnen ihre Aufgabe tatsächlich sehr ernsthaft angingen. Bereits 1973 überholten, in relativen Zahlen gemessen, die von Frauen initiierten Vorstösse jene von Männern. Ein Blick auf das erste Jahrzehnt nach der Einführung des Frauenstimmrechts zeigt, dass die Parlamentarierinnen insgesamt aktiver waren als ihre Ratskollegen. Inhaltlich fokussierten sie die Verbesserung der rechtlichen, finanziellen und sozialen Situation benachteiligter Teile der Gesellschaft. Vgl. Vögelin, Als der «Charme» Einzug hielt, S. 43–46, 57f. Vgl. dazu auch den letzten Essay in diesem Buch.
45 Schweizer Filmwochenschau, 10.12.1971.
46 Im Vergleich zum Einzug von Politikerinnen in die Parlamente in Österreich und Deutschland fällt auf, dass die Reaktionen der männlichen Ratskollegen in der Schweiz zurückhaltender, weniger offen sexistisch und nicht so aggressiv ausfielen. In den Protokollen der eidgenössischen Bundesversammlung während der ersten Legislaturperiode finden sich bei Wortmeldungen von Politikerinnen auch keine Zwischenrufe oder Redeunterbrechungen durch Politiker. Es wäre eine eigene Untersuchung wert, diesem Befund nachzugehen. Dabei müssten sicherlich auch die Richtlinien des Protokollierens berücksichtigt werden, was unter anderem die länderspezifischen Unterschiede mit-

erklären könnte. Vgl. zu Österreich: Hauch, Vom Frauenstandpunkt aus. Vgl. zur Bundesrepublik Deutschland: Körner, In der Männer-Republik.

47 Amtliches Bulletin, Sitzungsprotokoll Nationalrat, 29.2.1972, S. 26.

48 Ebd.

49 Ebd.

50 Ebd.

51 Es handelte sich um das Übereinkommen der International Labour Organisation aus dem Jahr 1951, das die Schweiz am 25. Oktober 1972 ratifizierte, https://www.fedlex.admin.ch/eli/cc/1973/1602_1602_1602/de (Stand: 16.2.2022).

52 Amtliches Bulletin, Sitzungsprotokoll Nationalrat, 29.2.1972, S. 27.

53 Ebd.

54 Ebd.

55 Ebd.

56 Ebd., S. 28.

57 Connell, Organisation von Männlichkeit, S. 100.

58 Vgl. z. B. Horlacher, Short Introduction to Theories of Humour, S. 31 oder Laub Coser, Rose: Lachen in der Fakultät. Eine Studie über die sozialen Funktionen von Humor unter den Fakultätsmitgliedern einer psychiatrischen Klinik. In: Kotthof, Gelächter der Geschlechter, S. 97–120: 99.

59 Connell, Organisation von Männlichkeit.

60 Eine Auffälligkeit sei an dieser Stelle vermerkt: In den untersuchten Parlamentsdebatten der ersten Legislaturperiode nach Einführung des Frauenstimmrechts (1971–1975) zeigte sich die durch die Rede eines Politikers ausgelöste und auf einer vorausgegangenen Wortmeldung einer Politikerin basierende Heiterkeit in der bereits beschriebenen Form. Für Heiterkeit sorgten allerdings auch die Parlamentarierinnen selbst: Kollektives Lachen provozierten sie mit Bemerkungen zum politischen Geschäft.
Es wäre eine eigene Untersuchung wert, die Parlamentsdebatten hinsichtlich der Wirkungsweisen von Humor und Geschlecht zu analysieren.

61 Seit ihrer Einführung 1948 ist die Altersvorsorge von zahlreichen Revisionen und Reformversuchen geprägt. Die 8. Revision fand in der Zeit von 1973 bis 1975 statt und brachte eine Rentenerhöhung zur existenzsichernden Leistung, eine Beitragssatzerhöhung sowie die Senkung des Bundesbeitrags, vgl. Bundesamt für Sozialversicherungen BSV: Bisherige Revisionen der schweizerischen Altersvorsorge, 15.3.2021, https://www.bsv.admin.ch/dam/bsv/de/dokumente/ahv/faktenblaetter/chronologie_der_ahv-revisionen.pdf.download.pdf/Chronologie%20AHV%20BV.pdf (Stand: 19.4.2022).

62 Amtliches Bulletin, Sitzungsprotokoll Nationalrat, 15.3.1972, S. 374.

63 Ebd.

64 Ebd., S. 380. Übersetzung aus dem Französischen.

65 Ebd. Übersetzung aus dem Französischen.

66 Ebd.

67 Vgl. Pfister, Manfred: Introduction. A History of English Laughter. In: Ders. (Hg.): A History of English Laughter. Laughter from Beowulf to Beckett and Beyond. Amsterdam/New York 2002, S. v–x: vi.

68 Website Bern Welcome: Bundeshaus und Bundesplatz, https://www.bern.com/de/detail/das-bundeshaus (Stand: 30.3.2022).

69 Die Historikerin Gabriella Hauch beschreibt mit Blick auf die Gründung der Republik Österreich von 1918, wie sich Erotik und Sexualität durch den Einzug von Frauen in das Parlament in politische Institutionen einschrieb und dort für Zwischenrufe und Rededuelle sorgte. Vgl.: Hauch, Gabriella: «Die Versklavung der Männer durch feministische Gesetze»? Zur Ambivalenz der Geschlechterverhältnisse in Krieg, Kultur und Politik. In: Dies.: Frauen bewegen Politik. Österreich 1848–1938. Innsbruck 2009, S. 181–203.

70 Würden sie es tun, käme ihnen zweifelsfrei der Vorwurf entgegen, dass sie verklemmt seien, vgl. Kotthoff, Gelächter der Geschlechter, S. 20.

71 Amtliches Bulletin, Sitzungsprotokoll Nationalrat, 21.3.1974, S. 664.

72 Interview mit Hanna Sahlfeld, Bern, 13.3.2019.

73 Tlusty, Ann-Kristin: Süss. Eine feministische Kritik. München 2021, S. 118.

74 Interview mit Hanna Sahlfeld, Bern, 13.3.2019.

75 Vgl. beispielsweise Kotthoff, Gelächter der Geschlechter; Minois, Georges: Histoire du rire et de la dérision.

76 Bourdieu, Das politische Feld, S. 55.

77 Bourdieu, Die männliche Herrschaft, S. 203.

78 Zu Recht verweist Mary Beard auf die Binsenwahrheit, wonach «die Praxis des Lachens viel mit Macht und Machtgefälle zu tun hat». Denn, so die Althistorikerin, «welche soziale Praxis hat das nicht?» Die interessante Frage – und die ist in diesem Text aufgegriffen worden – lautet, in welcher Weise das Lachen mit Macht verbunden ist. Vgl. Beard, Lachen im alten Rom, S. 177.

79 Zum Konnex zwischen Lachen und Macht vgl. Pfister, Introduction, S. v–x.

80 Zum «korrektiven» Lachen vgl. Horlacher, Short Introduction to Theories of Humour, S. 27.

81 Vgl. Bill, Brigitte; Naus, Peter: The Role of Humor in the Interpretation of Sexist

Incidents. In: Sex Roles. A Journal of Research, Vol. 27, 11/12, 1992, S. 645–664: 646–660.

Ins Haus!

1 Berner Tagblatt, 14.12.1971, zitiert in: Loeb, Parlamentsgeschichten, S. 165.

2 Interview mit Hanna Sahlfeld, Bern, 13.3.2019.

3 Berner Tagblatt, 14.12.1971, zitiert in: Loeb, Parlamentsgeschichten, S. 165.

4 Geistliche aller Kirchen waren gemäss Bundesverfassung Artikel 75 von der Wahl in den National- und Bundesrat ausgeschlossen. Eine Wahl in den Ständerat war prinzipiell möglich, weil das Wahlrecht für die kleine Kammer eine Kantonsangelegenheit ist. Der entsprechende Artikel wurde bei der Neuausarbeitung der Bundesverfassung 1999 stillschweigend abgeschafft. Vgl. Jorio, Marco: Ausnahmeartikel. In: HLS, 28.7.2008, https://hls-dhs-dss.ch/de/articles/010388/2008-07-28/ (Stand: 21.9.2022).

5 Woolf, Ein Zimmer für sich allein.

6 Im Zuge des sogenannten Spatial turns, der Ende der 1980er-Jahre in geografischen Debatten aufkam, massen auch die Kultur- und Sozialwissenschaften dem Raum stärkere Bedeutung zu. Damit einher gingen auch neue Theoretisierungen und Konzeptualisierungen von Raum. Vgl. z. B. Bachmann-Medick, Doris: Cultural turns. Neuorientierungen in den Kulturwissenschaften. Hamburg 2010; Conrad, Sebastian: Mental Maps. In: Geschichte und Gesellschaft, 28, 3, 2002, S. 339–342; Schlögl, Karl: Im Raume lesen wir die Zeit. Über Zivilisationsgeschichte und Geopolitik. München 2003. Auch feministische Historikerinnen vertraten in ihren Analysen eine nuancierte Raumkonzeption, die die Verknüpfung metaphorischer, imaginärer, symbolischer und physischer Räume verstärkt in den Blick nahm. Vgl. z. B. Hausen, Karin; Wunder, Heide (Hg.): Frauengeschichte, Geschlechtergeschichte. Frankfurt a. M./New York 1992; Opitz, Claudia: Um-Ordnungen der Geschlechter. Einführung in die Geschlechtergeschichte. Tübingen 2005.

7 Es ist bekannt, dass sich die eidgenössische Politik nicht allein im Bundeshaus abspielt. Einige Stimmen aus dem Feld der Politik zeigen sich gar überzeugt, dass die politischen Machtzentren ausserhalb des Bundeshauses liegen, dass die wirklich wichtigen Entscheidungen im Vorhinein gefällt und im Parlament nur noch verabschiedet werden und dass Frauen zu diesen externen Räumen noch weniger Zugang erhalten als zu den offiziellen Räumen des Politischen. Dennoch fokussiert dieser Essay das Bundeshaus als einen zentralen Ort, an dem sich die Verflechtung von Raum, Geschlecht und politischer Macht manifestiert.

8 Umgangssprachlich wird das Parlamentsgebäude, in dem National- und Ständerat tagen, «Bundeshaus» genannt. Das Parlamentsgebäude als Mittelstück des auf etwas mehr als 300 Meter lang gestreckten, am Hügel über der Aare majestätisch ruhenden Baus wird vom sogenannten Bundeshaus West (heute Hauptsitz zweier Departemente der Bundesverwaltung, Standort der Bundeskanzlei und der Parlamentsbibliothek sowie Sitzungsort des Bundesrats) und Bundeshaus Ost (heute Hauptsitz von zwei Departementen) flankiert. Zur Planungs- und Baugeschichte des Bundeshauses vgl. Bilfinger, Das Bundeshaus in Bern.

9 Vgl. Minta, Republikanische Parlamentsbauten, S. 76.

10 Die Grundsteinlegung der ersten Bauetappe erfolgte 1852, und nach fünfjähriger Bauzeit stand das heutige Bundeshaus West als «Bundes-Rathaus» den eidgenössischen Räten zur Verfügung. Aufgrund von Platzmangel wurde von 1888 bis 1892 das Bundeshaus Ost errichtet. Von 1884 bis 1902 erfolgte der Bau des heutigen Parlamentsgebäudes. Vgl. Bilfinger, Das Bundeshaus in Bern.

11 Zitiert nach: Walter, Hansjörg: Grusswort. In: Minta/Nicolai, Parlamentarische Repräsentationen, S. ix.

12 Vgl. z. B. Günzel, Stephan (Hg.): Raum. Ein interdisziplinäres Handbuch. Stuttgart/Weimar 2010; Löw, Martina: Raumsoziologie. Frankfurt a. M. 2001; Löw, Martina/Steets, Silke/Stoetzer, Sergej: Einführung in die Stadt- und Raumsoziologie. Opladen 2008; Mignon Kirchhof, Geschlechterräume, S. 6–13.

13 Zur Architektur und Ausstattung des Bundeshauses sowie zu dessen Repräsentationszweck vgl. Bilfinger, Bundeshaus; Stückelberger, Johannes: Nationale Repräsentation und Zivilreligion. In: Minta/Nicolai, Parlamentarische Repräsentationen, S. 3–19.

14 Kurz nach Inkrafttreten der neuen Bundesverfassung 1848 ernannte die Bundesversammlung Bern zur Bundesstadt und zum Sitz der Bundesbehörden. Bevor 1852 der erste Teil des Bundeshauses gebaut wurde, tagten die Behörden an unterschiedlichen Örtlichkeiten wie beispielsweise im Erlacherhof, im Berner Rathaus oder im alten Casino. Vgl. Bilfinger, Das Bundeshaus in Bern, S. 2.

15 Die Planungs- und Baugeschichte des Bun-

deshauses liest sich als eine einzige Männergeschichte. Wenn auch für die damalige Zeit nicht aussergewöhnlich, gilt es dennoch in Erinnerung zu rufen, dass die am Bau Beteiligten allesamt Männer waren – von den Planern des Bauauftrags über die teilweise international zusammengesetzten Wettbewerbsjurys und die Architekten bis zu den ausführenden Bauarbeitern, Schreinern, Malern und Künstlern. In der Recherche tauchte einzig eine Frau auf, die für die Lederschnittarbeiten an den Ständeratssitzen im Nationalrat, die jeweils für die vereinigte Bundesversammlung genutzt werden, zuständig war. Vgl. das Künstlerverzeichnis in Bilfinger, Das Bundeshaus in Bern, S. 64–66 sowie Fröhlich, Martin: Bundeshaus Bern. Basel 1978; Müller, Andreas: Der verbitterte Bundeshausarchitekt. Die vertrackte Geschichte des Parlamentsgebäudes und seines Erbauers Hans Wilhelm Auer (1847–1906). Zürich 2002; Stückelberger, Johannes: Nationale Repräsentation und Zivilreligion. In: Minta/Nicolai, Parlamentarische Repräsentationen, S. 3–19. In den unmittelbaren Jahren nach der Eröffnung wurden vereinzelt Arbeiten und Kunstwerke von Frauen im Bundeshaus angebracht.

16 So wird 1894 in einem Gedicht gegen den soeben bewilligten Bau des Bundeshauses geschmäht, vgl. Berner Volkszeitung, 31.3.1894.

17 Im Sommer 1928 fand in Bern die Schweizerische Ausstellung für Frauenarbeit SAFFA statt. Im Rahmen des dazugehörenden Umzuges prangerten einige Frauen das zögerliche Vorwärtskommen in dieser Sache an – mithilfe einer symbolischen überdimensionalen Schnecke und des dazugehörigen Titels «Fortschritte des Frauenstimmrechts in der Schweiz».

18 Diesen starken Begriff benutzten viele Frauen und spätere Politikerinnen, um ihre Gefühle angesichts der verwehrten politischen Rechte gegenüber der weiblichen Bevölkerung auszudrücken.

19 Oft wird von elf oder zwölf 1971 gewählten Nationalrätinnen gesprochen. Bei den Wahlen von 1971 wurden jedoch zehn Frauen in den Nationalrat gewählt. Aufgrund eines in den Ständerat gewählten und eines verstorbenen Nationalrats rückte im Dezember 1971 sowie im Mai 1972 jeweils eine Kandidatin nach. Vgl. Seitz, Auf die Wartebank geschoben, S. 164. Insgesamt kandidierten bei den Nationalratswahlen von 1971 267 Frauen, was 16 % aller Kandidierenden ausmachte. Zum Verlauf des Anteils an Kandidatinnen während der kommenden Jahrzehnte sowie zu deren Partei- und Kantonszugehörigkeit vgl. die Homepage des Politologen Werner Seitz, http://www.werner-seitz.ch/?a=322&o=T_1994_1_NRW71-91_Frauen.htm (Stand: 27.9.2022).

20 Vgl. Müller, Felix: Helvetia und die Helvetier. Eine Spurensuche. Zürich 2024, S. 179.

21 Wie die Historikerin Gabriella Hauch richtig zu bedenken gibt, sind Frauengestalten als Allegorien (vor allem für Freiheit und Gerechtigkeit) schon vor der Aufklärung historische Begleiterscheinungen von Demokratisierungs- und Befreiungsbewegungen. Diese Leitfiguren des Parlamentarismus entsprechen aufgrund ihres asexuellen Zeichencharakters und der ihnen zugewiesenen kollektiven «Volksinteressen» der scheinbaren Geschlechtsneutralität des bürgerlichen Politikverständnisses. Vgl. Hauch, Vom Frauenstandpunkt aus, S. 94.

22 Inwiefern die Architektur und Ausstattung des Bundeshauses den Bürger:innen die Grundwerte des schweizerischen Bundesstaates mittels zivilreligiöser Motive sowie einer entsprechenden Formensprache vor Augen führen und diesen Grundwerten dadurch den Status eines zivilreligiösen Glaubensbekenntnisses verleihen, untersucht der Kunsthistoriker Johannes Stückelberger. Vgl. Stückelberger, Johannes: Nationale Repräsentation und Zivilreligion, in: Minta/Nicolai, Parlamentarische Repräsentationen, S. 3–19.

23 Zum historischen Gehalt der schweizerischen Helden- und Mythengeschichten, ihrer Entstehung und Funktion, aber auch ihrer Instrumentalisierung und deren Folgen vgl. Maissen, Schweizer Heldengeschichten. Zu den identitätsstiftenden Geschichtsbildern und Mythen im schweizerischen Kontext, ihrer vielfältigen Verwendung und ihre gesellschaftliche Bedeutung vgl. Marchal, Schweizer Gebrauchsgeschichte.

24 Vgl. Eidgenössisches Departement des Innern (Hg.): Das neue Schweizerische Bundeshaus, S. 60.

25 Die bürgerliche Geschlechterordnung zeichnet sich unter anderem durch die Vorstellung von zwischen Männern und Frauen klar geteilten Aufgaben- und Arbeitsbereichen aus. Bauwesen, Militär oder die Justiz werden dabei als männliche Felder konzipiert. Aus dieser Perspektive ist es untypisch, dass weibliche Figuren diese den Männern vorbehaltenen Gebiete repräsentieren. Zugleich ist es aber eben auch typisch, denn die erwähnten Figuren haben die Funktion von Allegorien und stellen einen abstrakten Begriff oder Sachverhalt dar, nicht aber eine historische Frauengestalt mit eigener Biografie.

26 Körner, In der Männer-Republik, S. 105.

27 Seit 2004 gilt im ganzen Parlamentsgebäude ein Rauchverbot. Zuvor war bereits ein

Teilverbot ausgesprochen worden, von dem die Ratssäle betroffen waren, nicht aber die Wandelhalle.

28 Eidgenössisches Departement des Innern (Hg.): Das neue Schweizerische Bundeshaus, S. 68.

29 Vgl. Kälin-Gisler, Martina: Stauffacher und Stauffacherin in der Erinnerungskultur vom 19. bis ins 21. Jahrhundert. In: Mitteilungen des Historischen Vereins Schwyz 107 (2015), S. 113–144.

30 Mit diesen Bezeichnungen drückten Hans Wilhelm Auer als Architekt des Bundeshauses und der Feuilletonredaktor der Berner Tageszeitung «Der Bund» ihr Befremden angesichts der Figur aus. Zitiert in: Müller, Der verbitterte Bundeshausarchitekt, S. 165.

31 Die vielen bildlichen, figürlichen und symbolischen Verweise auf Mythen zur Entstehungsgeschichte sowie auf die jeweilige Einzigartigkeit einer Nation bilden einen zentralen Bestandteil von Parlaments- und Regierungsgebäuden. Denn eine Nation ist nicht durch einen einmaligen, ursprünglichen Entstehungsmoment oder eine kulturelle Essenz kreiert worden. Vielmehr dient die ständige Repetition entsprechender Symbole deren Repräsentation sowie der Bekräftigung der nationalen Identität. Wie die Geografin Joanne P. Sharp bemerkt, wird eine Nation nicht einzig aus verschiedenen kulturellen, gesellschaftlichen und mythologischen Elementen konstruiert, sondern sie konstruiert selbst auch nationale Bürger:innen. Beide Konstruktionsprozesse sind dabei klar vergeschlechtlicht. Vgl. Sharp, Gendering Nationhood, S. 98.

32 Diese Information stammt von einer Bundeshausführung, welche die Parlamentsdienste anlässlich des 50. Jahrestages der Einführung des Frauenstimmrechts konzipiert haben.

33 Lobbying als Tätigkeit von Interessengruppen, Unternehmen oder Einzelakteur:innen, um partikuläre Forderungen bei staatlichen Behörden zu vertreten, ist eine politische Praxis mit einer langen Geschichte und nicht erst – wie oft angenommen wird – ein Phänomen der letzten Jahrzehnte. Vgl. Hürlimann et al., Lobbying in der Schweiz, S. 21–31.

34 Die Bundesversammlung – Das Schweizer Parlament: Sommerserie 2018, Teil 4: Weshalb die Wand im Ständeratssaal 12 Jahre leer blieb, 30.7.2018, https://www.parlament.ch/blog/Pages/wandbild-staenderatsaal.aspx (Stand: 15.7.2022).

35 In Anlehnung an die Wendung «Wohnen im Entwurf der andern» der Sozialwissenschaftlerin Ursina Jakob, vgl. Bräuniger, Renate: Raum: Im Entwurf der andern. In: Widmer, Marina; Witzig, Heidi: blütenweiss bis rabenschwarz. St. Galler Frauen – 200 Porträts. Zürich 2003, S. 72–75.

36 Vgl. die gleichnamige Biografie: Zeindler, Beherzt und unerschrocken.

37 Interview mit Judith Stamm, Bern, 13.3.2019.

38 Ebd.

39 Gemäss der während vieler Jahre für die Erhaltung der Innenausstattung des Bundeshauses zuständigen Kunsthistorikerin Monica Bilfinger sei die Frage der Toilettenanlage beim Einzug von Parlamentarierinnen pragmatisch gelöst worden. So seien die auf allen Etagen existierenden Toiletten in Männer- und Frauen-WCs aufgeteilt worden, vgl. E-Mail von Monica Bilfinger an die Verfasserin, 3.4.2020. Dem widersprechen allerdings etliche Aussagen von Bundespolitikerinnen. Vgl. z. B. Blunschy-Steiner/Gasser, Ein Leben für mehr soziale Gerechtigkeit, S. 56.

40 Interview mit Vreni Spoerry, Bern, 18. November 2019.

41 Dass sich auch andere Institutionen nur sehr langsam an die Idee der Gleichberechtigung der Geschlechter gewöhnten, zeigt eine ähnliche «Toiletten-Episode» an der ETH Zürich. Trotz früher Zulassung von Frauen zum Studium existierten im Gebäude der ETH Zürich bis Anfang des 20. Jahrhunderts keine Damentoiletten, was in einem Protestbrief von 1918 als «gesundheitsschädlicher Zustand, unter dem sie [die Studentinnen, Anm. d. Vf.] leiden», angemahnt wurde. Vgl. Richter, Julia: Zugelassen ja, WC nein. In: Horizonte. Das Schweizer Forschungsmagazin, 4.3.2021, https://www.horizonte-magazin.ch/2021/03/04/zugelassen-ja-wc-nein/ (Stand: 21.7.2022). Auch auf der Richteretage des Bundesgerichtes gab es keine Damentoilette, als Margrith Bigler-Eggenberger 1974 zur ersten ordentlichen Bundesrichterin gewählt wurde. Vgl. Hörnlimann, Esther: Die beharrliche Stehauffrau: Die Uzwilerin Margrith Bigler-Eggenberger war die erste Bundesrichterin der Schweiz. In: Tagblatt, 9.9.2022, https://www.tagblatt.ch/ostschweiz/ressort-ostschweiz/nachruf-margrith-bigler-eggenberger-titel-ld.2341566 (Stand: 31.1.2023).

42 Bereits im Februar 1971 beklagte sich das Sekretariat der Bundesversammlung über die Situation bezüglich Damentoiletten. So befand sich auf der Westseite des Parlamentsgebäudes eine einzige Damentoilette, die von den Mitarbeiterinnen aus verschiedenen Stöcken des Sekretariats benutzt werden musste. Zusätzlich mühsam erwies sich die Tatsache, dass diese Toilette oft von Tribünenbesucherinnen und weiteren Frauen ausserhalb des Parlamentsbetriebs blockiert

gewesen sei. Vgl. Bundesarchiv BAR E3240C-04, 2013/336, BD: 4, Dossier 2001 BG, Administration 1971–1981, Bestellungen, Korrespondenz 1971–1981: Brief des Sekretariats der Bundesversammlung an die Direktion der eidgenössischen Bauten. Bern 19.2.1971.

43 Vgl. den Essay zu den Bundesrätinnenwahlen in diesem Band. Es gehört zu den Eigenschaften solcher WC-Deals, dass sie intransparent sind. Der Verfasserin sind verschiedene solche Begebenheiten zugetragen worden, ohne dass diese hier zitierbar sind.

44 Weber, Myriam: Bundeshaus – Bericht, https://frauennetz-wallisellen.ch/veranstaltungen?id=56 (Link: 8.7.2022).

45 Während der von 2006 bis 2008 dauernden, umfassenden Sanierung des Bundeshauses wurde zudem ein Konzept zur hindernisfreien Erschliessung des Gebäudes umgesetzt. Unter anderem sind die Sanitäranlagen rollstuhlgängig gemacht worden. Vgl. Die Bundesversammlung – Das Schweizer Parlament: Das Schweizer Parlament wird hindernisfreier, 26.2.2021, https://www.parlament.ch/blog/Pages/das-schweizer-parlament-wird-hindernisfreier.aspx (Stand: 28.9.2022).

46 Schmid, Adrian: Im Bundeshaus gibt es zu wenig Frauentoiletten. In: Sonntags-Zeitung, 27.4.2024.

47 Ausführlicher dazu vgl. das Gespräch mit Gabrielle Nanchen in diesem Buch.

48 Interview mit Gabrielle Nanchen, Bern, 18. November 2019.

49 Amtliches Bulletin, Sitzungsprotokoll Nationalrat, 13.6.1951, S. 531. Vgl. Essay «Grosse Heiterkeit» in diesem Buch.

50 Vgl. Bourdieu, Ortseffekt, S. 162.

51 Bourdieu, Pierre: Physischer, sozialer und angeeigneter physischer Raum. In: Wentz, Martin (Hg.): Stadt-Räume. Frankfurt a. M. 1991, S. 25–34: 28.

52 Ebd.

53 Die Kleiderordnung in den beiden Kammern wurde in den vergangenen Jahrzehnten mehrfach überarbeitet. Im Ständeratssaal herrschte stets das strengere Regime. Etwa verbot das Reglement von 2016 Frauen, sich mit unbedeckten Schultern und Oberarmen im Saal aufzuhalten. Dieser Passus wurde leicht gelockert, doch bis heute schreibt die Kleiderordnung des Ständerats vor: «Frauen tragen dem offiziellen Charakter angemessene Kleidung; diese bedeckt auf jeden Fall die Schultern.» Vgl. Parlamentsdienste (Hg.): Nächster Halt: Bundeshaus. Wissenswertes von A bis Z für Ratsmitglieder. Bern 2024, S. 36.

54 Auffällig oft und vielfach ohne meine Aufforderung berichteten Politikerinnen im Gespräch über Kleidervorschriften, von ihren Gedanken zur eigenen Kleiderwahl im Bundeshaus, über Reaktionen auf ihr Äusseres und wie sich all das für Männer sehr viel einfacher gestaltete.

55 Loeb, Parlamentsgeschichten, S. 130.

56 Ebd.

57 Ebd.

58 Ebd. Wenige Tage nach diesem Vorfall tauchten zwei «Blick»-Journalisten in der Wohngemeinschaft auf, in der Barbara Gurtner lebte. Sie brachten ihr drei aus einem Warenhaus entlehnte Deux-Pièces mit und baten sie, eines auszuwählen und damit für ein Foto zu posieren. Gurtner verweigerte dies, worauf die Journalisten unverrichteter Dinge wieder abzogen. Vgl. E-Mail von Barbara Gurtner an die Verfasserin, 21.9.2023.

59 Nebst den Politikerinnen wird seit 2023 auch der ersten Botschafterin der Schweiz, Francesca Pometta, gedacht. Der 1977 zur Botschafterin Ernannten ist im Bundeshaus West der «Sala Pometta» gewidmet. Vgl. Eidgenössisches Departement für auswärtige Angelegenheiten: Einweihung der «Sala Francesca Pometta» im Bundeshaus zur Würdigung der Frauen in der Geschichte der Schweizer Diplomatie, 7.3.2023, https://www.eda.admin.ch/eda/de/home/das-eda/aktuell/news.html/content/eda/de/meta/news/2023/3/7/93511 (Stand: Zugriff 8.9.2024).

60 Einem solchen Erinnern und Überliefern mit dem Verweis auf den in der Schweizer Politik so verpönten Personenkult zu entgegnen, ist unzulänglich. Denn es geht nicht um die Glorifizierung einer individuellen Biografie, sondern um die Reflexion und Sichtbarmachung der Geschichte weiblichen Ausschlusses sowie um die massgeblich von Frauen initiierten gesellschaftspolitischen Veränderungen.

61 Historisches Lexikon der Schweiz (HLS): «Die Erinnerung an den Kampf der Frauen muss lebendig bleiben». Ein Gespräch mit Chiara Simoneschi-Cortesi und Marina Carobbio Guscetti, der ehemaligen und der aktuell höchsten Schweizerin, 13.6.2019, https://hls-dhs-dss.ch/de/dossiers/000013/2019-06-13/ (Stand: 8.9.2024).

62 Marti, Simon; Alabor, Camilla: Blocher ist zurück im Nationalrat. In: Der Blick, 28.12.2019, https://www.blick.ch/politik/dank-svp-hardliner-blocher-ist-zurueck-im-nationalrat-id15683013.html (Stand: 8.9.2024).

63 Das künstlerische Duo Renée Levi und Marcel Schmid wollte das Werk ursprünglich «Elisabeth, Gabrielle, Hanna, Hanny, Hedi, Martha, Liselotte, Josi, Nelly, Lilian, Lise

und Tilo» nennen, verkürzte den Titel aber zu «Tilo», weil damit nicht allein die ersten Schweizer Parlamentarierinnen, sondern auch gesellschaftliche Minderheiten vertreten sind. Das Mosaik soll darauf hinweisen, dass weitere Gruppen wie etwa Ausländer:innen auf politische Inklusion warten. Vgl. Parlamentsdienste der Bundesversammlung: Tympanon, https://www.1848-parl.ch/de/jubilaeum/tympanon/ (Stand: 8.9.2024).

64 Vgl. den Film von Rob Lewis: «Über Tilo – Sur Tilo – Su Tilo», 13.10.2023, https://www.youtube.com/watch?v=QM0sFPqSCwM (Stand: 7.11.2024).

65 Vgl. z. B. Hopf-Sulc, Adrian: Braucht das Bundeshaus dieses Mosaik? In: Der Bund, 9.9.2022, https://www.tagesanzeiger.ch/braucht-das-bundeshaus-dieses-mosaik-335978688137 (Stand: 19.9.2024).

66 Woolf, Ein Zimmer für sich allein, S. 149.

67 Im deutschsprachigen Raum setzte sich seit Mitte der 1980er-Jahre die feministische Geografie mit dem Wechselspiel von Raumstrukturen und Geschlecht auseinander, während zugleich Raumplanung vermehrt als feministisches Politikum auftauchte. Vgl. z. B. Autor:innenkollektiv Geographie und Geschlecht (Hg.): Handbuch feministische Geographien; Schurr/Wintzer, Geschlecht und Raum feministisch denken.

68 Die historische und kunsthistorische Literatur zum Bundeshaus hat die Kategorie Geschlecht bislang nicht als Thema oder Analysekategorie aufgenommen.

69 Von der symbolischen Kraft des Plenarsaals im demokratischen System über die dort herrschende Sitzordnung bis zur Art und Weise, wie Politiker:innen an ihrem Platz sitzen, vgl. mit Fokus auf Deutschland Schönberger, Auf der Bank.

70 Vgl. zu Raum und Macht: Bourdieu, Ortseffekt, S. 159–168.

71 Woolf, Ein Zimmer für sich allein, S. 143.

72 Vgl. Essay «Unerhört» in diesem Buch.

73 Interview mit Gabrielle Nanchen, Bern, 18.11.2019.

74 Stamms Nachfolger, der Solothurner Sozialdemokrat Ernst Leuenberger, liess die Inschrift «Nationalratspräsidentin» über der Tür stehen, «um einmal ein Jahr lang zu spüren, wie das eigentlich ist, wenn man unter einer Form mitgemeint ist.» Vgl. Die Bundesversammlung – Das Schweizer Parlament: Judith Stamm: 50 Jahre Kampf um Parität in den Institutionen, https://www.parlament.ch/de/%C3%BCber-das-parlament/politfrauen/portraets/judith-stamm (Stand: 14.10.2022).

75 Mehr zum Rauchen im Schweizer Parlament, das als homosoziale Praktik unter Männern gepflegt wurde, in: Purtschert, 1971, S. 55.

76 Mit der 700-Jahr-Feier, der viele Frauen kritisch entgegensahen, kündigte sich innerhalb weniger Jahre ein nächstes männerdominiertes Jubiläum in der Reihe von Gedenkanlässen an. So hatten sich die Wogen um die «Diamantfeier» von 1989 zu diesem Zeitpunkt noch nicht ganz geglättet. Damals gedachte die Eidgenossenschaft der Generalmobilisierung im Zweiten Weltkrieg, dankte der Aktivdienstgeneration und hob die schweizerische Wehrhaftigkeit hervor. Unter anderem feierte die Luftwaffe mit viel Pomp, während dreier Wochen übten 20 000 Wehrmänner die Gesamtverteidigung, und 6000 Militärfahrzeuge rollten an. Proteste gegen dieses eigentliche Militärstück blieben nicht aus. Doch Versuche, das traditionelle Geschichtsbild der Schweiz im Kontext des Zweiten Weltkriegs kritisch infrage zu stellen, stiessen von offizieller Seite auf Abwehr, vgl. Kreis, Georg: Gedenkfeiern. In: HLS, 20.11.2006, https://hls-dhs-dss.ch/de/articles/027281/2006-11-20/ (Stand: 22.7.2022). Anders als in den vergangenen Jahren sollten Frauen bei den 700-Jahr-Feier nicht übergangen oder auf die Figur der Landesmütter reduziert werden.

77 Ausführlicher zur Frauensession von 1991 vgl. Amlinger, Die 1990er-Jahre, S. 143–193; Stocker/Bachmann, Session des femmes.

78 Die grüne Nationalrätin Monika Stocker übernahm zusammen mit Annemarie Huber-Hotz, Sekretärin des Ständerats und Leiterin der wissenschaftlichen Dienste der Bundesversammlung, die Hauptorganisation.

79 Stocker/Huber-Hotz, Die Bedeutung der Frauensession 1991, S. 40.

80 Vgl. Sprecher, Margrit: Wenn Frau will, steht alles still. In: Die Zeit, 10.5.1991.

81 Ebd.

82 Interview mit Monika Stocker, Zürich, 1.12.2021.

83 Amtliches Bulletin der Bundesversammlung, 7.2.1991, S. 2.

84 Stocker/Huber-Hotz, Die Bedeutung der Frauensession, S. 42.

85 Eidgenössische Kommission für Frauenfragen EKF, Frauen – Macht – Geschichte, S. 11; Stocker/Bachmann, Session des femmes, S. 157.

86 Ende Oktober 2021 fand im Bundeshaus zum zweiten Mal eine Frauensession statt. 246 zuvor gewählte Teilnehmer:innen aus der ganzen Schweiz berieten während zweier Tage über siebzig Geschäfte und verabschiedeten insgesamt 23 Forderungen. Einige davon fanden sich bereits im Forderungskatalog von 1991. Vgl. https://de.alliancef.ch/frauensession (Stand: 7.10.2022).

87 Vgl. Amlinger, Die 1990er-Jahre, S. 170–173.

88 Zugleich sorgte Stamm dafür, dass dem

Reinigungspersonal im Bundeshaus ein besserer Aufenthaltsort eingerichtet wurde. Zeindler, Beherzt und unerschrocken, S. 38.

89 Dokumentiert ist immerhin die Inneneinrichtung des Frauenzimmers. Dafür zuständig war die renommierte Innenarchitektin Verena Schmidt-Gabain, die das Zimmer mit ausschliesslich von Designerinnen entworfenen Möbeln bestückte. Vgl. Schwarz, Suzanne: Verena Schmidt-Gabain. In: spectrooms. Fachmagazin für Innenarchitektur und Design. Juni 2017, https://www.vsi-asai.ch/assets/Uploads/News/2017/170621Schmidt-GabainSpectrooms.pdf (Stand: 7.10.2022).

90 Vgl. Ablieferungen und Teilbestände siehe Bundesarchiv BAR E3240*.

91 Beide Zimmer verfügen über eine Sitzecke, einen abgetrennten Raum zur Erholung, eine kleine Küche sowie abschliessbare Boxen für private Utensilien. Vgl. Die Bundesversammlung – Das Schweizer Parlament (Hg.): Die Ruheräume, https://www.parlament.ch/de/services/sommerserien/sommerserie-2017/die-ruheraeume (Stand: 25.7.2022).

92 Parlamentsdienste (Hg.): Nächster Halt – Bundeshaus. Ein Leitfaden für Ratsmitglieder. Bern 2019, S. 48. Treibende Kraft hinter dem Zimmer waren, es überrascht nicht, amtierende Bundespolitikerinnen, vor allem Mütter mit Säuglingen. Schon zuvor kam die Idee auf, das Raucherzimmer entsprechend umzufunktionieren, was allerdings am mehrheitlich männlichen Widerstand scheiterte.

93 Zit. nach Stocker/Bachmann, Session des femmes, S. 42.

Drama

1 Stand: 9. Oktober 2024, vgl. Schweizerische Eidgenossenschaft: Alle Bundesrätinnen und Bundesräte, https://www.admin.ch/gov/de/start/bundesrat/geschichte-des-bundesrats/bundesraete-und-ihre-wahl/alle-bundesraete-liste.html# (Stand: 9.10.2024) sowie Altermatt, Das Bundesratslexikon, S. 730–737.

2 Interview mit Judith Stamm, Bern, 13.3.2019.

3 Rühmliche Ausnahme ist ein kurzer Streifzug durch die Geschichte der Frauenbeteiligung an Bundesratswahlen des Politologen Werner Seitz. Vgl. Seitz, Geschichte der Frauen bei den Bundesratswahlen.

4 Ein weniger augenscheinlicher Wandel ging durchaus vonstatten. Besetzten anfänglich ausschliesslich Vertreter der radikalen und liberalen Parteirichtung die sieben Bundesratssitze, zeichnete sich im Lauf der Zeit eine Integration weiterer politischer Kräfte ab. 1891 wählte die freisinnig dominierte Bundesversammlung mit Josef Zemp erstmals einen Vertreter des politischen Katholizismus in den Bundesrat, bevor sie 1929 Rudolf Minger aus der Bauern-, Gewerbe- und Bürgerpartei (BGB, heute SVP) folgen liess. Nochmals länger, nämlich fast ein ganzes Jahrhundert seit der Errichtung des Bundesstaates, dauerte es, bis 1943 die Sozialdemokratie mit Ernst Nobs mitregieren durfte. Während sich der Bundesrat parteipolitisch nur langsam verbreiterte, fand die Repräsentation der deutschen und lateinischen oder romanischen Sprachgemeinschaften von Anfang an Berücksichtigung.
Eine mehr oder weniger ausgeglichene Regierungsvertretung der Parteien und damit auch Klassen und Landesreligionen sowie die Repräsentation der Kantone und Sprachregionen wurde also früher oder später umgesetzt. Vgl. Altermatt, Das Bundesratslexikon, S. 22–25.

5 Amtliches Bulletin, Sitzung der Vereinigten Bundesversammlung, 2.10.1984, S. 1490.

6 Die bislang umfangreichste wissenschaftliche Analyse, inklusive gendertheoretischer Ansätze, zum «Fall Kopp» liefert die Dissertation von Dorothee Liehr zu den politischen Deutungskämpfen in der Schweiz Ende der 1980er- und Anfang der 1990er-Jahre. Vgl. Liehr, Skandal & Nation.

7 Amtliches Bulletin, Sitzung der Vereinigten Bundesversammlung, 2.10.1984, S. 1491.

8 Tatsächlich wurde der Wirtschaftsjurist mit eigener Kanzlei Jahre später wegen Finanzbetrugs verurteilt und verlor sein Anwaltspatent. Vgl. Scherrer, Adrian: Kopp, Hans W. In: HLS, 2.7.2009, https://hls-dhs-dss.ch/de/articles/046504/2009-07-02/ (Stand: 10.11.2022).

9 Kopp engagierte sich während ihres Studiums bei der Studentischen Direkthilfe Schweiz-Ungarn, die ab 1956 in Folge des Volksaufstandes in Ungarn und dessen Niederschlagung durch die damalige Sowjetunion Hilfsgüter nach Ungarn schickte, Flüchtlingstransporte organisierte und in der Schweiz ungarische Studierende betreute. Als Präsidentin des Zumiker Frauenvereins und als Vorstandsmitglied des Zürcher Frauenvereins setzte sich Kopp ausserdem für die Einführung des Frauenstimmrechts ein. Unmittelbar nach dessen kantonaler Annahme gelang der FDP-Kandidatin 1970 als erste Frau die Wahl in den Gemeinderat von Zumikon. Zwei Jahre später sass sie als ebenfalls erste Frau im kantonalen Erziehungsrat, ab 1974 amtete sie wiederum als erste Frau im Kanton Zürich als Gemeinde-

präsidentin, bevor ihr 1979 der Sprung in den Nationalrat gelang. Die erste und einzige Frau in einem sonst männlich besetzten Gremium zu sein, war sie sich also gewohnt. Vgl. Amlinger, Fabienne: Kopp, Elisabeth. In: HLS, 10.5.2022, https://hls-dhs-dss.ch/de/articles/004737/2022-05-10/ (Link: 10.11.2022).

10 Hartmeier, Peter: «Der Ruf meines Mannes macht mich nicht erpressbar». In: Luzerner Neuste Nachrichten, 20.9.1984, S. 11.

11 Schweizer Radio und Fernsehen (SRF): Wissen. Elisabeth Kopp. Aufstieg und Fall der ersten Bundesrätin, zitiert in: Amlinger, Kopp, HLS.

12 Vgl. z. B. SRF: CH-Magazin. Neue Bundesrätin Elisabeth Kopp, 2.10.1984, https://www.srf.ch/play/tv/ch-magazin/video/neue-bundesraetin-elisabeth-kopp?urn=urn:srf:video:72b20128-d7fb-4975–9150-3dda03f1af06 (Stand: 23.12.2022).

13 Der Historiker Bernard Degen bezeichnet die Integration neuer politischer Kräfte in die Landesregierung – so Ende des 19. Jahrhunderts ein Vertreter des politischen Katholizismus oder 1943 der erste Sozialdemokrat – als «Gnadenakt des Freisinns», vgl. Degen, Bernard: Wer darf mitregieren? Die Integration der Opposition als Gnadenakt. In: Studer, Brigitte (Hg.): Etappen des Bundesstaates. Staats- und Nationsbildung in der Schweiz, 1848–1998. Zürich 1998, S. 145–158. Dass die FDP ebenso über den Einschluss einer Frau entschied und sich dabei für eine Vertreterin aus den eigenen Reihen entschied, ist die logische Fortsetzung dieser Praxis.

14 Amtliches Bulletin, Sitzung der Vereinigten Bundesversammlung, 7.12.1983, S. 1895.

15 Radio Télévision Suisse (RTS): Le Téléjournal. L'échec du Lilian Uchtenhagen, 7.12.1983, https://www.rts.ch/archives/tv/information/tele-journal/6957677-l-echec-de-lilian-uchtenhagen.html (Stand: 28.11.2022).

16 Die Bundesversammlung – Das Schweizer Parlament: Keine Frau, https://www.parlament.ch/de/%C3%BCber-das-parlament/parlamentsgeschichte/parlamentsgeschichte-detail?historyId=294 (Stand: 11.11.2022); Amtliches Bulletin, Sitzung der Vereinigten Bundesversammlung, 7.12.1983, S. 1895.

17 Archiv SRF: 10 vor 10. Rückblick Nichtwahl Lilian Uchtenhagen, 2.3.1993, https://www.youtube.com/watch?v=sX1AfO2VxuQ (Stand: 24.7.2023). Mit der sogenannten Zauberformel, die 1959 zustande kam, wird auf die parteipolitische Zusammensetzung des Bundesrats verwiesen. Die drei wähler:innenstärksten Parteien erhalten je zwei und die Partei mit der viertgrössten Wähler:innenschaft einen Sitz.

18 Zitiert in: Liehr, Skandal & Nation, S. 51.

19 Archiv SRF, 10 vor 10. Rückblick Nichtwahl Lilian Uchtenhagen.

20 Vgl. Benini, Francesco: Die Nacht vor der Wahl. In: NZZ, 20.9.2009.

21 Diese Episode aus dem Bundeshaus unterstreicht einmal mehr die Bedeutung eigener, geschlechtergetrennter Räume. Vgl. Essay «Ins Haus!» in diesem Band; Archiv SRF, 10 vor 10. Rückblick Nichtwahl Lilian Uchtenhagen. Zur Bundesratswahl von 1983 vgl. den – wenn auch nicht in jedem Punkt nachprüfbaren und nicht immer richtig dargestellten – Text von Fehr, Drehbuch einer Bundesratswahl, S. 5–24.

22 Archiv SRF, 10 vor 10. Rückblick Nichtwahl Lilian Uchtenhagen; Amtliches Bulletin, Sitzung der Vereinigten Bundesversammlung, 7.12.1983, S. 1896.

23 Das eindrückliche Tondokument ist nachzuhören unter RTS: Mille et une archives, 3.2.2021, 47:57, https://www.rts.ch/archives/radio/mille-et-une-archives/11928624-lilian-uchtenhagen-trajectoire-dune-femme-pionniere-de-la-politique-suisse-03-02-2021.html (Stand: 1.12.2022). Übersetzung aus dem Französischen.

24 RTS: Comme c'était. Coup de théâtre au Conseil fédéral, 22.11.2015, https://www.youtube.com/watch?v=v0BMR4CEdQE, (Zugriff 1.12.2022).

25 Im allgemeinen Trubel ging damals unter und ist heute weitgehend vergessen, dass bei diesen Bundesratswahlen kurz der Name einer weiteren Frau auftauchte. Für den zurücktretenden FDP-Bundesrat Georges-André Chevallaz musste eine Nachfolge gefunden werden. Das Parlament wählte den offiziellen FDP-Kandidaten Jean-Pascal Delamuraz. Allerdings fielen auch 34 Stimmen auf die Vertreterin der Liberalen Partei Schweiz und Genfer Ständerätin Monique Bauer-Lagier, die jedoch nicht als offizielle Kandidatin antrat. Vgl. Schweizerische Eidgenossenschaft: Der Bundesrat, 19.10.2018, https://www.admin.ch/gov/de/start/bundesrat/mitglieder-des-bundesrates/jean-pascal-delamuraz.html (Stand: 15.7.2023).

26 Vgl. Seitz, Auf die Wartebank geschoben, S. 159–168.

27 Vgl.: Amlinger, Im Vorzimmer der Macht? S. 221–224.

28 Von der rekordhohen Anzahl der 1350 Delegierten stellten sich nach der gut elfstündigen Sitzung 773 gegen und 511 hinter Stich als Bundesrat. Die SP-Frauen konnten sich daraufhin einen kleinen Seitenhieb nicht verkneifen: Stich schenkten sie einen Kaktus, Uchtenhagen einen Strauss Rosen. Vgl. ks: Stich und Aubert bleiben im Bundesrat. In:

Der Bund, 13.2.1984, S. 1 sowie ks: «Weiterwursteln» oder «davonlaufen»? In: Der Bund, 13.2.1984, S. 9.

29 SRF: DOK, «Die 7 Bundesrätinnen der Schweiz – Frauen in der Politik», 30.11.2018, 5:21, https://www.youtube.com/watch?v=kDzOPFxpa-c (Stand: 8.11.2024).

30 SRF: 10 vor 10, Interview mit Lilian Uchtenhagen, 4.2.1993, 8:34, https://www.srf.ch/play/tv/10-vor-10/video/interview-lilian-uchtenhagen?urn=urn:srf:video:67a4454a-5b3a-4421-ac00-f76c04a6e327 (Stand: 3.12.2022).

31 Interview mit Elisabeth Kopp, Bern, 13.3.2019.

32 In Kopps Amtszeit protestierten Nationalrätinnen anlässlich von Bundesratswahlen zwei Mal gegen die Unterzahl von Frauen in der Landesregierung. 1986 kandidierte Judith Stamm aufgrund des für sie «traumatischen Erlebnisses» der Nichtwahl von Lilian Uchtenhagen und aus Wut darüber, dass ihre Partei keine Frauen für die Bundesratswahlen berücksichtigte. Stamm hatte allerdings nicht die geringste Aussicht auf Erfolg. Als es 1987 galt, zwei neue Bundesräte zu wählen, opponierten Vertreterinnen der Grünen Partei und des POCH-Grünen-Bündnisses, namentlich Monika Stocker, Susanne Oberholzer und Anita Fetz, gegen die ausschliesslich männlichen Kandidaten.

33 Interview mit Elisabeth Kopp, Bern, 13.3.2019.

34 Girsberger, Abgewählt, S. 28. Vgl. auch Interviewaussagen von Elisabeth Kopp in: Schweizer Radio und Fernsehen: Wissen. Elisabeth Kopp. Aufstieg und Fall der ersten Bundesrätin, 12.4.2003, https://hls-dhs-dss.ch/de/articles/004737/2022-05-10/ (Stand: 6.9.2022).

35 Lenz, Christoph; Loser, Philipp; Krogerus, Mikael: 50 Antworten zum Bundesrat, die nicht einmal Google kennt. In: Tages-Anzeiger, 12.5.2022. Wie die Historikerin Regula Ludi richtig bemerkt, korrespondiert die Männerdemokratie mit konkreten Erfahrungen und eingefleischten Praktiken, die das Amalgam von Selbstbestimmung, Mannsein und Verbrüderung zur Alltagsnormalität machen. Die performative Verbindung von Männlichkeit und politischer Partizipation in der Landsgemeinde ist das bekannteste Beispiel, jedoch nur der sichtbare Teil des Eisbergs. Was sich an alltäglichen Routinen und inkorporierten Techniken unter der Oberfläche abspielt, ist gemäss Ludi weitaus prägender. Vgl. Ludi, Fünfzig Jahre Willkommenskultur in der Männerdemokratie, S. 157.

36 Lenz/Loser/Krogerus, 50 Antworten zum Bundesrat.

37 Für Eckpunkte ihrer Politik vgl. Amlinger, Kopp, HLS.

38 Lautenschütz, Raul: Zuspitzung in der Angelegenheit Kopp. In: NZZ 10.12.1988, S. 21; Senn, M.: Frau Kopp warnte ihren Ehemann. In: Der Bund, 10.12.1988, S. 1.

39 SRF, 7 Bundesrätinnen, 15:20.

40 Welche Motivation hinter dem Verhalten der einzelnen Akteur:innen steckte, ist nur schwer zu belegen. Es gehört zum Wesen der Politik, dass diesbezüglich Intransparenz herrscht. Dass aber durchaus eigene Karriereabsichten, politische Meinungsverschiedenheiten, Frauenfeindlichkeit oder anderweitige Interessen und Befindlichkeiten zur Abkehr von der Bundesrätin führten, kann angenommen werden. Pikanterweise war zu diesem Zeitpunkt Bruno Hunziker, der in der Bundesratswahl gegen Kopp verloren hatte, Parteipräsident der FDP. Ausserdem setzte sich namentlich Otto Stich in seiner Position als Bundesratspräsident in keiner Weise für seine Amtskollegin ein. Die Geschichte von Elisabeth Kopp ist auch eine Geschichte der Isolation von Frauen in Männergremien.

41 Drei Wochen nach Kopps Rücktritt hatte das Parlament ihre Nachfolge im Bundesrat zu klären. Die Bundesversammlung wählte den Luzerner FDP-Nationalrat Kaspar Villiger. Die LdU/EVP-Fraktion sowie die grüne Fraktion schlugen hingegen Monika Weber, LdU-Ständerätin aus Zürich, vor. Ihre Wahl war mit nur 33 Stimmen allerdings aussichtslos. Obschon sie nicht kandidierte, erhielt Lilian Uchtenhagen die Stimmen von 13 Parlamentsmitgliedern. Vgl. Bundesrat Wahl eines neuen Mitglieds. In: Amtliches Bulletin, Sitzung der Vereinigten Bundesversammlung, 1.2.1989, S. 93–95.

42 Amlinger, Kopp, HLS.

43 Erst ab den 2000er-Jahren fand eine gewisse Rehabilitierung von Elisabeth Kopp statt. Seither und besonders anlässlich ihres Todes am 7. April 2023 wurde ihre Rolle als Bundesratspionierin gewürdigt. An der Gedenkfeier entschuldigte sich FDP-Parteipräsident Thierry Burkart für das damalige Verhalten der Partei, und die freisinnige Bundesrätin Karin Keller-Sutter bemerkte kritisch, dass die FDP Kopp «in den vielleicht schwierigsten Momenten ihres Lebens alleingelassen hat». Vgl. Beck, Anton: «Elisabeth Kopp hat einen zu hohen Preis bezahlt» – der letzte Abschied von der Alt-Bundesrätin war ein Moment der politischen Selbstreflexion. In: NZZ, 3.5.2023.

44 Zur «Demütigung» von Politikerinnen in der Schweiz vgl. Purtschert, Patricia: Swiss Democracy and the Public Humiliation of Women. In: Gender Campus, 5.3.2021, https://www.gendercampus.ch/de/blog/post/swiss-democracy-and-the-public-humiliation-of-women (Stand: 25.7.2023).

45 Für eine ausführliche Analyse des sogenannten Brunner-Skandals sowie zu dessen kurz- und längerfristigen Folgen vgl. Amlinger, «Pechschwarzes Patriarchat im Berner Bundeshaus», S. 58–65. Vgl. auch Amlinger, Die 1990er-Jahre, S. 176–179.

46 Es mag kein Zufall sein, dass das kompromittierende Bild just an einem der wenigen Orte entstanden sein soll, die Männern komplett verwehrt und folglich umso suspekter waren.

47 Catherine Duttweiler lässt in ihrem Buch über die Bundesratswahl von 1993 den bekannten Sozialdemokraten Jean Ziegler als wichtigen Mitspieler in den Intrigen um Brunner erscheinen, vgl. Duttweiler, Adieu, Monsieur, S. 45–60. Die These, wonach Ziegler hinter dem Schreiben stecke, ist der Verfasserin dieses Essays von verschiedenen Quellen innerhalb der SP bestätigt worden.

48 Ebd., S. 25f.

49 Interview mit Christiane Brunner, Genf, 23.12.2019.

50 Ebd.

51 SRF: Tagesschau, 9.2.1993, https://www.srf.ch/play/tv/tagesschau/video/pressekonferenz-pk-br-kandidatin-christiane-b---?urn=urn:srf:video:bffda6ff-293c-47a3-bcbd-02b33f1ff993 (Stand: 25.7.2023).

52 o.A.: Männerwahl. In: Zeit online, 12.3.1993, http://www.zeit.de/1993/11/maennerwahl (Stand: 23.12.2022).

53 SRF: Wissen. Zauber zerfällt – Formel hält, 10.3.1993, http://www.wissen.sf.tv/Dossiers/Historisch/Bundesratswahlen-Rueckblick#!videoszauberformel (Stand: 3.10.2012).

54 Der Vorschlag, die zweite Kandidatur mit Ruth Dreifuss zu besetzen, ist auf die beiden Berner Politikerinnen Gret Haller (SP), damals Nationalratspräsidentin, und Christine Beerli, zu jener Zeit freisinnige Ständerätin, zurückzuführen. Vgl. Interview mit Gret Haller, Bern, 8.3.2014.

55 Amtliches Bulletin, Sitzung der Vereinigten Bundesversammlung, 10.3.1993, S. 675.

56 Ebd., S. 676. Übersetzung aus dem Französischen.

57 Interview mit Ruth Dreifuss, Bern, 27.2.2020. Übersetzung aus dem Französischen.

58 Interview mit Christiane Brunner, Genf, 23.12.2019.

59 SRF: Tagesschau, 9.3.1993, https://www.srf.ch/play/tv/tagesschau/video/portraet-der-bundesrats-kandidatin-ruth-dreifuss?urn=urn:srf:video:23b89c4c-111a-4758-8d7b-c34228df9247 (Stand: 23.12.2022).

60 Der in die Annalen eingegangene Begriff ist etwas unscharf. Analytisch betrachtet, war der Bundesratswahl von 1993 in mehrfacher Weise und aus unterschiedlichen Perspektiven ein Skandal eingeschrieben. Zuerst konstruierten die Medien und Politiker die Kandidatur Brunners als Skandal. Die daraus resultierende Nichtwahl Brunners führte dazu, dass die Bevölkerung und Vertreterinnen verschiedener politischer Lager die Ereignisse um die Bundesratswahl als skandalös anprangerten. Zu den Geschehnissen aus einer skandaltheoretischen Perspektive vgl. Amlinger, «Pechschwarzes Patriarchat im Berner Bundeshaus».

61 Christiane Brunner nahm im Feld der Politik nach ihrer Nichtwahl in den Bundesrat noch jahrelang eine wichtige Position ein. So wurde sie 1995 zur Ständerätin gewählt, wo sie bis 2007 politisierte. Von 2000 bis 2004 präsidierte sie zudem die SP Schweiz.

62 Gysin, Nicole: Angst vor Frauenquoten? Die Geschichte der Quoteninitiative 1993–2000. Bern/Wettingen 2007, S. 53.

63 Zu den kurz- und längerfristigen Auswirkungen des Brunner-Skandals vgl. Amlinger, «Pechschwarzes Patriarchat im Berner Bundeshaus». Vgl. auch Amlinger, 1990er-Jahre, S. 176–179.

64 Interview mit Ruth Dreifuss, Bern, 27.2.2020. Übersetzung aus dem Französischen.

65 Ramseyer, Niklaus: Bundesrätin der Frauen für die Frauen. In: Basler Zeitung, 1.10.2002, S. 1.

66 Unter anderem setzte sie sich als Bundesrätin im Rahmen der 10. AHV-Revision für die Besserstellung von Frauen ein, lancierte eine Vorlage für eine Mutterschaftsversicherung und stand für die Errungenschaften des Sozialstaates ein, vgl. Flaks, Michaël: Dreifuss, Ruth. In: Historisches Lexikon der Schweiz (HLS), 23.11.2022, https://hls-dhs-dss.ch/de/articles/028730/2022-11-23/ (Stand: 21.3.2023).

67 Körner, In der Männer-Republik, S. 326.

68 Interview mit Ruth Dreifuss, Bern, 27.2.2020. Übersetzung aus dem Französischen.

69 Ebd.

70 Bei den Bestätigungswahlen des Bundesrats 1995 traten vier grüne Frauen zu einer Protestwahl an, ohne von ihrer Partei nominiert worden zu sein. Neben Cécile Bühlmann, die im Jahr 2000 schliesslich offiziell kandidieren sollte, gehörten Ruth Gonseth, Pia Hollenstein und Franziska Teuscher dem Quartett an. 1998 kandidierte die freisinnige Christiane Langenberger, die nach der Nichtwahl von Lilian Uchtenhagen entschieden hatte, in die Politik einzusteigen. Obschon Langenberger bereits im Vorfeld der Wahl kaum Chancen zugestanden wurden, liess sie sich nicht beirren. Als bürgerliche Kämpferin für die Frauen zog sie ihre Kandidatur bis zum alles entscheidenden fünften Wahlgang, den ihr Parteikollege Pascal Couchepin gewann, durch.

71 SRF, 7 Bundesrätinnen, 13:18. Hervorhebung im Original.

72 Die Wahl von Ruth Metzler wäre ohne den Einsatz der CVP-Frauenorganisation unter dem Präsidium von Brigitte Hauser-Süss und deren Vorgängerin Ruth Grossenbacher nicht möglich gewesen.

73 Zur Geschichte der eidgenössischen Dachorganisation der CVP-Frauen vgl. Amlinger, Im Vorzimmer, S. 281–355.

74 Möglicherweise hatte die Partei etwas aus den Ereignissen von 1986 gelernt. Auch damals traten zwei CVP-Bundesräte, Alphons Egli und Kurt Furgler, gleichzeitig zurück. Die Partei zog es allerdings nicht in Betracht, einen der freien Sitze mit einer Frau zu besetzen. Dass die CVP abermals die Frauen überging, erachtete die für ihre Hartnäckigkeit bekannte Judith Stamm als inakzeptabel. Indem sie sich als «wilde» Kandidatin zur Wahl stellte, setzte sie ein Zeichen gegen die Untervertretung von Frauen. Stamm blieb jedoch chancenlos, und das Parlament wählte Flavio Cotti und Arnold Koller als neue Bundesräte. Mit ihrer von einigen als dreist, von anderen als couragiert bezeichneten Aktion wollte die Luzerner Nationalrätin Stamm Frauen Mut machen, für höchste politische Gremien zu kandidieren, und Männern zeigen, dass sie Platz machen müssten.

75 Für die Auswirkungen des Brunner-Skandals auf den Frauenanteil in verschiedenen politischen Gremien, auf die Regierungsparteien und insbesondere auf deren Frauenorganisationen vgl. Amlinger, Im Vorzimmer, 2017.

76 Amtliches Bulletin, Sitzung der Vereinigten Bundesversammlung, 10.12.2003, S. 2153.

77 Maissen, Thomas: Geschichte der Schweiz. Stuttgart 2017, S. 409.

78 Amtliches Bulletin, Sitzung der Vereinigten Bundesversammlung, 10.12.2003, S. 2147.

79 Ebd., S. 2152.

80 Vgl. z. B. Bernet, Luzi: Operation Hannibal. In: NZZ, 26.11.2013.

81 Ob Christine Beerli aus strategischen Gründen auf das Zweierticket gesetzt wurde, bleibt eine offene Frage. Mit zwei Kandidierenden mobilisierte die FDP im Parlament mehr Unterstützende für ihren Bundesratssitz und konnte diesen daher bei einem allfälligen Angriff der SVP besser verteidigen.

82 Joris, Elisabeth: Frauenbewegung. In: HLS, 6.12.2022, https://hls-dhs-dss.ch/de/articles/016497/2022-12-06/ (Stand: 23.1.2023).

83 Ruth Dreifuss war inzwischen von ihrer Nachfolgerin Micheline Calmy-Rey abgelöst worden, vgl. weiter unten.

84 Zitiert nach Nationalrätin Vreni Hubmann (SP) in der nationalrätlichen Fragestunde vom 13.6.2006, https://www.parlament.ch/de/ratsbetrieb/suche-curia-vista/geschaeft?AffairId=20065022 (Stand: 20.3.2023).

85 Gilliard, Diane: Schwarzer Dezember, roter Zorn. In: Tobler, Hélène; Gilliard, Diane: elles, jour et nuit … wache Frauen wachen. La Veille des femmes. Frauenwache. Wabern 2005, S. 20–25.

86 Die Initiative stammte von der Lausanner Ärztin Yvette Barbier. Während neun Monaten hielten Frauen unterschiedlichen Alters, mit verschiedenen Hintergründen und aus allen Landesteilen in einem Wohnwagen auf den Strassen von Bern Wache. Vgl. Tobler/Gilliard, elles, jour et nuit … wache Frauen wachen.

87 Vgl. Steinhauser, Die Frauen im Parlament, S. 9.

88 Aus einem Interview mit der Gleichstellungsministerin von Spanien, die die heftigen Anfeindungen gegenüber Politikerinnen als politische Gewalt bezeichnete. Vgl. Janker, Karin: Samstagsgespräch mit Irene Montero. In: Der Bund, 22.10.2022.

89 Siehe beispielsweise Feuz, Patrick: Spektakulär langweilige Bundesratswahl. In: Der Bund, 30.11.2002, S. 2.

90 Sury, Alexander: Frauen an die Macht. In: Der Kleine Bund, 10.6.2006, S. 6.

91 Feuz, Patrick; Aeschlimann, Johann: «Ich bin nicht grausam». In: Der Bund, 9.11.2002, S. 9. Der Name bezieht sich auf eine Figur aus dem Walt Disney-Film «101 Dalmatiner». Die Protagonistin im Film trägt eine Frisur, die einige an jene von Micheline Calmy-Rey erinnerte.

92 Leibundgut, Yvonne: «Ich habe einen grossen Wunsch». In: Der Bund, 5.12.2002, S. 3.

93 SRF, 7 Bundesrätinnen, 1:28.

94 se: Gelungenes Schaulaufen der Doris Leuthard. In: NZZ, 8.6.2006, S. 13.

95 Rosenberg M.: Die Ruhe vor der Ruhe. In: NZZ, 13.6.2006, S. 14.

96 Aeschbacher, Silvia: Eine Frau für Bauch und Kopf. In: Blick, 15.6.2006, S. 6.

97 Spengler, Simon: CVP will gewinnen: Als Zentrumspartei. In: Blick, 2.6.2006, S. 2.

98 Lettau, Marc: Orange Revolution in Bundesbern. In: Der Bund, 15.6.2006, S. 2.

99 Am 14. Juni 1991 fand der erste Frauenstreik statt, der grösste öffentliche Protest seit dem Landesstreik von 1918. Rund eine halbe Million Frauen protestierte durch Arbeitsniederlegung und mit vielfältigen Aktionen gegen die ausstehenden Gleichstellungsversprechen. Das Datum des Frauenstreiks leitete sich vom 14. Juni 1981 ab, als per Volksentscheid der Gleichstellungsartikel in die Bundesverfassung aufgenommen wurde.

100 Zum Vorgehen aus Sicht des damals involvierten Vizepräsidenten der SP-Fraktion vgl.

Hämmerle, Andrea: Die Abwahl. Fakten und Figuren. Glarus 2011. Ein Dokumentarfilm des Schweizer Fernsehens zeichnete den Coup nach und liess die Drahtzieher:innen zu Wort kommen, vgl. SRF: «Die Abwahl von Christoph Blocher – Die Geheimoperation im Bundeshaus», 2008, https://www.srf.ch/play/tv/dok/video/die-abwahl-die-geheimoperation-gegen-christoph-blocher?urn=urn:srf:video:22511a99-296b-44d5-a726-3a1ef3bbb7fe (Stand: 8.3.2023).

101 Darüber, inwiefern Widmer-Schlumpf in den Geheimplan involviert war und über welche Informationen sie zu welchem Zeitpunkt verfügte, wird bis heute spekuliert.

102 Samuel Schmid trat im Dezember 2000 die Nachfolge von Bundesrat Adolf Ogi an. Für die Wahl bestimmte die Fraktion der SVP mit dem Regierungsrat Roland Eberle und der Zürcher Regierungspräsidentin Rita Fuhrer zwei Kandidierende. Elisabeth Zölch, 1987 als erste SVP-Vertreterin ins Bundeshaus gewählt und jahrelang als mögliche Bundesrätin im Gespräch, schied schon im vorgängigen, parteiinternen Nominationsverfahren aus. So war Rita Fuhrer, Christoph Blochers Wunschkandidatin, die erste (und bis heute einzige) Politikerin, die von der SVP als offizielle Bundesratskandidatin aufgestellt wurde. Bereits der zweite Wahlgang machte aber deutlich, dass sie erfolglos bleiben würde.

103 Amtliches Bulletin, Sitzung der Vereinigten Bundesversammlung, 13.12.2007, S. 2097.

104 Sollte Widmer-Schlumpf dem nicht Folge leisten – so die Drohung – müsse deren Kantonalpartei Massnahmen ergreifen. Wenn auch diese nicht spure, werde der Ausschluss der SVP Graubünden in die Wege geleitet.

105 Schlumpf, Roland: Moderne Hexenjagd. In: Tages-Anzeiger, 2.4.2008, S. 9.

106 Vgl. SRF: Tagesschau, 11.4.2008, https://www.srf.ch/play/tv/tagesschau/video/12000-personen-demonstrieren-fuer-widmer-schlumpf?urn=urn:srf:video:04d451ff-028c-4ad1-815c-700db8d01503 (Stand: 7.2.2023).

107 Ebd.

108 Der Ausschluss führte zur Gründung der Bürgerlich-Demokratischen Partei BDP. Über ihre gesamte Amtszeit hinweg blieb Widmer-Schlumpf eine politische Zielscheibe der SVP, die sich nicht mehr in der Landesregierung vertreten sah.

109 Für die Grünen kandidierte ausserdem die Solothurner Nationalrätin Brigit Wyss.

110 Vgl. z. B. Waber, Beat: Eine Brückenbauerin für den Bundesrat. In: NZZ, 11.8.2010.

111 Kaestli, Tobias: Johann Schneider-Ammann. In: HLS, 6.12.2022, https://hls-dhs-dss.ch/de/articles/046584/2022-12-06/ (Stand: 27.10.2023).

112 Vgl. Seitz, Auf die Wartebank geschoben, S. 160.

113 Habegger, Henry: Vier Frauen im Bundesrat: Leuthard eröffnet am 1. Tag den Zicken-Krieg. In: Blick, 27.9.2010, https://www.blick.ch/politik/vier-frauen-im-bundesrat-leuthard-eroeffnet-am-1-tag-den-zicken-krieg-id59837.html (Stand: 21.2.2023).

114 SRF, 7 Bundesrätinnen, 43:17.

115 Ihre Nachfolge trat der Sozialdemokrat Alain Berset an, der sich gegen seinen Konkurrenten Pierre-Yves Maillard durchsetzte.

116 Häfliger, Markus: Die Politikerin, die zwischen alle Fronten geriet. In: NZZ, 29.10.2015, S. 16f.

117 Vgl. Beglinger, Martin: «Ich kann das allein». In: Das Magazin, 19.12.2009, S. 16.

118 Amtliches Bulletin, Sitzung der Vereinigten Bundesversammlung, 5.12.2018, S. 2269; Videosequenz der Rede siehe SRF: «Dornenvolles Kapitel der freisinnigen Frauen ist beendet», 5.12.2018, https://www.srf.ch/news/schweiz/das-war-die-bundesraetinnenwahl-frauen-an-die-macht (Stand: 26.7.2023).

119 Vgl. die Aussage von Judith Stamm in: Solomicky, Michael; Widmer, Thomas: Elisabeth Kopp spricht über ihren schwierigsten Moment. In: Der Bund, 13.10.2020.

120 Amtliches Bulletin, Sitzung der Vereinigten Bundesversammlung, 5.12.2018, S. 2269. Auch hier: SRF: Dornenvolles Kapitel.

121 Feuz, Patrick: «Eine Merkel oder May täte dem Bundesrat gut». In: Der Bund, 1.12.2018, S. 3.

122 Schoenenberger, Michael: Der Bundesrat muss jetzt liefern. In: NZZ, 6.12.2018, S. 12.

123 Stellvertretend für viele andere vgl. Feuz, Patrick: «Eine Merkel oder May täte dem Bundesrat gut». In: Der Bund, 1.12.2018, S. 3.

124 Zu einer weiteren weiblichen Kandidatur kam es 2019. Da die Grünen aus den Wahlen desselben Jahres erstmals als viertgrösste Partei hervorgingen, trat die Grüne Regula Rytz bei den Gesamterneuerungswahlen des Bundesrats im Dezember 2019 gegen den amtierenden Ignazio Cassis an, blieb jedoch erfolglos.

125 Ihr wurde eine Falschaussage bezüglich ihrer schweizerisch-britischen Staatsbürgerschaft vorgeworfen. Obschon eine Doppelstaatsbürgerschaft kein Ausschlussgrund für eine Bundesratskandidatur ist und die Tragweite dieser unkorrekten Aussage überschaubar war, galt sie aus Sicht der Partei deswegen als unwählbar.

126 Der SP-Nationalrat Daniel Jositsch teilte nach eigenen Aussagen das Anliegen der Gleichstellung «vollumfänglich», trotzdem fühlte er sich als Mann diskriminiert, meinte gar, im Frauenticket einen Verfassungsbruch zu entdecken, und gab seine – allerdings

erfolglose – Kandidatur für den Bundesrat bekannt.

127 Blülle, Elia; Hardegger, Angelika: Bundesrat ist man nicht, Bundesrat wird man. Aber wie? In: Republik, 6.12.2022, https://www.republik.ch/2022/12/06/bundesrat-ist-man-nicht-bundesrat-wird-man-aber-wie (Stand: 24.3.2023).

Unerhört

1 Viele dieser stets mit einer gleichstellungspolitischen Errungenschaft verknüpften Ereignisse lassen sich nachlesen in: Bühlmann, Die Pionierinnen der Schweizer Politik, S. 37–59; Seitz, Auf die Wartebank geschoben; Steinhauser, Die Frauen im Parlament.

2 Stand September 2024. Vgl. Die Bundesversammlung – Das Schweizer Parlament, https://www.parlament.ch/de/search-councilors-advanced (Stand: 16.9.2024).

3 Arni, Republikanismus und Männlichkeit in der Schweiz, S. 20–31.

4 Nebst Frauen blieben die politischen Rechte auch anderen Gruppen wie den Besitzlosen, rassifizierten Menschen sowie Andersgläubigen verwehrt.

5 Mesmer, Ausgeklammert – eingeklammert, S. 4–10.

6 Ludi, Willkommenskultur in der Männerdemokratie, S. 149.

7 Die Philosophin Carole Pateman zählt zu den wichtigsten Vertreter:innen dieser Richtung. Vgl. Pateman, Carole: The Sexual Contract. Stanford 1988.

8 Ludi, Willkommenskultur in der Männerdemokratie, S. 150.

9 Anders als die Historikerin Regula Ludi ordne ich den Eintritt der Frauen in die eidgenössische Politik sehr wohl als eine grundsätzliche Zäsur in der Schweizer Demokratiegeschichte ein. Vgl. dazu auch: Stehli, Dame spielen statt Schach, S. 145–160.

10 Zur Figur der «ersten Frau» in der Politik vgl. Specht, Die Ersten ihrer Art.

11 Ribi, Martha: Kann und soll die berufliche Karriere der Frau erleichtert werden? In: NZZ, 12.12.1972, Mittagsausgabe.

12 Sprenger, Drei Wege ins Bundeshaus, S. 9.

13 Bourdieu, Die männliche Herrschaft, S. 153–217.

14 Interview mit Elisabeth Kopp, Bern, 13.3.2019.

15 Zum spezifischen Status neuer Akteur:innen im Feld der Politik vgl. Bourdieu, Das politische Feld.

16 Vgl. dazu Steinhauser, Frauen im Parlament, S. 8f.

17 Interview mit Hanna Sahlfeld, Bern, 13.3.2019.

18 Ebd.

19 Ebd.

20 Stamm, Judith: Frauenfragen – Frauen fragen. In: Gernet, Hilmar; Hartmann, Alois; Schwingruber, Anton (Hg.): Josi J. Meier: Dank- und Denkschrift. Luzern 1995, S. 60–67: 65.

21 Interview mit Ruth Dreifuss, Bern, 27.2.2020. Übersetzung aus dem Französischen.

22 Specht, Die Ersten ihrer Art, S. 12.

23 Wie fragil und wenig nachhaltig sich diese Errungenschaften manchmal aber zeigten, wird beispielsweise an Tilo Frey deutlich. Schon 1971 als erste Schwarze Frau in den Nationalrat gewählt, fehlt für sie bis heute eine Nachfolgerin. Bisweilen ging sie fast gänzlich vergessen. Etwa ist der 2007 zum Nationalrat gewählte Ricardo Lumengo oft als erstes Schwarzes Parlamentsmitglied und als erster Parlamentarier of Colour bezeichnet worden. Wie der Historiker Bernhard C. Schär nachwies, gab es bereits im 19. Jahrhundert mit Alois Wyrsch den ersten Nationalrat of Colour. Vgl. Schär, Bernhard C.: Wie eine Frau aus Borneo die Gründung der Schweiz prägte. In: Republik, 15.12.2020, https://www.republik.ch/2020/12/15/wie-eine-frau-aus-borneo-die-gruendung-der-schweiz-praegte (Stand: 1.10.2024).

24 Vgl. beispielsweise Faesi, Hugues; Margot, Michel: Des femmes, enfin, en parlement! In: L'Impartial, 30.11.1971, S. 1. Zum Affront, dass die ersten Parlamentarierinnen in diesem historischen Moment primär mit Verweis auf ihre Kleidung und Handtaschen portraitiert wurden, vgl. Purtschert, Patricia: Swiss Democracy and the Public Humilitation of Women, 2021, https://www.gendercampus.ch/de/blog/post/swiss-democracy-and-the-public-humiliation-of-women (Stand: 29.9.2024).

25 Unmittelbar nach der Einführung des Frauenstimmrechts kämpfte von den eidgenössischen Regierungsparteien einzig die SP aktiv für Frauen als Parteimitglieder, Wählerinnen und Politikerinnen. Und auch das erst entschiedener, als in den 1980er-Jahren die Grünen mit ihrem hohen Frauenanteil zu einer ernsthaften Konkurrenz wurden. Vgl. Amlinger, Im Vorzimmer der Macht? S. 83–187.

26 Morf, Doris: Plötzlich waren Politikerinnen da. In: Fehr, Christian (Hg.): Heil Dir Helvetia. Die Freude an der Macht. Hägendorf 1984, S. 26–30: 28.

27 Interview mit Elisabeth Kopp, Bern, 13.3.2019.

28 Beispielsweise wurde Tilo Frey, als sie 2008

starb, in der Deutschschweizer Presse einzig mit zwei Kurzmeldungen gewürdigt. Die «Basler Zeitung» hatte fünf, die NZZ sechs Sätze für die Politpionierin aus dem Bundeshaus übrig. Vgl. Hanimann, Carlos: Der sonderbare Fall der Tilo Frey. In: Republik, 2.6.2021, https://www.republik.ch/2021/06/02/der-sonderbare-fall-der-tilo-frey (Stand: 1.10.2024).

29 Vor wenigen Jahren verfasste das Schweizerische Historische Lexikon (HLS) Einträge zu den Bundeshauspionierinnen und fügt seither Beiträge zu während der folgenden Legislaturen ins eidgenössische Parlament gewählten Politikerinnen an. Als Fachlexikon zur Schweizer Geschichte waren im Jahr 2021 95% der Personenbeiträge zu Männern und nur 5% zu Frauen zu finden. Vgl. infoclio.ch: Über fehlende Frauenbiografien im HLS – und die Gegenmassnahmen, o.D., https://www.infoclio.ch/de/%C3%BCber-fehlende-frauenbiografien-im-hls-%E2%80%93-und-die-gegenmassnahmen, (Zugriff 26.9.2024).

30 Vgl. dazu die einschlägige Literatur zur Geschichte des Kampfes um das Frauenstimmrecht in der Schweiz: Hardmeier, Frühe Frauenstimmrechtsbewegung in der Schweiz (1890–1930); Mesmer, Staatsbürgerinnen ohne Stimmrecht, S. 11–19, 72–108; Studer, Das Frauenstimm- und -wahlrecht in der Schweiz 1848–1971; Studer, Brigitte: Die Geschichte des Frauenstimm- und -wahlrechts: Ein Misserfolgsnarrativ. In: Arlettaz, Silvia; Kreis, Georg (Hg.): Die Geschichte der Schweiz. Basel 2014, S. 545–547; Studer, «L'Etat c'est l'homme»; Voegeli, Zwischen Hausrat und Rathaus.

31 Nicht zu unterschätzen ist die Rolle der parteiinternen Frauenorganisationen, die für eine bessere Vertretung von Frauen in politischen Ämtern kämpften. Vgl. Amlinger, Im Vorzimmer der Macht?

32 Vgl. Amlinger, Im Vorzimmer der Macht?; Gerber/Heidelberger, Dem Laufgitter entkommen; Steinhauser, Frauen im Parlament, S. 32; Vögelin, Als der «Charme» Einzug hielt, S. 82f. Um nur einige wenige Beispiele zu nennen, sei auf die Vergewaltigung in der Ehe, die geplante Erhöhung des Frauenrentenalters im Rahmen der 9. AHV-Revision oder die lange Geschichte der Mutterschaftsversicherung verwiesen. Anzumerken ist, dass solche parteiübergreifende Allianzen teilweise von der männlichen Führungsebene der Parteien nicht goutiert wurden.

33 Vgl. dazu Ballmer-Cao, Thanh-Huyen: Die Beteiligung der Schweizerinnen am politischen Leben. In: Eidgenössische Kommission für Frauenfragen EKF (Hg.): Die Stellung der Frau in der Schweiz. Teil IV: Frauenpolitik. Bern 1984, S. 121–150.

34 Interview mit Hanna Sahlfeld, Bern, 13.3.2019.

35 Vgl. Hättenschwiler, Diego; Jaun, Christian; Mangold, Phyllis et al.: Machen Frauen eine andere Politik als Männer? Eine Untersuchung der Vorstösse im Nationalrat zwischen Winter 1983 und Herbst 1987. Bern 1989, S. 21–34; 53f.; Vögelin, Als der «Charme» Einzug hielt, S. 46–48.

36 Bericht des Bundesrates 1975 – Motionen und Postulate, Meyer Helene, S. 49, zitiert in: Vögelin, Als der «Charme» Einzug hielt, S. 51.

37 Bericht des Bundesrates 1979 – Motionen und Postulate, Meier Josi, S. 18, zitiert in: ebd., S. 54.

38 Bericht des Bundesrates 1979 – Motionen und Postulate, Nanchen Gabrielle, S. 17, zitiert in: ebd., S. 57.

39 Vögelin zählt keinen Vorstoss von Parlamentariern, während eine andere Studie einen einzigen Vorstoss findet. Unabhängig von der genauen Zahl stimmt die Aussage, wonach Parlamentarier sich kaum je mit eigenen Vorstössen für die Gleichstellung der Frauen einsetzten. Vgl. Hättenschwiler et al., Machen Frauen eine andere Politik als Männer? S. 41–47; Vögelin, Als der «Charme» Einzug hielt, S. 61–63.

40 Die während Dreifuss' Amtszeit ausgearbeitete Vorlage ist 1999 an der Urne verworfen worden. Danach lagen im Parlament aber verschiedene Vorstösse vor, wovon bei der Volksabstimmung von 2004 die heute geltende Lösung angenommen wurde. Vgl. Die Bundesversammlung – Das Schweizer Parlament: Die (beinahe) unendliche Geschichte der Mutterschaftsversicherung, 11.3.2019, https://www.parlament.ch/blog/Pages/unendliche-geschichte-der-mutterschaftsversicherung.aspx (Stand: 29.9.2024).

41 Einen umfassenden Überblick zu den Forderungen von Politikerinnen im Bundeshaus und zu den dazugehörigen Debatten liefern Gerber; Heidelberger, Dem Laufgitter entkommen.

42 Zur sogenannten Konformismusdebatte vgl. Ballmer-Cao, Le conservatisme politique féminin en suisse; Vögelin, Als der «Charme» Einzug hielt.

43 Amtliches Bulletin, Sitzungsprotokoll Nationalrat, 1.2.1974, S. 185.

44 Vgl. Gerber/Heidelberger, Dem Laufgitter entkommen, S. 20.

45 Amlinger, Im Vorzimmer der Macht? S. 28.

46 Lenz, Christof: Lili und Gret gehen nach Bern. In: Der Bund, 8.3.2017, https://www.tagesanzeiger.ch/gret-und-lili-gehen-nach-bern-700404592309, (Zugriff, 25.6.2024). Der Titel des Zeitungsartikels wäre eine eigene Analyse wert!

47 Eine gute Übersicht zu den vielen behandel-

ten politischen Themen sowie zu frauen- und gleichstellungspolitischen Errungenschaften vgl. Eidgenössische Kommission für Frauenfragen EKF, Frauen Macht Geschichte.

48 Zu Recht gibt die Historikerin Zoé Kergomard zu bedenken, dass die «Amnesie der Vergangenheit» oft auch mit einem «Ausschluss in der Gegenwart» einhergeht. Vgl. Kergomard, Hat 1971 die schweizerische Demokratie gewonnen?

49 Die Historikerin Hedwig Richter sieht darin einen wichtigen Punkt, warum die Kämpfe von Frauen in der Geschichtsschreibung sowie im kollektiven Gedächtnis kaum präsent sind. Vgl. Richter, Demokratiegeschichte ohne Frauen?; Specht, Die Ersten ihrer Art, S. 16f.

50 Richter, Demokratiegeschichte ohne Frauen?; Specht, Die Ersten ihrer Art, S. 16f. Auf die Schweiz bezogen, zeigt sich das beispielhaft an der historiografischen Aufarbeitung des Landesstreiks von 1918. Vgl. Hermann, Katharina: Weiber auf den Geleisen. Frauen im Landesstreik. In: Rossfeld, Roman; Koller, Christian; Studer, Brigitte (Hg.): Der Landesstreik. Die Schweiz im November 1918. Zürich 2022, S. 217–240.

51 Vgl. Richter, Demokratiegeschichte ohne Frauen?; Specht, Die Ersten ihrer Art, S. 16f.

52 Die Philosophin Katrin Meyer macht in der fehlenden Anerkennung der politischen Rolle von Frauen in der Schweiz die Fortsetzung eines «hegemonialen Schweigens» aus. Dessen Anfang ortet sie in der medialen Berichterstattung zur Einführung des Frauenstimmrechts 1971, als diese eigentliche politische Zäsur kaum der Rede wert war. In der Folge setzte sich dieses Schweigen fort und drückte sich etwa darin aus, dass der politische Einschluss von Frauen in der politikwissenschaftlichen und demokratietheoretischen Forschung bis heute, wenn überhaupt, nur marginal diskutiert wird. Letztlich wird die Kategorie «Geschlecht» dadurch entpolitisiert. Vgl. Meyer, Tracing the Violence of Hegemonic Silence.

53 Ausserdem können weitere «Antriebsfaktoren» wie etwa internationaler Druck, veränderte politische Konstellationen oder die Integration der Frauen in den Arbeitsmarkt ausgemacht werden. Vgl. Gerber/Heidelberger, Dem Laufgitter entkommen, S. 24.

54 Für das gemeinsame, intensive Nachdenken über den «Gestus des Bruchs» im Kontext der Frauenbewegungen sowie der Geschlechterforschung danke ich der Historikerin und ehemaligen Leiterin des Interdisziplinären Zentrums für Geschlechterforschung der Universität Bern, Prof. Dr. Brigitte Schnegg.

55 Zur Schwierigkeit einer solchen feministischen Genealogie vgl. z.B.: Purtschert, 1971. Über das Schweigen reden. Zur Genealogie der im Bundeshaus verhandelten frauen- und gleichstellungspolitischen Anliegen vgl. Gerber/Heidelberger, Dem Laufgitter entkommen.

56 Erschreckende Zeugnisse davon, womit von intersektionalen Diskriminierungen betroffene Politikerinnen konfrontiert sein können, dokumentiert Hanimann, Carlos: Aber wehe, sie machen den Mund auf. In: Republik, 19.3.2021, https://www.republik.ch/2021/03/19/aber-wehe-sie-machen-den-mund-auf (Stand: 26.9.2024); Portmann, Harmful speech, harmful silence. Auch hier lassen sich Verbindungen zwischen den ersten und frühen sowie heutigen Politikerinnen ziehen.

57 Als eines der jüngsten Beispiele lässt sich der Fall des ehemaligen Walliser Nationalrats Yannick Buttet anfügen. Vor Gericht wurde der Politiker wegen Nötigung und sexueller Belästigung verurteilt. Seine Taten lösten grosse Diskussionen über sexuelle Übergriffe im Bundeshaus aus. Trotzdem ist der zweifach Verurteilte ohne Gegenstimmen zum Tourismusdirektor seines Wohnkantons und damit zum Vorgesetzten der Frau gewählt worden, die ihn ursprünglich angezeigt hat. Vgl. Zurbriggen Lehner, Danica: Auch zwei Verurteilungen können eine Männerkarriere nicht zerstören. In: Der Bund, 2.7.2024.

58 Der von der Philosophin Kate Manne geprägte Begriff verweist auf die «übermässige Sympathie für männliche Sexualstraftäter». Das gesellschaftliche Phänomen führt dazu, dass Männer gegenüber anderen Männern bei übergriffigem Verhalten Verständnis walten lassen oder schlichtweg schweigen. Vgl. Manne, Down Girl, S. 311–324.

59 Die folgenden Ausführungen sind inspiriert, jedoch auf den hier behandelten Kontext übertragen, von: Arni, Caroline: Hier ist das Buch. Iris von Rotens «Frauen im Laufgitter», die Rhetorik der Unpünktlichkeit und der feministische Essay. In: Olympe. Feministische Arbeitshefte zur Politik. Offene Worte: Zur Aktualität von Iris von Rotens «Frauen im Laufgitter» 28, 2009, S. 41–49.

60 Vgl. beispielsweise: Die Bundesversammlung – Das Schweizer Parlament: Votum Rosenwasser Anna, 11.9.2024, https://www.parlament.ch/de/ratsbetrieb/amtliches-bulletin/amtliches-bulletin-die-videos?TranscriptId=343331 (Stand: 3.10.2024).

61 Interview mit Tamara Funiciello, Bern, 3.4.2020.

62 Vgl. Union interparlementaire (UIP) […], Sexisme, harcèlement et violence à l'égard des femmes dans les parlements d'Europe.

63 Hier wird nicht auf vereinzelte Aussagen verwiesen, da es sich um ein strukturelles

Problem handelt. Insbesondere im Zuge von #Metoo haben sich verschiedene Politikerinnen zu Wort gemeldet, vgl. etwa SRF Club vom 5.12.2017, https://www.srf.ch/play/tv/club/video/metoo-im-bundeshaus?urn=urn:srf:video:b3665698-0c47-499e-9f2d-5187fe3c8070 (Stand: 12.11.2024). Davon, dass Sexismus vor dem Bundeshaus nicht haltmacht, zeugt das von der Verwaltungsdelegation in Absprache mit den Fraktionspräsidien Ende 2017 verfasste Merkblatt. Dieses spricht sich gegen jede Form sexueller Belästigung aus. Ausserdem wurde im selben Jahr ein Beratungsangebot für Ratsmitglieder durch eine spezialisierte Fachstelle genehmigt. Vgl. Die Bundesversammlung – Das Schweizer Parlament: Medienmitteilung. Belästigungen: Massnahmen der Verwaltungsdelegation, 13.12.2017, https://www.parlament.ch/press-releases/Pages/mm-vd-2017-12-13.aspx?lang=1047 (Stand: 24.7.2024).

64 Beard, Frauen & Macht, S. 16.

65 Ebd., S. 10.

66 Ebd. S. 10–28.

67 Für die Schweiz vgl. Arni, Republikanismus und Männlichkeit; Ludi, Willkommenskultur in der Männerdemokratie; Mesmer, Ausgeklammert – eingeklammert, S. 4–10.

68 Amtliches Bulletin der Bundesversammlung: Frauensession – Session des femmes, 7.–8.1991, S. 12f.

69 Wie in diesem Buch mehrfach herausgearbeitet wurde, überschritten oder störten Frauen die Routinen im Bundeshaus qua Geschlecht. Als Raum, der historisch frauenlos konzipiert und gewachsen ist, wichen Frauen allein durch ihren Körper und ihre Anwesenheit von der Norm ab. Der Status des Abweichenden kam ihnen folglich auf einer grundlegenden, ontologischen Ebene zu.

70 Gegen eine Geschichtsschreibung, die Frauen nur als machtlose und schweigende Gestalten darstellt vgl. das klassische Werk von Honegger, Claudia; Heintz, Bettina: Listen der Ohnmacht. Zur Sozialgeschichte weiblicher Widerstandsformen. Frankfurt a. M. 1984.

71 Loeb, Parlamentsgeschichten, S. 85.

72 Interview mit Barbara Gurtner, Bern, 20.9.2023.

73 Amtliches Bulletin, Sitzungsprotokoll Nationalrat, 10.12.1984, S. 1689–1759.

74 Loeb, Parlamentsgeschichten, S. 85.

75 Interview mit Barbara Gurtner, Bern, 20.9.2023. Hervorhebung im Gespräch.

76 Ebd.

77 Ebd.

78 Zu diesem Begriff vgl. Giannone, Protestkleider, S. 65–71.

79 Zur politischen Sichtbarkeit durch Kleidung und zur Wirkkraft von Protestkleidung vgl. Giannone, Protestkleider.

80 Körner, In der Männer-Republik, S. 124.

81 Zu den verschiedenen Bedeutungsebenen von Kleidung als Protestmittel vgl. Giannone, Protestkleider, S. 117–122. Sichtbarkeit ist ein klassischer Topos linker, feministischer, queerer und antirassistischer Politik. Er ist positiv besetzt und spielt eine wichtige Rolle in den Debatten um die Anerkennung marginalisierter Gruppen. Zur Kritik an diesem Status der Sichtbarkeit und zu weiterführenden Überlegungen vgl. Schaffner, Johanna: Ambivalenzen der Sichtbarkeit. Über die visuellen Strukturen der Anerkennung. Bielefeld 2008.

82 Anfang der 1980er-Jahre gründeten sich aufgrund des Kalten Kriegs und der atomaren Aufrüstung politischer Grossmächte an vielen Orten der Schweiz Frauengruppen, um darüber nachzudenken, was Frauen als Bedrohung erachteten. Vgl. Brunner, Ursula; Culetto, Lini; Habicht, Helga (Hg.): Friedfertig und widerständig. Frauen für den Frieden Schweiz. Frauenfeld 2006.

83 Interview mit Barbara Gurtner, Bern, 20.9.2023.

84 Amtliches Bulletin, Sitzungsprotokoll Nationalrat, 10.12.1984, S. 1722.

85 Ebd.

86 Ebd.

87 Zbinden, Jürg: Polit-Fasnacht? Nationalrätin erschien zur Panzer-Debatte als Leopard. In: Der Blick, 11.12.1984, S. 2.

88 Interview mit Barbara Gurtner, Bern, 20.9.2023.

89 Ebd.

90 Ebd.

91 Vgl. beispielsweise Giger, Bernhard: Die farbige Tabubrecherin. In: Geiser, Samuel; Giger, Bernhard; Jost, Rita et al.: Revolte, Rausch und Razzien. Neunzehn 68er blicken zurück. Bern 2017, S. 16–20; Lienhard, Barbara: «Mein Bild von 1968: Die Frauen auf der Strasse, bunt, laut». In: Eidgenössische Kommission für Frauenfragen EKF (Hg.): Das Private ist politisch. Bern 2018, S. 46–49; «Frauen ins Bundeshaus!» – Ausstellung im Bernischen Historischen Museum, 2020–2021.

92 Lienhard, «Mein Bild von 1968: Die Frauen auf der Strasse, bunt, laut», S. 48.

93 Einmal mehr verdeutlicht sich hier, was in diesem Buch und in zahlreichen anderen Studien hergeleitet wurde. Nämlich, dass Frauen qua Geschlecht eine Normverletzung des historisch männlich konzipierten Feldes der Politik verkörperten.

94 Vgl. Amlinger, Im Vorzimmer; Vögelin, Als der «Charme» Einzug hielt, S. 59.

Bibliografie (Auswahl)

Altermatt, Urs (Hg.): Das Bundesratslexikon. Basel 2019.

Amlinger, Fabienne: Die 1990er-Jahre. In: Schmid, Denise (Hg.): Jeder Frau ihre Stimme. 50 Jahre Schweizer Frauengeschichte, 1971–2021. Zürich 2020, S. 143–193.

Amlinger, Fabienne: Im Vorzimmer der Macht? Die Frauenorganisationen der SPS, FDP und CVP, 1971–1995. Zürich 2017.

Amlinger, Fabienne: «Pechschwarzes Patriarchat im Berner Bundeshaus». Der Brunner-Skandal als Schweizer Politstück in zwei Akten. In: Ariadne – Forum für Frauen- und Geschlechtergeschichte. Skandal – Aufregendes aus den Frauenbewegungen 62, November 2012, S. 58–65.

Arni, Caroline: Republikanismus und Männlichkeit in der Schweiz. In: Schweizerischer Verband für Frauenrechte (Hg.): Der Kampf um gleiche Rechte. Basel 2009, S. 20–31.

Autor:innenkollektiv Geographie und Geschlecht (Hg.): Handbuch feministische Geographien. Arbeitsweisen und Konzepte. Leverkusen-Opladen 2021.

Ballmer-Cao, Thanh-Huyen: Le conservatisme politique féminin en suisse: mythe ou réalité? Genève 1988.

Ballmer-Cao, Thanh-Huyen: Die Beteiligung der Schweizerinnen am politischen Leben. In: Eidgenössische Kommission für Frauenfragen EKF (Hg.): Die Stellung der Frau in der Schweiz. Teil IV: Frauenpolitik. Bern 1984, S. 121–150.

Beard, Mary: Frauen & Macht. Ein Manifest. Frankfurt a. M. 2018.

Beard, Mary: Das Lachen im alten Rom. Eine Kulturgeschichte. Darmstadt 2016.

Beauvoir, Simone de: Das andere Geschlecht. Sitte und Sexus der Frau. Hamburg 1951.

Bilfinger, Monica: Das Bundeshaus in Bern. In: Gesellschaft für Schweizerische Kunstgeschichte (Hg.): Schweizerische Kunstführer 859/860, 86. Bern 2009.

Blunschy-Steiner, Elisabeth; Gasser, Heidy (Hg.): Ein Leben für mehr soziale Gerechtigkeit. Luzern 2010.

Bourdieu, Pierre: Das politische Feld. Zur Kritik der politischen Vernunft. Konstanz 2001.

Bourdieu, Pierre: Ortseffekt. In: Ders.; Accardo, Alain; Balazs, Gabrielle et al. (Hg.): Das Elend der Welt. Zeugnisse und Diagnosen alltäglichen Leidens an der Gesellschaft. Konstanz 1997, S. 159–168.

Bourdieu, Pierre: Die männliche Herrschaft. In: Dölling, Irene; Krais, Beate (Hg.): Ein alltägliches Spiel. Geschlechterkonstruktion in der sozialen Praxis. Frankfurt a. M. 1997, S. 153–217.

Bühlmann, Marc: Die Pionierinnen der Schweizer Politik – der lange und steinige Gang durch die Institutionen. In: Gerber, Marlène; Heidelberger, Anja (Hg.): Dem Laufgitter entkommen. Frauenforderungen im eidgenössischen Parlament seit 1950. Zürich/Genf 2021, S. 37–59.

Connell, Raewyn: Die soziale Organisation von Männlichkeit. In: Der gemachte Mann. Konstruktion und Krise von Männlichkeiten. Opladen 2000, S. 87–107.

Deutscher Bundestag (Hg.): Der nächste Redner ist eine Dame. Die Frauen im ersten Deutschen Bundestag. Berlin 2024.

dos Santos Pinto, Jovita: «Oui, c'est un long chemin». Tilo Frey, erste Schwarze Nationalrätin. Eine Spurensuche in Schweizer Medien (1970–2011). Lizentiatsarbeit Universität Zürich, November 2014.

Duttweiler, Catherine: Adieu, Monsieur. Chronologie einer turbulenten Bundesratswahl. Zürich 1993.

Eidgenössische Kommission für Frauenfragen EKF: Frauen Macht Geschichte. Zur Geschichte der Gleichstellung in der Schweiz 1848–2000. Bern 2001, https://www.ekf.admin.ch/ekf/de/home/dokumentation/geschichte-der-gleichstellung--frauen-macht-geschichte/frauen-macht-geschichte-18482000.html (Stand: 29.9.2024).

Eidgenössische Kommission für Frauenfragen EKF: Frauen – Macht – Geschichte. Frauen und gleichstellungspolitische Ereignisse in der Schweiz 1848–1998. Bern 1998.

Fehr, Christian: Drehbuch einer Bundesratswahl. In: Ders. (Hg.): Heil dir Helvetia. Die Freude an der Macht. Hägendorf 1984, S. 5–24.

Gernet, Hilmar; Hartmann, Alois; Schwingruber, Anton (Hg.): Josi J. Meier: Dank- und Denkschrift. Luzern 1995.

Girsberger, Esther: Abgewählt. Frauen an der Macht leben gefährlich. Zürich 2004.

Hardmeier, Sibylle: Frühe Frauenstimmrechtsbewegung in der Schweiz (1890–1930). Argumente, Strategien, Netzwerke und Gegenbewegung. Zürich 1997.

Hauch, Gabriella: Vom Frauenstandpunkt aus. Frauen im Parlament 1919–1933. Wien 1995.
Horlacher, Stefan: A Short Introduction to Theories of Humour, the Comic, and Laughter. In: Pailer, Gaby; Böhn, Andreas; Horlacher, Stefan et al. (Hg.): Gender and Laughter. Comic Affirmation and Subversion in Traditional and Modern Media. Amsterdam/New York 2009, S. 17–47.
Hürlimann, Gisela; Mach, André; Rathmann-Lutz, Anja et al.: Lobbying in der Schweiz. Eigenheiten und Vielfalt. In: Dies. (Hg.): Lobbying. Die Vorräume der Macht. Zürich 2016, S. 21–31.
Kergomard, Zoé: Hat 1971 die schweizerische Demokratie gewonnen? Impressionen zum Jubiläumsjahr 50 Jahre Frauenstimmrecht. In: Widerspruch. Beiträge zu sozialistischer Politik 78 (2022), S. 145–152.
Körner, Torsten: In der Männer-Republik. Wie Frauen die Politik eroberten. Köln 2021.
Kotthoff, Helga (Hg.): Das Gelächter der Geschlechter. Humor und Macht in Gesprächen von Frauen und Männern. Konstanz 1996.
Liehr, Dorothee: Skandal & Nation. Politische Deutungskämpfe in der Schweiz 1988–1991. Marburg 2014.
Loeb, François: Parlamentsgeschichten. Bern 2011.
Ludi, Regula: Fünfzig Jahre Willkommenskultur in der Männerdemokratie (1971–2021). Gedanken zu einem merkwürdigen Jubiläum. In: Traverse. Zeitschrift für Geschichte = Revue d'histoire 1, 2022, S. 147–162.
Maissen, Thomas: Schweizer Heldengeschichten – und was dahintersteckt. Baden 2015.
Manne, Kate: Down Girl. Die Logik der Misogynie. Berlin 2020.
Marchal, Guy P.: Schweizer Gebrauchsgeschichte. Geschichtsbilder, Mythenbildung und nationale Identität. Basel 2007.
Mesmer, Beatrix: Staatsbürgerinnen ohne Stimmrecht. Die Politik der schweizerischen Frauenverbände 1914–1971. Zürich 2007.
Mesmer, Beatrix: Ausgeklammert - eingeklammert. Frauen und Frauenorganisationen in der Schweiz des 19. Jahrhunderts. Basel/Frankfurt a. M. 1988.
Meyer, Katrin: Tracing the Violence of Hegemonic Silence: The (Non-)Representation of Women's Suffrage in Theories on Swiss Democracy since 1971. In: Dahinden, Janine; Erismann, Annelise; Grisard, Dominique (Hg.): Violent Times, Rising Resistance. An Interdisciplinary Gender Perspective. Zürich 2022, S. 81–98.
Mignon Kirchhof, Astrid: Geschlechterräume. Wie soziologische Raumtheorien für die Geschichtswissenschaft nutzbar gemacht werden können. In: Ariadne. Forum für Frauen- und Geschlechtergeschichte 61, 2012, S. 6–13.
Minois, Georges: Histoire du rire et de la dérision. Paris 2000.
Minta, Anna: Republikanische Parlamentsbauten. Konstruktionen von Nationalarchitekturen in der Schweiz und den USA. In: Dies.; Nicolai, Bernd (Hg.): Parlamentarische Repräsentationen. Das Bundeshaus in Bern im Kontext internationaler Parlamentsbauten und nationaler Strategien. Bern 2014, S. 75–98.
Minta, Anna; Nicolai, Bernd (Hg.): Parlamentarische Repräsentationen. Das Bundeshaus in Bern im Kontext internationaler Parlamentsbauten und nationaler Strategien. Bern 2014.
Müller, Regina: Die Einsitznahme von Frauenverbänden in ausserparlamentarischen Expertenkommissionen, 1900–1950. Bern 1996.
Pateman, Carole: Der Geschlechtervertrag. In: Appelt, Erna; Neyer, Gerda (Hg.): Feministische Politikwissenschaft. Wien 1994, S. 73–95.
Portmann, Pia: Harmful speech, harmful silence. A feminist critical discourse analysis of and about harmful speech targeting female politicians. Masterarbeit Universität Bern 2018.
Purtschert, Patricia: 1971. Über das Schweigen reden. In: Meyer, Katrin; Pfenninger Tuchschmid, Stephanie; Skliarova, Yunna (Hg.): Revisioning Democracy and Women's Suffrage. Critical Feminist Interventions. Zürich/Genf 2024, S. 49–64.
Richter, Hedwig: Demokratiegeschichte ohne Frauen? Ein Problemaufriss. In: Aus Politik und Zeitgeschichte 42 (2018), https://www.bpb.de/shop/zeitschriften/apuz/277329/demokratiegeschichte-ohne-frauen/ (Stand: 26.6.2024).
Roten, Iris von: Frauen im Laufgitter. Offene Worte zur Stellung der Frau. Bern 1958.
Schönberger, Christoph: Auf der Bank. Die Inszenierung der Regierung im Staatstheater des Parlaments. München 2022.
Schurr, Carolin; Wintzer, Jeannine (Hg.): Geschlecht und Raum feministisch denken. Bern 2011.
Schweizer Filmwochenschau: Neue Elemente im Bundeshaus. Damen und Rechtsextreme, 10.12.1971. In: Schweizerisches Bundesarchiv, J2.143#1996/386#1486-1#1*. https://memobase.ch/de/object/bar-001-SFW_1486-1?filter[collection][0]=Filmbestand%20Schweizer%20Filmwochenschau%20(1940-1975)&filter[time][0]=20.%20Jahrhundert~1971-1980&facet[collection][offset]=20&start=380&position=385.
Schweizer Radio und Fernsehen: «Die Abwahl von Christoph Blocher – Die Geheimoperation im Bundeshaus», 2008, https://www.srf.ch/play/tv/dok/video/die-abwahl-die-geheimoperation-

gegen-christoph-blocher?urn=urn:srf:video:22511a99-296b-44d5-a726-3a1ef3bbb7fe (Stand: 8.3.2023).
Seitz, Werner: Auf die Wartebank geschoben. Der Kampf um die politische Gleichstellung der Frauen in der Schweiz seit 1900. Zürich 2020.
Seitz, Werner: Geschichte der Frauen bei den Bundesratswahlen. In: JOURNAL21.ch, 12.12.2022, https://www.journal21.ch/artikel/geschichte-der-frauen-bei-den-bundesratswahlen (Stand: 23.9.2024).
Sharp, Joanne P.: Gendering Nationhood. A Feminist Engagement with National Identity. In: Duncan, Nancy (Hg.): BodySpace. Destabilizing Geographies of Gender and Sexuality. London/New York 1996, S. 97–107.
Specht, Heike: Die Ersten ihrer Art. Frauen verändern die Welt. München 2022.
Sprenger Viol, Inge: Drei Wege ins Bundeshaus. Elisabeth Blunschy, Josi J. Meier, Judith Stamm. Luzern 2003.
Stehli, Bettina: Dame spielen statt Schach. Weitere Gedanken zu einem merkwürdigen Jubiläum. In: Traverse. Zeitschrift für Geschichte = Revue d'histoire 3, 2023, S. 145–160.
Steinhauser, Margrit: Die Frauen im Parlament. Kollektivbiografie der National- und Ständerätinnen 1971–2019. Zürich 2021.
Stocker, Monika; Bachmann, Edith (Hg.): Session des femmes – Frauensession – Sessione delle donne. Zürich/Dortmund 1991.
Stocker, Monika; Huber-Hotz, Annemarie: Die Bedeutung der Frauensession 1991. In: Neue Wege. Beiträge zu Religion und Sozialismus 2, 2011, S. 40–42.
Studer, Brigitte; Wyttenbach, Judith: Frauenstimmrecht. Historische und rechtliche Entwicklungen 1848–1971. Zürich 2021.
Studer, Brigitte: Das Frauenstimm- und Wahlrecht in der Schweiz 1848–1971. Ein «Fall» für die Geschlechtergeschichte. In: Braunschweig, Sabine (Hg.): «Als habe es die Frauen nicht gegeben». Beiträge zur Frauen- und Geschlechtergeschichte. Zürich 2014, S. 179–195.
Studer, Brigitte: «L'Etat c'est l'homme». Politique, citoyenneté et genre dans le débat autour du suffrage féminin après 1945. In: Schweizerische Zeitschrift für Geschichte 46:3, 1996, S. 356–382.
Union interparlementaire (UIP) et Assemblée parlementaire du Conseil de l'Europe (APCE): Sexisme, harcèlement et violence à l'égard des femmes dans les parlements d'Europe. Genève 2018, https://www.parlament.ch/centers/documents/de/etude-uip-apce-violence-sexuels.pdf (Stand: 24.7.2024).
Voegeli, Yvonne: Zwischen Hausrat und Rathaus. Auseinandersetzungen um die politische Gleichberechtigung der Frauen in der Schweiz 1945–1971. Zürich 1997.
Vögelin, Laurent: Als der «Charme» Einzug hielt. Zur Politik der ersten Frauen in der Schweizer Bundesversammlung 1971–1979. Lizentiatsarbeit Universität Basel, 2007.
Wiedmer-Zingg, Lys: Die Schweiz-Macherinnen. Zehn Spitzenpolitikerinnen im Glashaus. Basel 1987.
Woolf, Virginia: Ein Zimmer für sich allein. München 2021.
Zeindler, Nathalie: Beherzt und unerschrocken. Wie Judith Stamm den Frauen den Weg ebnete. Zürich 2008.

Bildnachweis

Umschlag: Eidgenössisches Departement des Innern (Hg.): Das neue schweizerische Bundeshaus. Festschrift anlässlich dessen Vollendung und Einweihung. Bern 1902

S. 17, 19, 21, 23, 25f., 28, 30f., 33, 35: Filmstills aus Schweizerisches Bundesarchiv, J2.143#1996/386#1486-1#1*: Neue Elemente im Bundeshaus: Damen und Rechtsextreme, Beitrag der Schweizer Filmwochenschau vom 10.12.1971

S. 37: Bildarchiv ETH Zürich, Com_L20-0941-0052

S. 44: Privatarchiv Gabrielle Nanchen

S. 80: Foto Ueli Hiltpold

S. 118: Privatarchiv Monika Stocker

S. 164: Bibliothek am Guisanplatz, Sammlung Rutishauser

S. 196: Der Blick, 11.12.1984, S. 2

S. 200: Privatarchiv Rosmarie Zapfl

Der Verlag Hier und Jetzt wird vom Bundesamt für Kultur mit einem Strukturbeitrag für die Jahre 2021–2025 unterstützt.

Mit weiteren Beiträgen haben das Buchprojekt unterstützt:

Kultur
Stadt Bern

SWISSLOS
Lotteriefonds
Kanton Bern

fondation
johanna
dürmüller-bol

Burgergemeinde
Bern

ERNST GÖHNER STIFTUNG

UniBern | Forschungsstiftung
Berne University Research Foundation

Stiftung für Erforschung der Frauenarbeit
Stiftung Interfeminas
Verein Frauenzentrum Zürich

Dieses Buch ist nach den aktuellen Rechtschreibregeln verfasst. Quellenzitate werden jedoch in originaler Schreibweise wiedergegeben. Hinzufügungen sind in [eckigen Klammern] eingeschlossen, Auslassungen mit […] gekennzeichnet.

Umschlagbild:
Titelschild (vergrössert) der
Festschrift «Das neue schweizerische Bundeshaus», Bern 1902.

Lektorat:
Mira Imhof, Hier und Jetzt

Gestaltung und Satz:
Simone Farner, Zürich

Bildbearbeitung:
Benjamin Roffler, Hier und Jetzt

Druck und Bindung:
CPI books, GmbH, Ulm

Auslieferung EU: Brockhaus/Commission, Kreidlerstrasse 9, 70806 Kornwestheim b. Stuttgart, Deutschland, hierundjetzt@brocom.de

Verlag für Kultur und Geschichte GmbH,
Breitingerstrasse 23, 8002 Zürich, Schweiz,
admin@hierundjetzt.ch
www.hierundjetzt.ch
ISBN Druckausgabe 978-3-03919-605-0
ISBN E-Book 978-3-03919-695-1